CHRISTINE CAINE

Der Angst keine Chance

Über die Autorin

Christine Caine ist eine weltweit gefragte Rednerin aus Australien. Sie ist im Leitungsteam der Hillsong-Gemeinde in Australien, Autorin, Ehefrau und Mutter zweier Töchter. Außerdem setzt sie sich seit 2007 mit ihrer Organisation „A 21 Campaign" couragiert gegen den Menschenhandel in der Welt ein. In Deutschland wurde sie im Januar 2012 durch einen viel beachteten Vortrag während des Willow-Creek-Leiterschaftskongresses in Stuttgart bekannt.

CHRISTINE CAINE

DER ANGST KEINE CHANCE

Mein Weg zu einem Leben ohne Furcht

Aus dem Englischen übersetzt
von Barbara Schuler

GerthMedien

Meinem Ehemann Nick und
meinen geliebten Töchtern Catherine und Sophia.
Ihr seid das größte Geschenk, das Gott mir je gemacht hat.
In unendlicher Dankbarkeit.

Wir sind ganz und gar Gottes Werk.
Durch Jesus Christus hat er uns so geschaffen,
dass wir nun Gutes tun können. Er hat sogar unsere
guten Taten im Voraus geschaffen, damit sie nun
in unserem Leben Wirklichkeit werden.

Epheser 2,10

Inhalt

Teil 4 – Gott kennt meine Bestimmung

Vorwort

Schon oft habe ich mich gefragt, wie es wohl wäre, mit dem Apostel Paulus Menschen zu besuchen – einem Globetrotter und Botschafter der Gnade, der Menschen von Jesus erzählte und unglaubliche Dinge tat.

Ich habe mir vorgestellt, ein angeregtes Gespräch mit Maria zu führen, der Mutter Jesu – einem einfachen Dorfmädchen –, die zu Gott sagte: „Ich werde tun, was du sagst." Sie hatte gerade erfahren, dass sie als Jungfrau ein Kind erwarten würde.

Ich habe mir eine Unterhaltung mit Ester ausgemalt – der Befreierin, die aus dem Nichts erschien. Sie trat aus dem Schatten heraus, und weil sie das tat, wurde ein ganzes Volk verschont.

Paulus. Maria. Ester. Wie sich herausgestellt hat, bin ich allen drei gleichzeitig begegnet – als ich Christine Caine traf.

Sie hat den Schneid eines Paulus. Kaum steht sie auf der Bühne oder sitzt am Esstisch, hört man auch schon, was sie antreibt: Jesus, ihre Familie und die vergessenen Mädchen, die als Zwangsprostituierte arbeiten müssen. Sie sagt klar und deutlich, wofür sie steht und wen sie liebt. Ihre Herzenshaltung ist ansteckend. Wunderbar ansteckend.

Sie hat den Gehorsam einer Maria. Wer hätte gedacht, dass eine in Australien aufgewachsene blonde Powerfrau griechischer Abstammung die Welt verändern würde? Und doch bringt sie wie Maria allen Menschen der Welt Jesus nahe. Christine strahlt überall, wo sie hinkommt, Hoffnung aus – von Südafrika bis Osteuropa.

Vor allem für die Mädchen, denen sie eine Ester ist – den Millionen junger Mädchen, die in dem übelsten Machwerk dieser Welt gefangen sind, dem Sexhandel. Diese Mädchen sollten eigentlich Musik hören, Bücher lesen und mit Jungs flirten. Stattdessen werden sie in Bordellen gefangen gehalten, geschlagen, vergewaltigt und wie Vieh behandelt.

Ihre einzige Hoffnung? Jesus Christus. Und Jesus möchte durch Menschen wie Christine wirken. Er wird nicht nur in ihrem Namen sichtbar, sondern auch in ihrem Gesicht, ihrer Entschlossenheit, ihrem Mut und ihrer Freude. Sie weckt in uns allen den Wunsch, den Jesus, den sie liebt, so zu lieben, wie sie ihn liebt.

Ich hoffe, dass Sie dieses Buch lesen und entdecken werden, was auch ich entdeckt habe: Gott hat unserer Generation einen Paulus, eine Maria und eine Ester in einer Person gegeben. Sie heißt Christine Caine.

Gott hat es unserer Generation ermöglicht, etwas gegen die furchtbarsten Gräuel dieses Jahrhunderts zu unternehmen.

Nachdem ich dieses Buch gelesen hatte, habe ich beschlossen, mehr zu tun.

Ich hoffe, Ihnen wird es genauso ergehen.

Max Lucado

Kapitel 1

Der Schindlers-Liste-Moment

Das Griechenland, das sich mir an jenem Mittwochnachmittag im März 2010 bot, war nicht das Land, das ich von unserer Hochzeitsreise vor vierzehn Jahren in Erinnerung hatte. Es gab keine strahlend weiß gestrichenen Gebäude. Keine dunkelblauen Ziegeldächer. Keine festliche Musik. Keinen Straßenmarkt, wo Händler frisch gepresstes Olivenöl, frische Cantaloupe-Melonen oder Fetakäse feilboten, der einem das Wasser im Munde zusammenlaufen ließ.

Nichts dergleichen. An diesem Nachmittag waren die Straßen leer, schwarz, nass. Das sonst kristallblaue Mittelmeer rollte düster und schwer gegen die Hafenmauern von Thessaloniki. Seltsam, wie Angst alles verändert hatte und nicht nur die Jahreszeit schuld daran war – der lange, strenge Winter.

Ist das wohl das Bild, das sie von Griechenland haben?, fragte ich mich.

„Sie" waren vierzehn junge Frauen, hauptsächlich Osteuropäerinnen, die vor Kurzem aus der Zwangsprostitution gerettet worden waren. Sie waren noch Schülerinnen gewesen, als man sie von ihren Familien in der Ukraine, Bulgarien, Georgien, Albanien, Rumänien, Russland, Usbekistan und Nigeria fortgelockt hatte. Sechzehn Jahre alt waren sie. Siebzehn. Achtzehn. Mädchen, die eigentlich herumalbern, über Musik und Sport quatschen und sich den Kopf zerbrechen sollten, was sie am nächsten Tag zur Schule anziehen würden – nicht darüber, wie sie die folgenden Minuten überleben konnten.

Sie waren gut versteckt in einem Frauenhaus der *A21-Kampagne*, der Organisation zur Rettung von Mädchen aus dem Menschenhandel, die mein Mann Nick und ich erst vor sechs Monaten ins Leben gerufen hatten. An diesem düsteren Nachmittag sollte ich persönlich mit ihnen über einen Teil Griechenlands sprechen, der mir bis dato unbekannt gewesen war. Immer wieder musste ich mir klarmachen: *Dies ist kein Film. Kein Reality*-TV. Dies ist real. Die Wirklichkeit.

Die jungen Frauen und ich saßen in unbehaglichem Schweigen beisammen. Wie redet man über unaussprechliche Scham und Qual?

Nadia machte den Anfang. Stockend erzählte sie, wie sie in einem Dorf in Georgien zu einer Zeit aufgewachsen war, als Krieg und Mangel herrschten. In ihrer Familie gab es Liebe in Hülle und Fülle, aber kaum etwas zu essen. Die Armut verzehrte sie. Jahrelang lebte Nadia von Träumen: Sie träumte davon, dem Hunger zu entkommen, sie träumte von einer Welt fernab des verwüsteten Dorfes, sie träumte davon, Krankenschwester zu werden. Wäre sie eine Krankenschwester wie die Frauen, die sich um die verwundeten Soldaten in ihrem Dorf kümmerten, könnte sie endlich fortgehen. Sie könnte reisen. Sie würde eine wunderschöne Welt sehen, eine Welt, in der sie anderen Menschen helfen könnte.

Doch die Mädchen aus armen georgischen Dörfern gingen nur bis zur zweiten Klasse in die Schule. Sie brauchten nur Kochen und Putzen lernen, nicht aber Lesen und Schreiben. Welcher Mann würde schließlich eine Frau heiraten wollen, die gebildeter war als er selbst? Heiraten, den Haushalt führen, Kinder bekommen und ansonsten in allem vom Ehemann abhängig sein – war das nicht alles, was von einer Frau erwartet wurde?

Nadia war eine gehorsame Tochter, die ihre Eltern unbedingt zufriedenstellen wollte. Sie versuchte, ihren heimlichen Traum zu unterdrücken. Doch ein kleiner Funke blieb in ihrem Herzen.

Und dieser Funke wurde nur drei Wochen vor ihrem

siebzehnten Geburtstag neu entfacht, als ein Mann zu ihr und ihren Freundinnen an der Bushaltestelle trat und von Arbeitsmöglichkeiten in Griechenland erzählte. Der Mann sagte den Mädchen, dass Griechenland wunderschön sei und es den Menschen dort gut gehe. Es gebe dort viele gut bezahlte Jobs als Kellnerinnen, Friseurinnen und Verkäuferinnen. Auf Krankenschwestern würde man dort geradezu warten.

Der Mann drückte Nadia eine Broschüre in die Hand und fügte hinzu, in einer Informationsveranstaltung am kommenden Freitag werde alles Nähere erklärt.

Die ganze nächste Woche fühlte Nadia sich wie geblendet von der großen Chance, die ihr entgegenstrahlte. Ihr Traum schien so greifbar und endlich wahr zu werden. Am Freitag traf sie früh im Dorfgemeinschaftshaus ein und bekam einen Platz in der ersten Reihe. Mehrere Dutzend andere Mädchen kamen nach und nach herein. Der Raum war erfüllt von einer aufgeregten Atmosphäre und dem Geschnatter der Mädchen. Ein paar Männer stellten sich als Jobvermittler vor und schilderten die Arbeitsmöglichkeiten in Griechenland in den leuchtendsten Farben. Sie verhießen eine strahlende Zukunft und teilten dann die notwendigen Papiere aus, mit denen man Reisepässe und Visa beantragen konnte. Anschließend halfen sie den Mädchen geduldig, die Formulare auszufüllen.

Nadia verließ den Saal voller Hoffnung. Sie rannte nach Hause, um ihren Eltern zu erzählen, dass sie die Chance hatte, ein neues Leben anzufangen. Sie würde nicht nur eine Ausbildung zur Krankenschwester machen und anderen Menschen helfen können, sie würde auch ihrer Familie Geld nach Hause schicken können.

Ihre Eltern hatten Bedenken. Griechenland war so weit weg. Doch der Funken der Hoffnung glühte auch in ihnen. Vielleicht würde ihre Tochter in der Lage sein, etwas aus sich zu machen, was ihnen selbst nie gelungen war. Vielleicht könnte sie einen Beruf erlernen und gutes Geld verdienen. Nadia könnte auch für ihre Eltern der Schlüssel zu einem neuen Leben sein. Nach vielen Diskussionen willigten sie schließlich widerstrebend ein, ihre Tochter ziehen zu lassen. Sie plünderten alle ihre Konten, verkauften, was sie irgendwie entbehren konnten, und liehen sich sogar Geld, um die Gebühr zusammenzubekommen, die Nadia den Vermittlern für die Überfahrt nach Griechenland würde zahlen müssen. Nadias Traum – Glück, Erfolg, Wohlstand – wurde auch zu ihrem Traum.

Am Flughafen in Griechenland wurde Nadia von einer Mitarbeiterin der Vermittlungsagentur abgeholt, die kein Russisch sprach, sondern nur Griechisch. Aber Nadia konnte kein Griechisch. Trotz der Verständigungsprobleme ging sie mit der Frau zu einem Wohnblock, wo ihr ein Zimmer zugewiesen wurde, von dem sie annahm, dass es ihres sein würde. Die Frau ging und Nadia packte ihren Koffer aus.

Innerhalb weniger Minuten begann ihr Albtraum. Mehrere Männer stürmten herein und schlossen die Tür hinter sich ab. Sie schlugen und vergewaltigten Nadia mehrfach. Sie versuchte sich zu wehren und schrie um Hilfe, bis sie keine Stimme mehr hatte. Doch als Antwort auf jeden Protest und jeden Schrei wurde sie nur noch mehr misshandelt und gequält.

Verwirrt, verängstigt, beschämt, voller Schmerzen und innerlich zerbrochen zog sich Nadia immer mehr in sich zurück – an einen dunklen Ort in ihrem Inneren.

Zwei Wochen lang hielten die Schläge und Vergewaltigungen an.

Schließlich erklärte man Nadia, wo sie arbeiten würde. Nicht in einem Krankenhaus oder einem Restaurant, sondern in einem Bordell. Ihr neues Leben bestand darin, eine

Zwangsprostituierte zu sein. „Wenn du nicht tust, was wir dir sagen, werden wir deine Familie umbringen", hieß es.

Zweifellos, so dachte sie, würden dermaßen böse Leute nicht davor zurückschrecken, ihre Drohungen wahr zu machen. Außerdem hatten sie ihr alle Papiere abgenommen, einschließlich ihres Reisepasses, und sie sprach weder Griechisch noch hatte sie eine Ahnung, wo sie sich befand. Selbst wenn sie fliehen könnte, war ihr klar, dass sie nicht weit kommen würde, geschweige denn, dass sie es bis zu ihrem Zuhause in Georgien schaffen würde. Nadia fühlte sich mutterseelenallein, obwohl die Männer, die sie für Jobvermittler gehalten hatte, sie vierundzwanzig Stunden am Tag, sieben Tage in der Woche umgaben. Wenn sie nicht bei ihr im Zimmer waren, standen sie vor der Tür Wache und schickten einen unablässigen Strom an Kunden zu ihr hinein, mit denen sie unsägliche Dinge zu tun gezwungen war – bis zu vierzig Mal am Tag.

Obwohl sie sich mittlerweile nicht mehr sicher war, dass es einen Gott im Himmel gab – warum hätte er es sonst zugelassen, dass dies geschah? –, flehte Nadia ihn trotzdem an. *Lass mich sterben,* betete sie. *Ich will lieber tot sein, als dies durchzumachen.* Gottes scheinbares Schweigen und die horrorvolle Situation trieben sie immer tiefer in die Verzweiflung. Von dem Funken ihres Traums war nichts mehr übrig, ganz zu schweigen von der Hoffnung, zu ihrer Familie zurückzukehren, zu Dingen, die vertraut waren und die sie in Freiheit erleben konnte.

Als der Wachmann eines Tages ihr Zimmer verließ, vergaß er, das Fenster abzuschließen. Obwohl ihr Zimmer im dritten Stock des Wohnblocks lag, kletterte Nadia auf den Balkon. *Wenn ich Glück habe, komme ich vielleicht beim Aufprall ums Leben. Oh, Gott,* betete sie, *mach dem Albtraum ein Ende.*

Sie sprang.

Eine Passantin sah, wie sich ein Mädchen von einem Balkon im dritten Stock stürzte und unten auf dem Asphalt aufschlug. Entsetzt rannte sie zu Nadia, die wunderbarerweise unverletzt war.

Nadia hörte die Frau reden – und verstand zu ihrer Verwunderung, dass die Frau fragte, ob alles in Ordnung sei. War sie tot? War sie im Himmel? Nein. Noch ein Wunder. Diese Frau war real! Und sie sprach Russisch! Sie wollte ihr helfen! Schnell erzählte ihr Nadia von ihrer schrecklichen Lage.

Die Frau half Nadia auf die Beine und nahm sie mit auf die Polizeiwache, wo sie Bericht erstatteten. Dann versteckte die Polizei Nadia in einer sicheren Unterkunft, um sie vor den Menschenhändlern zu schützen.

***

An jenem Märznachmittag erzählten die jungen Frauen eine nach der anderen Geschichten wie die von Nadia. Die meisten waren in verarmten, ehemals kommunistischen osteuropäischen Ländern aufgewachsen. Jede war in der Erwartung nach Griechenland gereist, eine reguläre Anstellung zu bekommen. Alle waren mit Träumen, Hoffnungen und dem Wunsch gekommen, mehr aus ihrem Leben zu machen, als man sich das in ihren Herkunftsfamilien je hätte träumen lassen. All diese zarten, jugendlichen Träume waren auf eine Weise zerschlagen worden, die jedes Vorstellungsvermögen übersteigt.

Am härtesten traf mich die Erkenntnis, dass es für jedes Mädchen, mit dem ich an jenem Tag sprach, Hunderttausende andere gab, die noch immer als Zwangsprostituierte gefangen gehalten wurden und keine Fluchtmöglichkeit hatten – Hunderttausende Frauen, deren unsägliche Qualen noch immer ein Geheimnis waren. Totgeschwiegen.

Dann erzählte Mary aus Nigeria ihre Geschichte. Sie und neunundfünfzig andere junge Frauen waren in einem Schiffscontainer nach Griechenland gekommen.

„Warte mal", unterbrach ich sie, „willst du damit sagen, dass ihr auf einem Schiff in einen Frachtcontainer gesteckt worden seid?" Ich dachte, ich hätte sie falsch verstanden oder bei der Übersetzung sei etwas untergegangen.

Mary wiederholte: Sie und neunundfünfzig andere junge Frauen seien in einem Schiffscontainer nach Griechenland gebracht worden.

In einem Schiffscontainer? Genau so einer wie der, von dem ich gerade ein Angebot eines Umzugsunternehmens auf dem Tisch liegen hatte, um unseren Hausstand zu unserem neuen Haus zu transportieren? „Eine Blechkiste?", hakte ich nach. „So ein Container, der für den Transport persönlicher Güter und Waren gedacht ist und nicht zur Personenbeförderung?"

„Ganz genau", versicherte Mary mir – es handelte sich um eine Kiste, einen Container, den man auf ein Schiff lädt. Als sie und die neunundfünfzig anderen Mädchen am Tag ihrer Abreise am Hafen ankamen, glaubten sie, sie würden in Kürze gut bezahlte Arbeitsstellen in einem Land voller Möglichkeiten antreten. Stattdessen wurden sie von Jobvermittlern begrüßt, die ihnen erklärten, es gäbe Schwierigkeiten mit den Papieren. Entweder sie würden im Container reisen, so hieß es, oder sie würden ihre Anzahlung verlieren und jegliche zukünftige Möglichkeit, im Ausland zu arbeiten. Wer nicht im Container reisen wollte, konnte auf der Stelle nach Hause gehen.

„Unsere Familien hatten alles zusammengekratzt, was sie besaßen, um unsere Überfahrt zu bezahlen", sagte Mary.

Und so stiegen die Mädchen, eine nach der anderen, bestürzt und verängstigt in den Container. Als das letzte Mädchen drin war, wurde die Tür zugeschlagen und sie hörten, wie ein Riegel vorgeschoben wurde. Sie saßen erstarrt in der Dunkelheit.

„Und dann ging das Luftdings kaputt! Das Luftdings ging kaputt!“, rief Mary.

„Welches Luftdings?“

Die Lüftung, erklärte sie, die für die Sauerstoffzirkulation im Container zuständig gewesen sei. Sie funktionierte nicht mehr, und im Inneren der vollgestopften Box gab es nicht nur kein Licht, sondern es wurde auch immer stickiger.

Mir stockte der Atem, als ich mir vorstellte, wie die jungen Frauen bei immer knapper werdendem Sauerstoff und der steigenden Hitze in völliger Dunkelheit um Luft rangen.

Die Reise in dem versiegelten Container war eine Tortur. Die Hälfte der Mädchen starb an Sauerstoffmangel. Die andere Hälfte, die Stärkeren, war auch dem Tode nahe. Die Mädchen mussten in ihrem eigenen Erbrochenen und ihren Fäkalien sitzen, da sie gezwungen waren, sich auf den Boden des Containers zu erleichtern.

Als die Männer im Zielhafen den Container öffneten, wichen sie angewidert vom Gestank nach Tod, Verwesung und Exkrementen zurück, erzählte Mary.

Eine der Toten war Anna, Marys beste Freundin. Anna war eines qualvollen Todes gestorben; sie war erstickt, als wäre sie lebendig begraben worden. Aber Anna hatte es gegeben, beteuerte Mary mir an jenem Tag. Sie hatte einmal gelebt. Und Anna durfte nicht vergessen werden.

Die Drahtzieher dagegen vergaßen lieber. Sie wollten ihre „verschifften Güter“, wie sie sich ausdrückten, schleunigst aus dem Hafen bringen. Sie verfrachteten die Überlebenden in kleine Apartments in der Nähe, wo die Mädchen, wie Nadia, wiederholt vergewaltigt und geschlagen wurden.

Eines Morgens noch vor Sonnenaufgang – Mary hatte jedes Zeitgefühl verloren – wurden die Mädchen auf kleine

Schlauchboote verladen und über das Mittelmeer zu einer griechischen Insel gebracht. Zu diesem Zeitpunkt erkannten sie zum ersten Mal, dass ihre ursprüngliche Reise sie noch nicht einmal nach Griechenland geführt hatte. Sie waren in der Türkei gelandet, wo man sie so brutal behandelt hatte. Die Agentur hatte keines ihrer Versprechen gehalten.

Im Boot verspürte Mary einen Anflug von Hoffnung. Die griechische Küstenwache führte an diesem Morgen eine Routinekontrolle durch – was zu dieser Stunde ungewöhnlich war, wie Mary später erfahren sollte. Sie hoffte, dass die Küstenwache sich im Gegensatz zu den Hafenarbeitern nicht bestechen ließ und nicht so tat, als hätte sie nichts gesehen. Die Bewacher zeigten Anzeichen von Panik. Obwohl Mary fror, an Hunger und Schlafmangel litt, innerlich zerbrochen war und unter Schock stand, wuchs ihre Hoffnung. Rettung war in Sicht! Gerechtigkeit! Wenn die Menschenhändler gefasst würden, erwartete sie eine langjährige Gefängnisstrafe.

Und aus diesem Grund waren die Männer zu allem bereit, um nur nicht verhaftet zu werden.

Sie warfen ein Mädchen nach dem anderen über Bord.

Nur fünf der etwa dreißig Mädchen – die stark genug gewesen waren, um die Todesreise im Schiffscontainer zu überleben – entgingen an jenem Tag dem Tod durch Ertrinken.

Diese fünf waren zwischen ihren Bewachern versteckt, als die Küstenwache an Bord kam. Als die Boote schließlich Athen erreichten, brachte man die Mädchen in ein Bordell, wo sich der Albtraum aus dem türkischen Apartment wiederholte. Jeden Tag zwang man Mary und die anderen, mit Dutzenden von Männern unsägliche Dinge zu tun. Mary verzweifelte immer mehr und wünschte sich, dass auch sie im Container erstickt oder im Mittelmeer ertrunken wäre.

Das Grauen hielt wochenlang an. Oder vielleicht waren

es auch Monate – Mary konnte es nicht sagen. Doch eines Tages stürmten Beamte einer Spezialeinheit zur Bekämpfung von Menschenhandel auf einen Tipp hin das Bordell. Mary und weitere Mädchen wurden in den Fond eines Fahrzeugs gedrängt, das wie ein Polizeiwagen aussah. Wurden sie gerettet? Wenn Jobvermittler böse sein konnten, galt das dann nicht auch für Polizisten? Verunsichert, wie sie waren, und innerlich zerbrochen wurden Mary und ein Dutzend andere Mädchen in rasender Fahrt zu einem anderen Apartmentgebäude gebracht. Die Polizeibeamten brachten sie schleunigst hinein und die verängstigten Mädchen warteten resigniert. Doch statt Schläge und Vergewaltigungen erlebten sie dort Ruhe und Frieden und bekamen etwas zu essen und zu trinken.

Obwohl sie nicht länger eingesperrt war, blieb Mary stumm, unentwegt gequält von wiederkehrenden Albträumen. Das tägliche Grauen hatte zwar aufgehört, aber der Schmerz schrie pausenlos.

Mary war in Sicherheit, aber nicht frei.

***

Wie betäubt saß ich einen Moment schweigend da, nachdem Mary ihre Geschichte beendet hatte. Die jungen Frauen am Tisch um mich herum verharrten ebenfalls schweigend, fast andächtig. Doch in mir erhob sich ein Sturm von Gedanken und Fragen. Ich war zutiefst erschüttert: *Wie kann so etwas nur in unserer heutigen Welt passieren? Auch wenn es um noch so viel Geld geht, wie kann jemand so gewissenlos sein und andere Menschen zur Prostitution zwingen – nicht nur allein das, sondern daraus ein weltweit operierendes Geschäft werden lassen und nicht nur ein Mädchen versklaven, sondern Hunderttausende, wieder und wieder und immer wieder?*

Ein russisches Mädchen namens Sonia, das erst am Tag zuvor hier Unterschlupf gefunden hatte, unterbrach meinen Gedankenstrom. „Warum sind Sie hier?", wollte sie wissen, die Augen misstrauisch verengt. „Was wollen Sie hier?"

Aus ihrem Ton sprach Wut und ich spürte das Misstrauen hinter ihrer Frage. War ich die, die ich zu sein behauptete? War ich jemand, der helfen konnte? Oder war ich wie die Leute, die sie angeworben hatten – falsch, gefühllos, böse?

Wie kann ich ihr begreiflich machen, fragte ich mich, *dass auch ich weiß, was es heißt, in einer Falle zu sitzen – versklavt, scheinbar ausweglos, ohne Fluchtmöglichkeit in irgendeine Richtung? Wie kann ich ihr verständlich machen, dass es innere Gefängnisse gibt, die in ihrer Finsternis und Grauenhaftigkeit Sonias Zwangsprostitution um nichts nachstehen? Gefängnisse, in die sich Sonia und viele der hier sitzenden Mädchen vielleicht zurückgezogen haben? Wie kann ich jedem dieser Mädchen hier klarmachen, dass ich für sie das Gleiche empfinde, was ein anderer einmal für mich empfand, der mir deshalb in meinem Schmerz geholfen hat?*

Oh Gott, betete ich. *Hilf mir, ihnen zu helfen!* Ich atmete tief ein und sah Sonia einen Moment an.

„Ich kenne nur einen", sagte ich zu Sonia und den anderen Frauen, „der die Kraft hat, uns aus dem dunkelsten Gefängnis zu befreien. Dieser Befreier ist der Gott, an den ich glaube, der uns so sehr liebt, dass er alles zurückließ, um uns nachzugehen und uns zu retten. Er ist der Eine, der uns geschaffen hat, jede von uns, zu einem einzigartigen Zweck und mit einer herrlichen Bestimmung. Er macht gut, was die Welt schlecht macht. Er hat Gutes im Sinn, nicht Böses. Seine Wege sind gerecht und barmherzig. Er kam, um mir eine Hoffnung und eine Zukunft zu schenken – und er möchte das Gleiche auch euch geben. Er steht zu seinen Versprechen. Seine Liebe ist voller Vergebung und Frieden,

Freude und Freundlichkeit und Gnade. Er ist der einzige wahre Retter. Er holt uns aus jedem Gefängnis, sei es physischer, emotionaler oder geistlicher Art; aus Gefängnissen, in die wir gewaltsam gesteckt wurden, oder solchen, in die wir selbst geraten sind. Er hat uns erwählt. Er kann alles neu machen. Er liebt uns bedingungslos, unerschütterlich, bis in alle Ewigkeit. Er schenkt uns seine Liebe, wenn wir innerlich zerbrochen sind, und er liebt es, uns wieder heil zu machen. Und er möchte, dass wir, die wir ihn lieben, andere genauso lieben. Dass wir uns für sie einsetzen. Dass wir anderen Menschen von seiner Hoffnung, seiner Vergebung und seiner Gnade erzählen. Er will, dass wir mit ihm zusammen anderen helfen. Darum bin ich hier", sagte ich. „Darum bin ich gekommen."

Sonias Augen füllten sich mit Tränen. Ich sah, wie ihr die Vorstellung von bedingungsloser Liebe, Gnade und einem Neuanfang Mühe bereitete. Alle meine Begründungen und Erklärungen ließen sie die Stirn runzeln. Alle *Was-wäre-Wenns* und alle potenziellen Möglichkeiten waren in ihr schon lange abgestorben. Und nun stand ich hier und erweckte diese Gedanken zu neuem Leben. *Was wäre, wenn es gute Jobvermittler und wahre Versprechen und einen gnädigen Gott gäbe, der mich liebt und mich erwählt und mich aus der Armut, dem Betrug und der Angst, dem Schmerz und dem Grauen herausholen könnte? Was wäre, wenn ...?*

Nein! Sonia konnte das alles nicht glauben. Es war zu schön, um wahr zu sein. Und sie kannte Versprechen zur Genüge, die zu schön waren, um wahr zu sein. Das Risiko war einfach zu groß, dass jede neue Hoffnung in ihrem Leben wieder vernichtet würde. Ihr seelischer Schmerz verwandelte sich wieder in Zorn, und sie stieß sich vom Tisch ab. „Wenn das, was Sie sagen, stimmt", brüllte sie, „wenn das, was Sie über Gott sagen, stimmt – wo waren Sie dann?

Wo sind Sie gewesen? Warum sind Sie nicht früher gekommen?"

Warum sind Sie nicht früher gekommen?

Die Mädchen saßen reglos da. Niemand sprach ein Wort. Aber ich fühlte ihre Blicke auf mir ruhen, als sie innerlich dieser Frage zustimmten. Ich fühlte mich wie Mary in jenem Container: Dieser Schrei aus tiefstem Herzen drückte mich nieder wie stickige, sauerstofflose Dunkelheit. Ich konnte kaum atmen.

Warum sind Sie nicht früher gekommen?

Die Frage hing in der Luft. In dem emotional aufgeladenen Moment begann das Bild von Sonia, wie sie mir mit wütendem, gequältem Blick am Tisch gegenübersaß, zu flirren. Es verwandelte sich in das verängstigte neunzehnjährige Mädchen, das man ein Jahr lang in einen Raum gesperrt und gezwungen hatte, jeden Tag mindestens fünfundzwanzig Männern zu Diensten zu sein. Dieses Bild änderte sich erneut und es entstand ein neues: Ich hatte ein Mädchen vor Augen, verwirrt, verletzt und einsam, das sich selbst verstümmelt oder Drogen nimmt oder Fressattacken hat, um auf diese Weise ihren emotionalen Schmerz zu betäuben. Dann erschien das Bild einer Frau, arm, hungernd und unfähig, ihre Familie zu ernähren oder zu beschützen. Und dann war da noch ein Bild: Diesmal waren es Kinder, die an Mangelernährung litten und dem Tode nahe waren. Noch mehr Bilder: Depression, Selbstmord, Missbrauch ...[1]

---

1 Zahlen sind menschenverachtend, desensibilisierend – und stumpfen uns schrecklich ab. Jede Riesenzahl steht für Tausende von Individuen, deren Leben auf dem Spiel steht. Laut Schätzungen der UN sind weltweit 27 Millionen Menschen Sklaven und von denen wiederum 2,5 Millionen Opfer von Menschenhandel. Über 8 Millionen Kinder unter fünf Jahren sterben jedes Jahr an Unterernährung und größtenteils vermeidbaren Krankheiten. Jeden Tag sterben fast 5000 Menschen an HIV/AIDS. Über 884 Millionen Menschen haben keinen Zugang zu sauberem Trinkwasser. Mindestens 2000 Kinder sterben täglich aufgrund von Armut. Geschätzte 121 Millionen Menschen leiden an Depressionen. Eine Million Menschen begehen jedes Jahr Selbstmord. Zwischen 100 und 140 Millionen Mädchen und Frauen müssen mit den Folgen weiblicher Beschneidung leben.

Es wurden immer mehr Gesichter, zahlreich wie Sandkörner. Hundert? Tausend? Eine Million? Zu viele. So viele Sandkörner, dass sie sich miteinander vermischten. Ununterscheidbar strömten sie dahin wie das Meer. Ein Ozean der Gesichter trieb eine Minute lang vor meinem inneren Auge, mal scharf, dann wieder unscharf, trübe, verzerrt durch die Tiefen von Leiden, Einsamkeit, Not, Verzweiflung, Hoffnungslosigkeit. Ein Ozean der Gesichter, die untergingen, tiefer sanken. Ich hörte ihren Untergangsschrei. Ich hörte mich selbst auch schreien, als ich in schwarzer Verzweiflung versank.

Warum war ich nicht früher gekommen?

Oberflächlich betrachtet gab es natürlich eine vernünftige Antwort. Eine so vernünftige Antwort – eine unanfechtbare Entschuldigung: Ich war nicht gekommen, weil ich nichts von ihrer Not gewusst hatte. Wie hätte ich sie aufsuchen sollen, ohne etwas von ihnen zu wissen? Wie konnte mir irgendjemand vorwerfen, ein Problem nicht gelöst zu haben, von dessen Existenz ich nichts gewusst hatte?

Aber diese Entschuldigung brachte ich nicht vor. Ich äußerte sie nicht, weil die Tiefe des Schmerzes und das Leid, das den Mädchen von grausamen und bösen Männern zugefügt worden war, mehr verlangten als Entschuldigungen. Und ich nannte ihnen keine Entschuldigungen, weil sich mir plötzlich eine Erinnerung aufdrängte, die nicht nur das Leid und die Not dieser Frauen in ein verblüffendes Licht rückte, sondern auch meine Reaktion darauf.

In meinem Kopf spielte sich eine Szene aus dem Film *Schindlers Liste* ab. Steven Spielberg produzierte diesen Film 1993 und erzählt darin die Geschichte von Oskar Schindler, einem deutschen Unternehmer, der zur Zeit des Nationalsozialismus über tausend Juden das Leben rettete, indem er sie illegal weiterhin in seinen Fabriken beschäftigte. In einer bewegenden Szene am Schluss des Films bedanken sich einige derer, die er gerettet hat, bei Schindler – gespielt von Liam Neeson –, kurz bevor dieser selbst die Flucht ergreifen muss, um sein Leben zu retten. Die dankbaren Juden übergeben ihm einen Ring, auf dessen Innenseite ein Spruch aus dem Talmud eingraviert ist: „Wer ein Leben rettet, der rettet die ganze Welt." Doch bedrückt antwortet Schindler: „Ich hätte mehr retten können. Es hätten mehr sein können. Ich weiß nicht ... wenn ich doch nur ... ich habe so viel Geld verschwendet. Ihr habt ja keine Ahnung ... ich habe nicht genug getan." Er blickt auf sein Auto. „Warum habe ich das Auto behalten? Das wären zehn Menschenleben gewesen." Er zieht eine Anstecknadel aus dem Revers seiner Jacke. „Diese Nadel. Sie ist aus Gold. Noch zwei Menschenleben ... und ich habe es nicht getan. Nicht getan." Und dann bricht er in Tränen aus. Er denkt nicht etwa an all das, was er getan hat, sondern ist überwältigt von der Erkenntnis, dass ihm die Anstecknadel in seinem Jackenrevers offensichtlich mehr wert gewesen war als das Leben zweier Menschen.

Dieser Moment, als ich in Thessaloniki mit den Frauen zusammensaß, die erst kürzlich aus der Zwangsprostitution gerettet worden waren und doch noch immer so verstört waren, war mein *Schindlers-Liste-Moment*. Es war der Moment, in dem ich mich gefragt habe, was für mich die goldene Anstecknadel gewesen war. Was war mir so wertvoll gewesen, dass es mir nie in den Sinn gekommen war, es als Lösegeld für das Leben eines anderen einzusetzen?

Wer ein Leben rettet, der rettet die ganze Welt.

Ich wollte keine Entschuldigungen sagen.

„Ich weiß es nicht", stammelte ich schließlich. „Ich weiß nicht, warum ich nicht früher gekommen bin." Welch eine schwache, mickrige, belanglose Antwort auf solch eine gewichtige Frage. „Es tut mir leid. Es tut mir so leid. Bitte vergebt mir."

Die Stille wurde noch unerträglicher. Die Zeit schien stillzustehen. In diesem Moment waren mir einzig und allein diese Mädchen wichtig, ihre Verzweiflung – und wie Gott sie heilen konnte. Obwohl die Stille scheinbar eine Ewigkeit dauerte, war ich geistig ganz anwesend, ganz dem Moment zugewandt.

„Ich möchte, dass ihr wisst“, sagte ich mit neuer Überzeugung, „dass ich eure Schreie jetzt gehört habe. Ich habe euch gesehen. Ich sehe euch jetzt.“ Ich wandte mich an Mary. „Ich *sehe* dich, Mary. Und wenn ich dich sehe, sehe ich Anna.“ Ich wandte mich an Sonia: „Ich sehe dich, Sonia.“ Ich sah jedes Mädchen der Reihe nach eindringlich an. „Ich sehe jede Einzelne von euch. Ich höre euch. Ich kenne euch mit Namen. Ich bin für jede von euch gekommen.“

Ich wollte diese Mädchen so sehen, wie Jesus sie sah – nicht als ein Meer an Nöten, sondern als Individuen, die er beim Namen gerufen und erwählt hatte. Jede Einzelne liebte er. Ich hatte den Eindruck, dass er zu mir sagte: *Sag ihnen, dass ich ihre Namen in mein Buch geschrieben habe. Dass ich gekommen bin, um den Armen die frohe Botschaft zu verkünden. Um die zu heilen, die zerbrochenen Herzens sind. Um die Gefangenen zu befreien. Sag ihnen, dass diese Verheißungen ihnen gelten. Jetzt. Und in alle Ewigkeit.*[2]

„Ihr werdet nicht länger im Verborgenen leben“, erklärte ich Sonia. „Wohin ich auch gehe, ich werde von nun an allen Leuten erzählen, dass es euch gibt.“ Ich blickte die Mädchen eindringlich der Reihe nach an. „Ich werde ihnen genau dieselbe Frage stellen, die ihr mir gestellt habt. Ich werde mich nicht zurücklehnen und warten, hoffen oder wünschen, dass jemand anderes etwas unternimmt. Ich verspreche euch: Ich werde mich für euch einsetzen. Jetzt, da

2 Psalm 139,16; Jesaja 49,1; Offenbarung 3,5; 17,8; 20,12–15; Lukas 4,18

ich euch gefunden habe, werde ich noch andere Mädchen finden, denen es wie euch ergeht. Ich werde alles in meiner Macht Stehende tun, um dies zu stoppen."

***

Noch lange nach dieser Begegnung klang Sonias Frage in mir nach, rüttelte mich auf, versetzte mich in Unruhe.

Warum war ich nicht früher gekommen?

Ich hatte ihnen an jenem Tag keine Entschuldigungen mitgeteilt, wusste aber dennoch, dass es Gründe dafür gab. Gründe, weshalb wir so oft einen Rückzieher machen, wenn wir Gottes Ruf hören und wenn wir jenes sanfte (oder weniger sanfte) Drängen des Heiligen Geistes spüren, einen kühnen Schritt zu tun, ein Risiko einzugehen, anderen zu dienen, ein Leben zu retten, uns ganz für jemand einzusetzen.

Der Grund ist: Wir fühlen uns nicht dazu in der Lage.

Wir meinen, wir seien nicht qualifiziert genug.

Wir glauben, uns fehle der Mut, die Kraft, die Weisheit, das Geld, die Erfahrung, die Bildung, die Organisation, die Rückendeckung.

Wir fühlen uns wie Mose, als Gott zu ihm aus dem brennenden Busch sprach und ihn beauftragte, für ihn beim Pharao vorzusprechen. Und Mose antwortete: „Ach Herr, ich bin noch nie ein guter Redner gewesen. (...) Ich rede nicht gerne, die Worte kommen mir nur schwer über die Lippen. (...) Herr, sende doch lieber einen anderen!" (2. Mose 4,10–13; Hfa).

Nicht ich, Gott. Ich bin ängstlich. Schwach. Arm. Dumm.

Unqualifiziert.

Entmutigt.

Noch vor Kurzem hätte ich genauso reagiert.

Aber ich wollte nie entmutigt, ängstlich und unfähig sein,

Gottes Ruf zu befolgen. Ist das etwa Ihr Wunsch? Das bezweifle ich. Ich glaube, dass Sie genauso wie ich sagen können möchten: „Hier bin ich, Herr – sende mich." Sie wollen nicht wie Mose klingen, uns krampfhaft um Entschuldigungen bemühen und herumstammeln.

Und das brauchen wir auch nicht. Denn so wie Gott Mose genau das gab, was er brauchte, um große Dinge für ihn zu tun, so wird Gott auch uns auf dieselbe Weise ausrüsten. Wenn er uns dazu beruft, Riesen zu bezwingen, wird er uns zu „Riesenbezwingern" machen.

Gott beruft nicht die Qualifizierten. Er qualifiziert die Berufenen.

Und genau darum geht es in diesem Buch. Es geht um das, was ich das „normale Leben eines Christen" nenne – es geht darum, kühn und mutig zu sein angesichts großer Schwierigkeiten. Und es geht darum, die Welt zum Staunen zu bringen, weil wir etwas entgegen aller Wahrscheinlichkeit schaffen – zu Gottes Ehre. Das meinte der Apostel Paulus, als er Timotheus schrieb: „Denn Gott hat uns keinen Geist der Furcht gegeben, sondern sein Geist erfüllt uns mit Kraft, Liebe und Besonnenheit" (2. Timotheus 1,7; Hfa).

Das Leben versucht uns auf zahlreiche Arten zu entmutigen und uns davon abzuhalten, dem kühnen und anspruchsvollen Plan zu folgen, den Gott für uns bereithält. In diesem Buch geht es darum, wie wir das hinter uns lassen können – wie wir *unerschrocken* werden können.

Als ich an jenem Tag das Treffen verließ, musste ich auch an meine eigene Lebensgeschichte denken. Wenn irgendjemand einen Grund gehabt hätte, sich unqualifiziert vorzukommen und entmutigt zu sein, dann ich. Und die Gründe dafür reichten zurück bis zu Dingen, die geschehen waren, ehe ich überhaupt auf der Welt war …

Teil 1

Gott kennt meinen Namen

Kapitel 2

Ich bin nicht die, für die ich mich gehalten habe

Ich hatte gerade die erste, lang ersehnte Gabel mit Rinder-Vindalho – einem extrascharfen indischen Gericht – im Mund, als mein Handy klingelte. Ich blickte aufs Display und ignorierte das Mittagschaos in der Kantine. Es war meine Schwägerin. Ich schluckte das dampfende Vindalho genüsslich hinunter und überlegte kurz, ob ich Kathy nicht auf die Mailbox sprechen lassen sollte. Nein. Sie rief nur selten mitten am Tag an.

Du musst eben noch etwas warten, erklärte ich meinem ungeduldigen Magen. Ich legte die Gabel beiseite und nahm das Gespräch an.

Am Ton von Kathys Stimme erkannte ich sofort, dass etwas nicht stimmte. „Christine, George braucht dich. Kannst du mit ihm reden? Er ist sehr durcheinander. Er hat gerade ein Schreiben vom Jugendamt bekommen, worin behauptet wird, dass er nicht dein leiblicher Bruder sei. Er ist gleich nach seiner Geburt von deinen Eltern adoptiert worden."

Was? Ich konnte nicht glauben, was ich da hörte. „Hol ihn mal bitte ans Telefon", sagte ich.

George kam ans Telefon. Er klang erschüttert, als er mir den Brief vorlas. „Was sagst du dazu?", fragte er.

„Da muss ein Fehler vorliegen. Das Jugendamt hat dieses Schreiben offensichtlich dem Falschen geschickt. Ruf sofort in der Chefetage an und schildere denen da, was vorgefallen ist. Erklär ihnen, dass dies auf jeden Fall ein Fehler sein muss. Dann ruf mich zurück und erzähl mir, wie es gelaufen ist."

Ich legte auf und schob meinen Teller zur Seite. Das Rinder-Vindalho, das noch vor wenigen Minuten so köstlich gewesen schien, interessierte mich jetzt überhaupt nicht mehr.

Wie hatte jemand so nachlässig sein können? War denen denn nicht klar, dass ein solcher Fehler die Welt eines anderen auf den Kopf stellen konnte? Warum hatten sie den Brief nicht sorgfältiger adressiert oder darauf geachtet, in welchen Umschlag sie das Schreiben steckten?

Mein Handy klingelte wieder und unterbrach den Sturm, der in mir tobte. „George!"

Er war atemlos. „Christine, es ist wahr. Sie haben eine ganze Akte über mich. Sie haben mir erklärt, dass meine leibliche Mutter versucht hat, mit mir Kontakt aufzunehmen, und sie haben mir die Namen meiner leiblichen Eltern genannt. Sie haben mir gesagt, wo ich zur Welt gekommen bin. Ich habe für morgen einen Termin beim Jugendamt. Dann werden sie mir alles erklären."

„Das *kann* einfach nicht wahr sein, George!" Mein lauter Herzschlag übertönte den Klang von Georges immer größer werdenden Verwirrung. „Das ist alles einfach ein riesengroßer Fehler, ein Durcheinander. Wir bringen das schon in Ordnung." Obwohl ich versuchte, zuversichtlich zu klingen, spürte ich, wie meine eigene Verwirrung genauso wuchs wie seine.

Eine ganze Akte ...

„Ich muss mit Mama darüber reden", sagte George. „Unbedingt gleich jetzt – ich fahre sofort zu ihr." Ich stimmte ihm zu und sagte, dass ich auch kommen würde.

Ich schnappte mir meine Handtasche und eilte zum Parkplatz, meine Gedanken wirbelten im Kreis. *Das ist unmöglich – natürlich ist George mein Bruder. Wir sind zusammen aufgewachsen. Das ist ein lächerlicher Fehler. Aber ... was, wenn es stimmt? Schließlich gibt es eine ganze Akte – nein! Das kann nicht wahr sein. Was wird George zu Mama sagen?*

Ich war so erschüttert, dass ich erst mal fünf Minuten brauchte, um mich daran zu erinnern, wo ich mein Auto geparkt hatte. Schließlich fand ich es – genau da, wo ich es geparkt hatte –, sprang hinein und fuhr in Rekordzeit zum Haus meiner Mutter. Zum zweiten Mal an diesem Nachmittag machte ich mich auf das Schlimmste gefasst.

Sollte sich alles ändern?

Während ich durch den Vorgarten bis zur Haustür ging, dachte ich an die vielen Erinnerungen, die wir als Familie mit diesem Haus verbanden: die endlosen Fußballspiele in unserem Garten, dem Spielplatz aller Kinder aus der Nachbarschaft. Die Geburtstagstorten und die Hausaufgaben, in die wir uns am Küchentisch vertieften. Die Weihnachtsfeste mit unserem Christbaum. *Wie konnte all das nicht genau das gewesen sein, als was es damals schien – eine normale Familie, die ihr Leben miteinander verbrachte? Und was, wenn dieses Schreiben, das George erhalten hatte, der Wahrheit entsprach? Sollte sich alles ändern?*

Oh Gott, betete ich, *ich brauche jetzt Weisheit. Zeige mir, wo es langgeht. Schenke mir ein offenes Herz und Geduld.* Ich betrat das Haus. Was ich sah, ließ mich wie angewurzelt stehen bleiben. Georges Frau Kathy stand hinter ihm, während er Mutter gerade das Schreiben vom Jugendamt überreichte.

Mamas Hände zitterten, als sie es überflog.

Furcht, nicht Verwirrung stand in ihren Augen. Und da wusste ich Bescheid. *Es ist wahr*, dachte ich. *Es ist wahr. Mein Bruder ist adoptiert.* Die Zeit schien stehen zu bleiben. Ich konnte nicht atmen. Ich hatte das Gefühl, festgenagelt zu sein, und konnte lediglich zuschauen, wie meiner Mutter die Tränen über das Gesicht liefen.

Sie blickte meinen Bruder an. „Es tut mir so leid, dass du es auf diese Weise erfahren musstest, George. Wir wollten dir nie wehtun. Wir lieben dich. Ich hätte dich nicht mehr lieben können, wenn ich dich selbst zur Welt gebracht hätte. Wir liebten dich schon, ehe wir dich überhaupt zu Gesicht bekommen hatten – und als wir dich im Krankenhaus dann sahen, wäre es uns nie in den Sinn gekommen, dass du jemand anderem als uns gehören könntest. Eine geschlossene Adoption war damals unsere einzige Möglichkeit, weil deine leibliche Mutter darauf bestand, und man riet uns, dir nie etwas anderes zu sagen, als dass du unser Sohn seist. Ich hätte nie gedacht, dass deine leibliche Mutter versuchen würde, mit dir Kontakt aufzunehmen, geschweige denn, dass ihr das erlaubt sein würde. Sie hat eine Erklärung unterschrieben, mit der sie dich uneingeschränkt an uns abtrat. Ich verstehe das nicht! Das Adoptionsrecht muss sich geändert haben." Mutter blickte auf das Schreiben und schüttelte ungläubig den Kopf. Sie schluchzte und wiederholte: „Ich hätte dich nicht mehr lieben können, wenn ich dich selbst zur Welt gebracht hätte. Ich hätte dich nicht mehr lieben können." Dann erklärte sie: „Wir wollten auf keinen Fall, dass du auch nur denkst, du könntest ungewollt oder abgelehnt gewesen sein. Wir hätten uns nie träumen lassen, dass du es herausfinden würdest, vor allem nicht nach diesen vielen Jahren. Ich habe deinem Vater vor seinem Tod noch versprechen müssen, dass ich es dir niemals sagen würde."

Ich war wie gelähmt. Die Szene, die sich vor mir abspielte, schien unwirklich, eher wie ein Film als wie mein eigenes Leben. *Wie hatte man dies fünfunddreißig Jahre lang vor meinem Bruder geheim halten können? Warum hatten Mama und Papa uns nie erzählt, dass George adoptiert war? Warum hatte ich nie auch nur den geringsten Verdacht geschöpft, dass George und ich keine leiblichen Geschwister waren?*

Und doch ...

Das erklärte das Rätsel, warum George 1,95 Meter groß ist und ich 1,62 Meter. Und warum ich glattes helles Haar habe, während George lockiges dunkles Haar hat. Ich musste fast lachen. *Wie hatte ich solch auffällige Unterschiede all die Jahre übersehen können?* Ein plötzlicher Gedanke erschütterte mich: *Welche anderen Familiengeheimnisse kannte ich noch nicht?*

Die Frage überwältigte mich. Die Spannung, die Ängste und die Tränen drohten überzulaufen, also beschloss ich, das zu tun, was jedes gute griechische Mädchen im Zentrum eines Sturms tun würde.

Ich ging in die Küche, um für alle etwas zu essen zu machen.

Ich war gemäß der Philosophie erzogen worden, dass Essen die Antwort auf fast alles ist. Also schaltete sich mein Autopilot ein. Ich wollte einen extra starken Kaffee machen und suchte in der Speisekammer nach Baklava. Unsere Familientradition hatte mich gelehrt, dass man nur etwas kochen und essen musste, wenn man nicht mehr weiterwusste, und schon würde sich eine Lösung zeigen. Also deckte ich den Tisch in der Hoffnung, dass die Kombination aus Koffein und Zucker uns wieder ins Lot bringen würde. Dann holte ich tief Luft und rief George, Kathy und Mama.

Wir versammelten uns um denselben Tisch, an dem wir als Familie über zwanzig Jahre lang gemeinsam gegessen hatten. Hier hatten wir gewöhnliche Momente und echte Meilensteine im Leben miteinander geteilt. Allerdings war die Atmosphäre an diesem Tisch jetzt nicht mehr dieselbe. Unser Vertrauen hatte einen Knacks erlitten. Es hatte sich eine Kluft aufgetan, die es früher nicht gegeben hatte. Wir saßen am Abgrund und waren so erschüttert, dass wir nicht wussten, wo oder wie wieder Normalität einkehren sollte oder ob noch mehr Dinge bröckeln und einstürzen würden.

Unsicherheit lag in der Luft und rumorte in meinem Magen. Ein Brief, ein einziges erschütterndes Gespräch hatte alles, was ich über meine Familie zu wissen geglaubt hatte, auf den Kopf gestellt.

Hinweise und Geheimnisse

Einen beklemmenden Moment lang schlürften wir alle unseren Kaffee. Dann weinte Mutter und erzählte uns, dass sie und unser Vater mehrere Jahre lang erfolglos versucht hatten, ein Kind zu zeugen. Schließlich hatten sie die Möglichkeit gehabt, ein Kind zu adoptieren. Sie beschlossen, diese Chance zu nutzen und gleichzeitig weiterhin zu versuchen, auf natürlichem Wege Kinder zu bekommen. Es sei eine Zeit großer Vorfreude gewesen, sagte sie und wiederholte: „Wir haben dich geliebt, noch bevor du auf der Welt warst. Wir haben dich schon geliebt, ehe wir dich überhaupt gesehen haben."

Ich erkannte, dass in der Nachbarschaft und in der Großfamilie alle davon gewusst haben mussten, doch erstaunlicherweise hatte niemand zu uns Kindern etwas gesagt. *Wie kann man so etwas geheim halten? Es ist schwer zu kaschieren, dass man nicht schwanger ist und dann plötzlich mit einem Baby nach Hause zu kommen! Wie war es möglich, dass so viele Leute jahrzehntelang davon gewusst und doch in all den Jahren nichts erzählt hatten?*

Und doch ...

Und doch hatte es Andeutungen gegeben, obwohl ich sie zum damaligen Zeitpunkt nicht verstanden hatte. Ich erinnerte mich an einen Vorfall an unserem Esstisch, als ich elf Jahre alt war. Mutter hatte Zwiebeln geschält und das Abendessen vorbereitet, während George und ich und unser jüngerer Bruder Andrew ein Gesellschaftsspiel spielten.

Irgendwie kamen wir auf das Thema Adoption. Ich weiß nicht mehr, wie wir darauf kamen, aber ich weiß noch, dass ich zu Mama sagte, wenn ich adoptiert wäre, dann wäre mir das egal, weil ich sie und Papa so wahnsinnig lieb hätte.

„Ich kann mir überhaupt nicht vorstellen, wie es wäre, andere Eltern zu haben", sagte ich.

Meine Brüder stimmten mir zu. *Ich kann mir überhaupt nicht vorstellen, wie es wäre, andere Eltern zu haben.* Ich sog tief die Luft ein. Und all die Jahre hatte ich geglaubt, dass Mutter an jenem Tag wegen der Zwiebeln geweint hatte.

Papa rief ein paar Minuten später an, während wir Geschwister weiterspielten, und Mama erzählte ihm sofort, dass wir über Adoption geredet hatten. Sie verließ den Raum, während sie telefonierte, und ihre Stimme wurde zu einem Flüstern. *Was gibt es denn, das ich nicht wissen darf?*, fragte ich mich. *Was soll ich denn nicht hören?*

Ich versuchte zu lauschen, verstand aber kein Wort. Ungeduldig beschwerten sich meine Brüder, dass ich an der Reihe sei. Ich wandte mich wieder unserem Spiel zu, als Mama zurück in die Küche kam. Sie war emsig mit den Pfannen beschäftigt, während sie das Abendessen vorbereitete. Und damit hatte es sich. Bis zu diesem Moment war das Wort „Adoption" in unserem Hause nicht mehr gefallen.

Jetzt, als George mit dem Kopf in die Hände gestützt dasaß und versuchte, die neue Wirklichkeit zu begreifen, sagte ich zu Mama: „Damals ..." Jetzt wollte ich wissen, was mir vor so vielen Jahren vorenthalten worden war. „Weißt du noch, damals ...", wiederholte ich.

Mama nickte. „Das weiß ich noch ganz genau." Sie erzählte uns, wie allein die Erwähnung des Wortes „Adoption" sie völlig aus der Fassung gebracht hatte. Vater und sie hatten sich nämlich immer bemüht, die Existenz und

Bedeutung dieses Begriffs vor uns verborgen zu halten. Als Vater anrief, war sie vor Sorge ganz außer sich.

„Sollten wir es ihnen nicht besser sagen?“, hatte sie gedrängt.

Sie und Vater hatten miteinander diskutiert. Die Wahrheit könnte uns wehtun. Vielleicht war es das Beste, alles beim Alten zu belassen, überlegten sie. Schließlich einigten sie sich, dieses Thema nie mehr zu erwähnen.

Jetzt war sie da, jene verschwiegene Wahrheit, und wurde am Küchentisch besprochen. Doch als Mutter mit ihrem Geständnis fertig war, entspannten sich ihre Gesichtszüge. Ihre Anspannung ließ nach. Sie wirkte erleichtert, befreit von der Wahrheit, die sie nun nach all diesen Jahen ausgesprochen hatte.

Aber für uns drei anderen blieb die Anspannung. Kathy rührte sich nicht. George war sprachlos.

Er steht unter Schock, dachte ich.

Das Schweigen, die Stille wurde immer ungemütlicher. Um den Bann zu brechen, griff ich zu einem weiteren Stück Baklava.

„Christine?“, fragte Mutter. „Wo wir schon mal bei der Wahrheit sind, möchtest du die ganze Wahrheit wissen?“

Ich ließ das Baklava fallen.

Mein Herz setzte einen Schlag aus, möglicherweise auch fünf Schläge. So wie sie diese Frage gestellt hatte, konnte das nur eins bedeuten. Ich blickte ihr forschend in die Augen und hoffte auf ein Zeichen, dass ich mit meiner Vermutung falsch lag. Schließlich sagte ich erstickt: „Ich bin auch adoptiert.“

Wie viel schlimmer konnte dieser Tag noch werden?

Was tut man, wenn man sein gesamtes Leben lang – über drei Jahrzehnte – ganz selbstverständlich von bestimmten „Tatsachen“ ausgegangen ist und dann entdeckt, dass viele dieser „Tatsachen“ eben gar keine Tatsachen sind?

Welche Lügen gab es noch in meinem Leben? Welche weiteren Geheimnisse gab es über meine Familie, über das Leben, das ich so gut gekannt zu haben glaubte? Gab es noch irgendjemanden oder irgendetwas, dem ich vertrauen konnte? Ich hatte das Gefühl, in meiner eigenen Version des Films *Die Truman Show* zu leben.

Erinnern Sie sich an diesen Film? Wie Truman entdeckt, dass sein Zuhause, sein Arbeitsplatz, seine Welt nicht real, sondern Teil einer Kulisse eines Fernsehstudios sind, in dem überall versteckte Kameras installiert sind? Truman fängt an, Verdacht zu schöpfen, und dann beweist er, dass seine Freunde und Bekannte – vom besten Freund bis zum Postboten auf der Straße – lediglich Schauspieler sind. Sie sind angeheuert, um eine fiktive Rolle in seinem gespielten, wenn auch improvisierten Leben zu spielen. Jeder in Trumans Umgebung wusste, dass sein Leben lediglich *Die Truman Show* war, die beliebteste Fernsehserie der Welt. Jeder wusste es – bis auf Truman. Ich musste daran denken, wie er die Lüge aufdeckte, die versteckten Kameras fand, die Schauspieler entlarvte, die schlichtweg ihren Job taten, und wie das seinen gesamten Glauben daran ins Wanken brachte, wer er war und was sein Leben ausmachte. Die Erkenntnis erschütterte sein Selbstwertgefühl bis ins Mark, als wäre seine Welt soeben ins Meer gestürzt und als triebe er hilflos und verwirrt umher. Ich dachte daran, wie traurig, wütend und ängstlich er gewesen war und wie getäuscht und betrogen er sich gefühlt hatte.

Ich konnte ihn so gut verstehen.

Einige bange Minuten lang versuchten Mama, George, Kathy und ich diese ratternde Gefühlsachterbahn zu verarbeiten. Allein die Tatsache, dass ich gar nichts sagte, war für alle, die mich kannten, schon ein Wunder. Ich spürte die Blicke meiner Familie auf mir ruhen; alle fragten sich, wie ich reagieren würde.

Schließlich brachte ich eine einzige Frage hervor, die für mich von äußerster Wichtigkeit war: „Bin ich trotzdem noch Griechin?"

George, Kathy und Mama brachen in Gelächter aus. Ich konnte nicht umhin, einzustimmen. Wir brauchten dieses Lachen so dringend, um dem Augenblick die Spannung zu nehmen. Es war so ein schwerer, langer Nachmittag gewesen mit einer schockierenden Offenbarung nach der anderen. Und das Lachen tat noch mehr für uns. Es brachte uns einen Teil des alten Vertrauens zurück, unsere unbezweifelte Liebe füreinander ... und damit verbunden war noch eine Offenbarung.

Was ich mit Sicherheit wusste

Als ich allmählich begriff, dass vieles von dem, was ich in meinem Leben für wahr gehalten hatte, eine Lüge war, geschah etwas Überraschendes. Anstatt dass ich vollkommen erschüttert war, stieg in mir eine Gewissheit auf.

Ja, ich hatte soeben entdeckt, dass ich nicht die war, für die ich mich gehalten hatte. Ich hatte keine Ahnung, wer meine leiblichen Eltern waren; ich wusste nichts über sie. Ich hatte keine Ahnung, ob ich in Liebe gezeugt worden oder ob ich das Ergebnis eines One-Night-Stands, einer Affäre oder einer Vergewaltigung war. Hatte meine leibliche Mutter mich nur widerstrebend zur Adoption freigegeben? Hatte sie sich dazu gezwungen gefühlt? Oder war sie froh gewesen, diese Unannehmlichkeit loszuwerden? Ich wusste nicht, ob sie und mein leiblicher Vater zusammengeblieben waren. Hatte er überhaupt eine Ahnung davon, dass ich existierte? Waren meine Eltern noch am Leben? Warum hatten sie nie mit mir Kontakt aufgenommen? Hatte ich irgendwo noch andere Brüder und Schwestern?

Es gab so vieles, das ich nicht wusste. Ich war erstaunt, dass mir so viele Fragen im Bruchteil einer Sekunde durch den Kopf gehen konnten.

Und dennoch ...

Ungeachtet dessen gab es so vieles, was ich mit Sicherheit wusste. So vieles, das durch nichts, was meine Mutter gesagt hatte oder sagen könnte, zu einer Lüge werden würde.

Nichts trennt uns von der Liebe Gottes

Ohne lange darüber nachzudenken, stand ich auf, blickte erst George, Kathy und dann Mama an und sagte mit Nachdruck: „Gott sah mich bereits, als mein Leben im Leib meiner Mutter entstand“ – hier hielt ich inne, weil ich es mir nicht verkneifen konnte, hinzufügen: „wessen Leib das auch war. In Psalm 139 steht: Alle Tage, die noch kommen sollten, waren in deinem Buch bereits aufgeschrieben, bevor noch einer von ihnen eintraf. Ich danke dir dafür, dass ich so wunderbar erschaffen bin! Obwohl ich gerade erst erfahren habe, dass ich adoptiert worden bin, hat Gott das die ganze Zeit über gewusst und er hat mich immer geliebt. Und da sich daran nie etwas geändert hat, hat sich eigentlich nichts *Wesentliches* verändert. Ich bin vielleicht nicht die, für die ich mich gehalten habe, aber ich bin immer noch die, die ich in Gottes Augen bin. Und ich bin noch mehr. Ich bin geliebt. Ich gehöre zu ihm.“

Mama, George und Kathy starrten mich an.

Ich starrte zurück. Sie schienen von meinen Worten ebenso schockiert wie von der Neuigkeit der Adoptionen. Ich war selbst ein bisschen überrascht. Die Grundlagen meiner Welt hatten sich zwar gewaltig verschoben, aber sie kamen an einem weitaus sichereren Ort wieder zur Ruhe. Obwohl meine Welt auseinanderzufallen drohte, hielt die Wahrheit von Gottes Liebe mich zusammen. Und diese Wahrheit lautete: Ich wusste, dass er mich liebte. Gott liebte mich ohne Zweifel und bedingungslos, ob ich nun adoptiert war oder nicht. Die Wahrheit ist: Seine Liebe ist hartnäckig, beständig, leidenschaftlich, unfehlbar, perfekt. Ein Gefühl des Friedens, eines übernatürlichen Friedens hüllte mich ein. Mir ging es gut. Alles würde gut werden. Das mag wie eine seltsame Schlussfolgerung klingen angesichts der Tatsache, dass mein Leben, oder zumindest alles, was ich über mein Leben gewusst hatte, sich scheinbar auflöste. Dennoch konnte mir das keine Angst machen, weil ich eine unveränderliche, unfehlbare Wahrheit kannte, an die ich mich hartnäckig klammerte: Gott hatte die Kontrolle über mein Leben.

Natürlich, dachte ich, *es geht doch nichts über ein paar Erschütterungen, um diesen Glauben zu testen. Aber glaube ich wirklich, dass Gott der ist, der er zu sein behauptet?*

Ja. Das tat ich. Gottes Verheißungen waren echt. Er versprach: Nichts kann dich von meiner Liebe trennen. Nichts kann dich aus meiner Hand reißen (Römer 8,38–39).

Mama, George und Kathy fragten sich wahrscheinlich: *Wie kann sie nur so positiv denken, entschlossen und gelassen sein angesichts all dessen, was heute Nachmittag aufgewirbelt worden ist?*

Es mag wie ein Wunder gewirkt haben – aber es war nicht verwunderlich …

Die Wahrheit macht uns frei

Über zehn Jahre lang hatte ich täglich Gottes Wort intensiv gelesen. Ich hatte zahllose Bibelverse auswendig gelernt, die von Gottes Liebe zu mir handelten. Ich hatte seine Liebe so bitter nötig. Als ich las, dass er mich liebte und einen Plan für mein Leben hatte (Johannes 3,16; 14,1–15), sog ich diese

Worte förmlich in mich auf. Ich dachte lange über diese Worte nach und sprach im Gebet mit Gott darüber. Ich fand Leben in ihnen. Die Worte enthielten Verheißungen, die mich so begeisterten, dass ich anderen davon erzählen wollte. Immer wieder rief ich mir Gottes bedingungslose Liebe ins Gedächtnis und berichtete anderen von ihr. Ich erzählte ihnen, dass jeder von uns von ihm und für ihn und zu einem Zweck geschaffen wurde (Epheser 2,10). Ich sprach davon, dass Gott uns nie verlässt, dass er in jeder Lebenslage mit uns ist, dass seine rechte Hand uns hält, dass er unsere Hilfe ist in Zeiten der Not (5. Mose 31,6; Johannes 10,28; Hebräer 13,5).

Und jetzt gaben diese Versprechen mir selbst Halt. Was Jesus verheißen hatte, das stimmte wirklich: Wenn wir glauben, dass Gott der ist, der er zu sein behauptet, wenn wir an ihm und seinem Wort im Glauben festhalten, dann wird seine Wahrheit uns frei machen (Johannes 8,30–32). Die Wahrheit, die wir in ruhigen Zeiten in uns aufgenommen haben, kommt im Sturm zum Vorschein. Sie trägt uns wie in einem Rettungsboot über die Ängste und Enttäuschungen hinweg, die uns sonst nach unten ziehen würden. Wenn wir an seinem Wort festhalten, erleben wir Gemeinschaft mit ihm.

Trotz der aufrüttelnden Enthüllungen dieses Tages konnte ich spüren, wie die bedingungslose Liebe meines himmlischen Vaters mich umgab und einhüllte, selbst als ich hier mit meiner Familie zusammensaß. Die Wahrheit lautete: Ich war von Gottes Familie adoptiert worden, als ich Jesus in mein Leben eingeladen hatte. Jesus war mein Bruder und Gott mein Vater. Der Gedanke, von meinen Eltern adoptiert zu sein, brauchte mich nicht zu beunruhigen, weil ich bereits von Gott adoptiert worden war! Ich war sein Kind. Und er liebte mich und versprach, mich *immer* zu lieben und in jeder Situation bei mir zu sein, selbst in dieser.

Mama lächelte mich erstaunt und erleichtert an. Obwohl ich an diesem Nachmittag von all den Neuigkeiten erschüttert worden war, war ich nicht von ihnen überwältigt worden. Ich war nicht zusammengebrochen.

Meine Ruhe ließ meine Mutter etwas von der Kraft der Liebe Gottes erahnen, und das gab ihr Mut. Sie erzählte mir von dem Frühlingstag, als das Krankenhaus bei ihr anrief und ihr mitteilte, dass ich zur Welt gekommen sei. Meine Mutter war bei den Nachbarn gewesen, wo sie im Garten gemeinsam Tee getrunken hatten. Darum schrie meine Großmutter, die das Telefonat angenommen hatte, über den Gartenzaun: „Wir haben ein Mädchen! Wir haben ein Mädchen!"

„Ich habe dich geliebt", sagte Mama. „Ich habe dich schon geliebt, bevor ich dich überhaupt kannte."

Das klang aus ihrem Mund fast genauso wie die Zusage aus der Bibel, die mir gerade erst so viel Kraft gegeben hatte. Es war, als hörte ich ein Echo dieser Verse:

> *Du bist es ja auch, der meinen Körper und meine Seele erschaffen hat, kunstvoll hast du mich gebildet im Leib meiner Mutter. Ich danke dir dafür, dass ich so wunderbar erschaffen bin, es erfüllt mich mit Ehrfurcht. Ja, das habe ich erkannt: Deine Werke sind wunderbar! Dir war ich nicht verborgen, als ich Gestalt annahm, als ich im Dunkeln erschaffen wurde, kunstvoll gebildet im tiefen Schoß der Erde.*
>
> *Deine Augen sahen mich schon, als mein Leben im Leib meiner Mutter entstand. Alle Tage, die noch kommen sollten, waren in deinem Buch bereits aufgeschrieben, bevor noch einer von ihnen eintraf.*
>
> Psalm 139,13–16; NGÜ

Gott kannte und liebte mich schon, ehe es mich überhaupt gab. Er kannte mich, bevor ich geboren wurde und während des Adoptionsprozesses, und er kannte mich auch jetzt, als ich selbst nicht mehr sicher war, wer ich war. Er liebte mich trotz aller Probleme, in denen ich steckte, und trotz der Herausforderungen, die ich meistern musste. Wenn ich alles vermasseln oder zusammenbrechen würde, dann würde er mich noch immer lieben. Selbst wenn ich mich meiner Herkunft schämte oder mein wahres Ich zu verbergen versuchte, würde Gott mich immer noch lieben – schließlich kannte er mich besser als ich mich selbst.

Er liebte mich, als ich Angst hatte, weniger wert zu sein, als ich es in seinen Augen bin. Er liebte mich so sehr, dass er mir bei jeder Herausforderung und jedem Kummer den Rücken stärken würde. Bei allem Ungewissen würde er vorausgehen.

Ja, dachte ich, *ich bin nicht die, für die ich mich gehalten habe. Ich bin so viel mehr. Ich bin von Gott geliebt, dem Schöpfer des Universums, meinem Schöpfer, und ich wurde schon von ihm geliebt, als ich noch nicht auf der Welt war, und ich werde noch immer geliebt sein, auch wenn ich gestorben bin.*

Von Liebe getragen

Mama, George, Kathy und ich waren erschöpft. Wir erhoben uns und umarmten einander, aber wir wussten, dass wir Zeit und Raum brauchen würden, um das alles zu verarbeiten. Das Maß an emotionalen Erschütterungen war für diesen Tag voll.

Ich sehnte mich plötzlich nach einem Stückchen Normalität. Nach Routine. Ich beschloss, doch noch an einer angesetzten Besprechung im Büro teilzunehmen.

Auf der Fahrt zurück zur Arbeit rief ich unseren jüngeren Bruder Andrew an (er ist leiblich!) und erzählte ihm in Kurzfassung, was vorgefallen war. „Ich erzähl dir später mehr", sagte ich. Ich würde mich beeilen müssen, wenn ich es rechtzeitig ins Büro schaffen wollte. Außerdem brauchte ich ein bisschen Ruhe und Zeit zum Nachdenken.

Nachdem ich aufgelegt hatte, versuchte ich mich beim Autofahren zu entspannen. Ich kurbelte die Fenster hinunter und lauschte auf das Surren der Reifen auf dem Asphalt, während ich an vertrauten Gebäuden vorbeifuhr. Diese Vertrautheit beruhigte mein Herz und meine Sinne. Und dasselbe taten auch Gottes mir so bekannte Verheißungen.

Ich wusste, wie kostbar wir Gott sind, weil „er seinen einzigen Sohn hingab, damit jeder, der an ihn glaubt, nicht verloren geht, sondern das ewige Leben hat" (Johannes 3,16; NL). Ich erinnerte mich daran, dass er uns erwählt hat, denn es heißt in der Bibel: „Ihr seid das erwählte Volk" (1. Petrus 2,9). Ich war mir sicher, dass er uns trägt, weil er gesagt hat: „Ich werde euch tragen bis ins hohe Alter, bis ihr grau werdet. Ich, der Herr, habe es bisher getan, und ich werde euch auch in Zukunft tragen und retten" (Jesaja 46,4; Hfa).

Diese Gedanken beruhigten mich. Ich war zwar emotional müde, aber seltsam gelassen. Die Wahrheit, die ich so viele Jahre lang gekannt hatte, schien mir nun auf eine ganz neue Art real zu sein: Ich war von Gott adoptiert worden, lange bevor meine Eltern mich adoptiert hatten – und er wertschätzte mich, er erwählte mich, er trug mich.

Genau das tut die Liebe, dachte ich. *Sie wertschätzt uns und erwählt uns und trägt uns.*

Obwohl unsere Mutter George und mich nicht in ihrem Leib ausgetragen hatte, hatte die Liebe ihr geholfen, das Geheimnis unserer Geburt all die Jahre zu bewahren, weil sie uns schützen wollte.

Ich betrat das Büro nicht schweren Herzens, sondern beinahe heiter. Die Sitzung hatte bereits begonnen, als ich mich setzte. Ich betrachtete die Gesichter meiner Kollegen. Gemeinsam wollten wir Gottes Liebe und Verheißungen Kindern und Jugendlichen weitergeben, die Essstörungen hatten, die sich selbst verletzten, die am Rande der Gesellschaft lebten, aus kaputten Familien kamen und in Gangs mitmachten – Kindern, die sich nach Liebe und Zugehörigkeit sehnten, die wertgeschätzt, erwählt und getragen sein wollten.

Eigentlich hatte ich das nicht vorgehabt, aber als ich in die Gesichter meiner Kollegen sah, beschloss ich spontan, meinem Team zu erzählen, was gerade passiert war. „Ihr werdet es nicht glauben“, begann ich.

Als ich ihnen erzählt hatte, was an diesem Tag alles ans Licht gekommen war, konnte ich den Schock, den ich selbst noch einige Stunden zuvor gespürt hatte, von ihren Gesichtern ablesen.

„Kommst du damit klar?“

„Warum haben dir deine Eltern nie etwas davon erzählt?“

„Und du hattest nie den geringsten Verdacht?“

Und dann wurde mir eine Frage gestellt, mit der ich nicht gerechnet und die ich mir selbst noch gar nicht gestellt hatte: „Was wirst du jetzt tun?“

Was wirst du jetzt tun?

Das Leben wird irgendwann jeden Menschen durcheinanderbringen. Niemand ist dagegen gefeit. Nicht die Mutter vom Land, die erfährt, dass ihre Teenie-Tochter schwanger ist. Nicht der Ehemann, der in eine Affäre mit einer Frau verstrickt ist, die nicht seine Ehefrau ist. Nicht das Kind, dessen Eltern mit Drogen vollgedröhnt sind. Nicht das

Mädchen, das in die Fänge von Menschenhändlern geraten ist. Nicht der Junge mit HIV oder dessen hungriger Bruder, der wohl nie genug zu essen bekommen wird.

Nicht die Frau, die herausfindet, dass ihr gesamtes Identitätsgefühl auf einer Familienzugehörigkeit basiert, die sich als Lüge erwiesen hat.

Nicht Sie.

Nicht ich.

Doch nicht nur das Leben wird Sie völlig durcheinanderbringen, auch die Liebe.

Die Liebe hat die Kraft, dass wir uns Sorgen machen und Angst bekommen, wir könnten die Liebe verlieren. So tat sie das bei meinen Eltern, die sich sorgten, dass George und ich etwas über unsere Adoption herausfinden könnten. Die Liebe hat die Kraft, uns staunen zu lassen. Sie tut das, wenn ein Baby, ein neues Leben, zu uns kommt.

Gottes Liebe, die uns für sich beanspruchen wollte, noch ehe wir geboren wurden, kann uns über uns selbst hinauswachsen lassen. Sie tat das mit Jesus, der den Himmel verließ, um ans Kreuz zu gehen und aufzuerstehen, damit er uns eine Beziehung zu Gott ermöglicht. Seine Liebe kann uns durch emotionale Tiefen tragen, wie sie das mit mir an jenem Nachmittag tat, als ich Dinge erfuhr, die mich aus der Bahn hätten werfen können. Ich aber war von Gottes Verheißungen getragen. Eine Liebe wie die Liebe Jesu kann uns helfen, Enttäuschungen und Verletzungen zu überwinden. Sie kann uns aus jedem Schlamassel herausholen. Eine solche Liebe kann uns aus jeder Angst und Verwirrung befreien, die uns festhalten wollen. Und eine Liebe wie die Liebe Gottes kann uns so erfüllen, dass sie aus uns heraussprudelt und wir einfach darüber reden, anderen davon erzählen müssen und sie verbreiten wollen.

„Was wirst du jetzt tun?“, fragten meine Mitarbeiter. Nun, die Nachricht, dass ich ein Adoptivkind war, hatte mich auf keinen Fall unberührt gelassen. Obwohl ich mich entschlossen (oder war es verzweifelt?) an Gottes Wort und seine Verheißungen klammerte, wäre ich kein Mensch gewesen, hätte mich das, was ich an jenem Tag erfahren hatte, nicht emotional überwältigt. Aber ich wollte mich davon nicht unterkriegen lassen. Ich hatte schon so oft gesehen, wie Menschen von derart einschneidenden Ereignissen in Wut, Groll und Depressionen getrieben wurden, wie sie ihre Identität und ihren Selbstwert dadurch infrage stellen ließen. Ich wusste, wie sehr mich diese Neuigkeiten lähmen konnten, wenn ich nicht hier und jetzt und für alle Zeit beschloss, meine Gedanken und Gefühle mit dem in Einklang zu bringen, was ich über Gott wusste. Deshalb beschloss ich, darauf zu vertrauen, dass Gott diese Situation irgendwie gebrauchen würde, auch wenn ich jetzt noch nicht absehen konnte, wozu das Ganze gut sein sollte. Gott würde mir nicht nur helfen, diese neue Information zu verarbeiten, sondern mir auch Wege zeigen, wie diese neue Wahrheit zu seiner Ehre dienen konnte – diese Wahrheit, die wie aus heiterem Himmel gekommen war und mein Selbstbild auf den Kopf stellte. Noch hatte ich keine Ahnung, wie das aussehen könnte. Aber ich vertraute darauf, dass es so geschehen würde. Und wie Sie noch sehen werden, traf genau das ein.

Was werde ich jetzt tun?, dachte ich, als sich das Gesprächsthema bei unserer Sitzung von meinen eigenen Belangen abwandte und sich denen zuwandte, denen wir als Team dienen wollten.

Lieben, dachte ich. *Ich werde andere so lieben, wie ich noch nie geliebt habe.*

Kapitel 3

Nummer 2508 aus dem Jahrgang 1966

Ich war allein zu Hause und kochte, als es an der Haustür klingelte. Von meinen Fingern tropfte der Zitronensaft, in den ich gerade die Hähnchenschenkel für das abendliche Grillen eingelegt hatte. Ich lief zur Haustür und wischte mir beim Laufen die Hände an einem Handtuch ab.

Ein Postbote lächelte mich an. „Frau Christine Caine?"

„Die bin ich."

„Ich habe ein Einschreiben für Sie. Ich brauche nur eben Ihre Unterschrift."

„Natürlich", sagte ich geistesabwesend. In Gedanken war ich immer noch bei dem, was ich alles in der Küche vorbereiten musste. „Wo soll ich unterschreiben?"

Er deutete auf eine Linie, wo ich meinen Namen hinkritzelte und dabei sein Büchlein mit einer Spur Zitronensaft beschmierte. Ich lächelte entschuldigend und nahm den Umschlag mit ins Haus.

Ich hatte schon lange nichts mehr bei der Annahme eines Briefes unterschreiben müssen, auch nicht im Büro, wohin dieser Tage fast alle Geschäftskorrespondenz ging. *Wer schickt mir an meine Privatadresse ein Einschreiben?* Ich musterte den Umschlag, der sehr formal adressiert war. In der linken oberen Ecke war „Amt für Soziale Dienste" gestempelt. Mein Herzschlag setzte für einen Moment aus.

Da ist es also. Nachdem ich ein Jahr mit mir gerungen hatte, ob ich das tun sollte oder nicht, hatte ich vor ein paar Wochen beim Amt für Soziale Dienste einen Antrag gestellt, um alles über meine Adoption zu erfahren. Die Entscheidung war eine Qual gewesen. Wollte ich überhaupt Näheres über meine leiblichen Eltern wissen? War das in Gottes

Sinne? Was würde Mama denken? Ich wollte sie nicht verletzen, aber unter der Oberfläche brodelten all diese Fragen in mir, die natürliche Neugier. Wer waren meine leiblichen Eltern? Wo waren sie heute? Sah ich ihnen ähnlich?

Ich hatte beschlossen, einen Schritt nach dem anderen zu tun. Ich würde schriftlich um die Informationen bitten. Anschließend konnte ich immer noch entscheiden, ob ich der Sache weiter nachgehen wollte oder nicht.

Jetzt hielt ich vermutlich die Antwort auf all meine Fragen in der Hand. Ich befühlte die Ränder des Umschlags und fand ihn reichlich dünn für etwas von solch großer Wichtigkeit. Einen Moment lang verkrampften sich meine Finger ein wenig. Ich war hin und her gerissen zwischen dem Wunsch, den Umschlag gleich aufzureißen, und noch etwas zu warten. *Nein*, beschloss ich schließlich und strich mit dem Finger über die Lasche. *Noch nicht.* Ich ging zurück in die Küche und legte den Umschlag im Vorbeigehen behutsam auf den Esstisch.

Mindestens ein Dutzend Mal erwischte ich mich an jenem Nachmittag dabei, wie ich durch den Raum auf den Umschlag starrte. *Warum sollte ich ihn nicht einfach öffnen? Warum zögerte ich, seinen Inhalt zu lesen? Wovor hatte ich denn so viel Angst?* Diese Fragen kehrten wieder und wieder, bis ich endlich erkannte, was des Pudels Kern war. Obwohl ich wusste, dass Gott mich leidenschaftlich liebte, hatte ich keine Ahnung, was meine biologischen Eltern über mich dachten. Wenn sie überhaupt an mich dachten. *Warum hatten sie mich zur Adoption freigegeben? Will ich das wirklich wissen? Was, wenn mir die Antwort nicht gefällt?*

„Das ist doch lächerlich", sagte ich zu mir selbst, während ich den Blick auf die Kartoffeln geheftet hielt. Ich legte das Messer zur Seite, ging ins Esszimmer und wischte mir die Hände an der Jeans ab. *Also.* Ich holte einmal tief Luft und riss den Umschlag auf.

Das erste Blatt Papier des dünnen Stapels im Umschlaginneren war überschrieben mit „Nähere Angaben zum Kind vor der Adoption“. Ich las die Überschrift noch einmal. „Nähere Angaben zum Kind vor der Adoption“. Dann las ich sie noch einmal. Und noch einmal und noch einmal.

Als ich die erste Seite überflog, sah ich zum ersten Mal den Namen meiner leiblichen Mutter.

Panagiota.

Ich starrte darauf, mein Blick blieb daran hängen und konnte sich nicht mehr lösen. *Panagiota. Pah-nah-*JAH-tah. Ich las den Namen noch einmal und sprach ihn in Gedanken immer wieder aus. *Panagiota.* Einer der häufigsten Vornamen für eine griechische Frau, abgeleitet von der Jungfrau Maria. Der Name bedeutet „heilig, vollständig“. *Also bin ich tatsächlich Griechin*, dachte ich. Der Name war mir nicht fremd, da ich in einer griechischen Familie aufgewachsen war. Und dennoch ...

Was besagt ein Name?

Jenen Namen zu lesen schockierte mich genauso sehr wie die Nachricht, dass ich adoptiert worden war.

Mir war klar gewesen, dass es irgendwo da draußen eine Frau gab, die mich zur Welt gebracht hatte. Aber ihren vollen Namen zu lesen – einen Namen, der nicht der meiner Mutter war, deren Namen ich mein ganzes Leben lang, über dreißig Jahre, auf jedem offiziellen Dokument angegeben hatte –, erwischte mich eiskalt und mit einer Heftigkeit, die ich nicht erwartet hatte. Plötzlich war Panagiota real, und zwar nicht nur in meinem Kopf, sondern in meinem Herzen. Sie war mehr als nur ein Name in einem winzigen Feld auf dieser offiziellen Urkunde, mehr als eine schattenhafte, geisterhafte, gesichtslose Figur einer „leiblichen Mutter“, mit der ich im vergangenen Jahr gelebt hatte. Sie war eine leibhaftige Person, ein echter Mensch mit einer Geschichte, die ein Teil, ein verborgener Teil, meiner eigenen Geschichte war.

Ich fragte mich, wie sie wohl aussah. *War ich ihr ähnlich? War sie jung, als sie mich bekam? Oder schon älter? Mochte sie Moussaka oder lieber Fisch mit Pommes frites? Bevorzugte sie griechische oder englische Musik? Mochte sie Filme? Und wenn ja, was für Filme: Komödien? Thriller? War sie als Mädchen genauso wie ich aus der Puppenabteilung in einem Kaufhaus in die Bücherabteilung gewandert? Ging sie nach der Schule lieber zum Fußballplatz, um mit den Jungs zu spielen, anstatt mit den Mädchen Ballett zu üben?*

Ich dachte an all die Dinge, die mich als Heranwachsende von meiner Familie unterschieden hatten, Dinge, die ihnen scheinbar ein Rätsel gewesen waren. Aber diese Dinge konnten typisch für Panagiota gewesen sein, für ihre Art – schlichtweg für *sie*.

Jetzt, da ich ihren Namen kannte, ging es bei der Suche nicht länger nur um mich. Ich konnte nicht weiter nur an mich denken. Jetzt dachte ich auch an sie: Panagiota. *Was würdest du mich gern fragen? Wie ist dein Leben verlaufen? Was ist dir zugestoßen? Denkst du manchmal noch an mich? Hast du jemals jemandem von mir erzählt?*

Eine Zeit lang saß ich da und war verblüfft über den Unterschied, den ein Name machte. Panagiota war früher einmal nur ein Mädchen gewesen, die das Leben noch vor sich hatte, ohne die geringste Ahnung, dass sie einmal ein Mädchen zur Welt bringen würde, das sie weggeben würde. Und obwohl sie mich fortgegeben hatte, waren wir dennoch ein Teil voneinander, und es gab so vieles, was ich noch über sie wissen wollte außer dem, was mir ihr Vorname verriet.

Ich las weiter.

Unter dem Kästchen mit ihrem Namen war ein weiteres Kästchen, das mit „Name des Vaters“ betitelt war. Ich holte tief Luft. In diesem Kästchen stand nur ein Wort.

UNBEKANNT.

Unbekannt? Ich dachte über dieses Wort nach, während ich gleichzeitig versuchte zu begreifen, wie jemand, der so wichtig für mich war, auf so wenig reduziert werden konnte. Irgendwo, irgendwie, vor über dreißig Jahren kam „Unbekannt“ mit Panagiota zusammen, um ein Kind zu zeugen, und der einzige Beleg dafür, dass er etwas mit ihr, mit mir, zu tun gehabt hatte, war dieses Wort. Neun Buchstaben, ein Wort, und dieses eine Wort erschien so ungenügend.

Ich weiß mehr über meinen Zahnarzt, den ich einmal im Jahr sehe, als ich jemals über den Mann wissen werde, der mein biologischer Vater ist.

Dann fiel mein Blick auf die nächste Zeile. Irgendetwas entzog dem Raum alle Luft. Die Zeit blieb stehen. Ich hatte das Gefühl, als hätte mir jemand in den Magen geboxt. Sah ich das richtig? Hatte ich mich auch nicht verlesen? Neben einem Kästchen, das mit „Name des Kindes“ beschriftet war, stand wieder ein einziges Wort – in großen, fetten schwarzen Buchstaben, diesmal waren es acht.

NAMENLOS.

Eine der Namenlosen

Es heißt ja, der Schlag, mit dem man k. o. geht, ist der Schlag, mit dem man nicht gerechnet hat. Auf diesen besonderen Umstand meiner Geburt wäre ich niemals gekommen.

Ich hatte im vergangenen Jahr oft mit guten Freunden über meine Adoption und die Umstände meiner Geburt geredet. Kannten sich meine leiblichen Eltern? Haben sie sich geliebt? War ich ein Unfall in der Hitze der Leidenschaft einer einzigen Nacht? Vielleicht waren sie nicht in der Lage, für ein Baby zu sorgen, und hielten es für das Beste, wenn ich zu einem Ehepaar kam, das mehr finanzielle Mittel und mehr Erfahrung hatte. Vielleicht fühlten sie sich von ihren Lebensumständen dazu gezwungen. Ich stellte mich innerlich sogar darauf ein, die Möglichkeit zu akzeptieren, dass meine leibliche Mutter und mein leiblicher Vater – wenn er überhaupt noch Kontakt zu meiner Mutter hatte – mich ganz einfach nicht wollten.

Doch bei allen Gesprächen hatte ich niemals infrage gestellt, wer ich im Grunde meines Wesens war. Meine Identität fand ich in Jesus. Das wusste ich. *Was auch immer sie von mir denken,* so meine Überzeugung, *Gott liebt mich.*

Doch jetzt verhöhnte mich ein Wort, das nur acht Buchstaben lang war. *Namenlos? Ich war bis zu meiner Adoption namenlos gewesen? Ich war ihnen so egal, dass sie mir nicht einmal einen Namen gaben?*

Ich konnte die Tränen, die in meinen Augen brannten, nicht länger zurückhalten. Sie strömten mir über das Gesicht, während unsichtbar zwischen den Zeilen des Dokuments geschrieben stand: *Du warst nicht wichtig genug, um einen Namen zu bekommen.*

Und es kam noch schlimmer: Unter dem Wort „namenlos" stand noch etwas anderes, das meinen Schock vergrößerte: eine Nummer.

Ich war nicht nur namenlos. Ich war die Nummer 2508 aus dem Jahrgang 1966.

Was? Ich hatte das Gefühl, neben mir zu stehen. Vor meinem inneren Auge sah ich mich selbst, wie ich das Blatt in der Hand hielt, die amtliche Bestätigung meines Erscheinens auf dem Planeten Erde, und auf diesem Dokument war ich beschrieben wie ein Ding aus einer Produktionsreihe. Wie ein Luftlinienflug, ein Automodell, eine Ziffer auf einem Taschenrechner, eine Schließfachnummer oder sonst irgendeine der unzähligen anderen unbelebten Objekte oder Zahlenfolgen. Eine namenlose, gesichtslose Nummer konnte alles darstellen. Doch auf diesem Blatt Papier stand die Nummer 2508 für mich. Ich war nichts weiter als eine Nummer.

Alles in mir wehrte sich dagegen. Ich wollte schreien: *Ich habe einen Namen! Ich bin eine Person! Ich bin Christine, ein menschliches Wesen, nach dem Bilde Gottes geschaffen und zu seiner Ehre.*[3] *Ich bin das Mädchen, das einmal die Hoffnung hatte, bei den Olympischen Spielen für Australien im Tischtennis anzutreten, die Frau, die gerne Liebesfilme schaut und dabei Popcorn mit Salz und Butter isst, die eine Leseratte ist und Zartbitter-Schoko-Lakritz liebt.* Wie konnte die Nummer 2508 ausdrücken, dass ich eine lebendige Person war mit Vorlieben und Leidenschaften, Aversionen und Ängsten, Hoffnungen und Träumen?

Eine Zeit lang saß ich unbeweglich da und starrte durch einen Tränenschleier auf meine Geburtsurkunde.

NAMENLOS

NUMMER 2508, JAHRGANG 1966

Luft, dachte ich plötzlich. *Ich brauche Luft – und Koffein.*

Ich ging in die Küche, um mir eine besonders starke Tasse Kaffee zu kochen. Etliche Fragen sausten durch meinen Kopf: *Wie kann man neun Monate lang ein Kind in sich tragen, seinen Herzschlag und die Drehungen und Wendungen in sich spüren, dann die Geburt durchstehen und nicht irgendeinen Namen für dieses kleine Wesen, dieses neue Leben, diesen Teil von sich haben, den man zur Welt gebracht hat?* Mir fiel keine einzige plausible Antwort ein.

Ich sah auf die Uhr und wurde zurück in die Wirklichkeit geholt: Bald war es Zeit für das Abendessen!

---

3 1. Mose 1,27; Epheser 2,10

Ich schnitt das letzte Gemüse klein, tat es in eine Auflaufform, schob es dann in den Backofen und stellte den Timer ein. Anschließend schenkte ich mir meinen Kaffee ein, blickte gen Himmel und betete: „Gott, hilf mir, damit umzugehen." Ich schnappte mir meine Bibel und die Adoptionsunterlagen und ging zum Sofa im Wohnzimmer. Falls ich noch mehr solche bösen Überraschungen erleben sollte, wollte ich lieber mit Gottes Wort in der Hand gewappnet sein … und mit einem Gebet auf den Lippen.

Ich zog das nächste Blatt Papier vom Stapel – es war ein Auszug aus Panagiotas Krankenhausakte: ein Auszug aus ihrem Treffen mit einem Sozialarbeiter zwei Wochen vor meiner Geburt.

Warum nur ein Auszug?, fragte ich mich. *Warum hat man mir nicht das gesamte Dokument zugeschickt?*

Ich las den Text und war nicht nur frustriert von der Spärlichkeit an Informationen, sondern auch vom klinisch-medizinischen Ton: „Errechneter Geburtstermin ist der dritte Oktober und sie möchte das Baby zur Adoption freigeben. Mutter wirkt emotional unbeteiligt und scheint nicht sonderlich an dem Kind zu hängen. Will das Ganze hinter sich bringen, um dann so bald wie möglich wieder arbeiten gehen zu können …"

Scheint emotional nicht an dem Kind zu hängen. Will das Ganze hinter sich bringen, um dann so bald wie möglich wieder arbeiten gehen zu können? Diese Worte waren wie ein weiterer Faustschlag in meinen Magen.

Jetzt drehte sich der Raum.

Ich dachte immer wieder: *Das bin ich also. Namenlos, von „Unbekannt" und ungewollt – und das habe ich hier schwarz auf weiß beurkundet.* Diese Vorstellung schmerzte und schockte mich mehr als die Nachricht, dass ich zur Adoption freigegeben worden war. Keinen Namen zu haben war meiner Meinung nach genauso schlimm, als wenn jemand über mich irgendetwas Schreckliches gesagt hätte: *wertlos, misslungen, unbrauchbar, ungenügend.* In meinem Kopf wirbelte noch ein Dutzend anderer negativer Bezeichnungen herum.

Obwohl ich genau wusste, dass ich ein Geschöpf Gottes bin und dazu geschaffen, um Gutes zu tun (Epheser 2,10), hagelten diese Worte wie Schläge auf mich ein:

VON UNBEKANNT
NAMENLOS
NUMMER 2508, JAHRGANG 1966
UNGEWOLLT

Irgendwann wurde mir allerdings bewusst, dass das Wort „ungewollt" nirgendwo in den Unterlagen auftauchte.

Ich las den Satz noch einmal laut: „Will das Ganze hinter sich bringen, um dann so bald wie möglich wieder arbeiten gehen zu können." Was sonst sollte das bedeuten als „ungewollt"? Ich überflog die beiden Seiten, auf denen die „näheren Umstände" und der Auszug aus dem Gespräch mit meiner leiblichen Mutter abgedruckt waren. Zusammen schienen sie mir zuzurufen: *Du bist unwürdig, unvollständig, nicht erwünscht, nicht liebenswürdig. Ungewollt. Nicht auserwählt.*

Gott kannte schon immer meinen Namen

Ist es nicht seltsam, zu welch komischen Schlussfolgerungen wir kommen, wenn wir bestürzt und voller Zweifel sind? Wir sehen oder hören gewisse Dinge und zählen eins und eins falsch zusammen. Wir beschließen, etwas zu glauben, was vielleicht nicht ganz abwegig, aber einfach nicht wahr ist. Wir akzeptieren, was jemand anderes gesagt hat, und zwingen uns damit, falsche Schlüsse über uns selbst zu ziehen.

Warum ist es immer so schwer, zuerst auf das zu hören, was Gott über uns sagt? Warum hören wir mehr auf die Stimmen anderer Leute als auf seine? Wenn wir *unerschrocken* sein möchten, dann sollten wir besonders sorgfältig darauf achten, uns nicht von den Lügen und falschen Gedanken anderer einschüchtern zu lassen. Schubladendenken, Beleidigungen oder Versuche, uns kleinzukriegen und einzuschränken und damit zu kontrollieren – all das hat im Leben eines Menschen, der an Gott glaubt, nichts zu suchen. Gott hat uns befreit, und wenn wir unerschrocken leben wollen, dürfen wir uns nicht von anderen zurück in einen Zustand bringen lassen, in dem wir nicht mehr frei sind.

Als ich jenes Blatt Papier in meiner Hand hielt und auf die Worte starrte, schien Gott mir zu sagen: *Öffne die Bibel und lies Jesaja 49*. Die Stimme wirkte so deutlich und vertraut wie meine eigene, so gewiss, beruhigend und stark. Ich lächelte zum ersten Mal an diesem Nachmittag.

Ich weiß vielleicht nicht, wer mein leiblicher Vater ist, dachte ich, *aber ich kenne meinen himmlischen Vater. Ich erkenne diese Stimme, wenn ich sie höre*. Noch bevor ich überhaupt eine Seite der Bibel aufgeschlagen hatte, wusste ich deshalb auch, dass die Sache gut ausgehen würde. Ich war mir sicher, dass diese Gedanken von Gott kamen. Er war bei mir. Er hatte versprochen, mich nicht zu verlassen und mich nicht im Stich zu lassen (5. Mose 31,6; Johannes 10,28; Hebräer 13,5).

Ich fand das Buch Jesaja, schlug das Kapitel 49 auf und begann bei Vers 1 zu lesen: „Hört mir zu, ihr Bewohner der Inseln und ihr Völker in der Ferne!“ (Hfa).

Es war, als würde Gott direkt zu mir sprechen. Ich saß in meinem Haus in Sydney in Australien, einer großen Insel. Hier in „Down Under“ gehörte ich definitiv zu einem Volk in der Ferne. *Okay*, dachte ich. *Du hast meine volle Aufmerksamkeit, Vater.*

„Schon vor meiner Geburt hat der Herr mich in seinen Dienst gerufen“ (Jesaja 49,1).

Bei dem Vers wurde mir ganz warm ums Herz und er beruhigte mich. Ich war kein Unfall. Ich war nicht ungewollt. Ich war nicht unberufen. Gott hatte mich gerufen. Er hatte mich nicht ausgeschlossen, hatte mich nicht übersehen, hatte nicht eine andere gewählt, die begabter, talentierter, hübscher oder klüger war. Er hatte mich bereits im Mutterleib in seinen Dienst gerufen, bevor ich überhaupt im Kreißsaal geboren war.

„Als ich noch im Mutterleib war, hat er meinen Namen genannt“ (Jesaja 49,1).

Ich schnappte nach Luft. So geschockt ich auch gewesen war, als ich das Wort „namenlos“ gelesen hatte, diese Vorstellung berührte mich noch tiefer. Dies war die Wahrheit: Gott hatte mich schon beim Namen gerufen, als ich noch im Bauch meiner Mutter war. *Gott hatte mir einen Namen gegeben, bevor diese Akte mich als „namenlos“ abstempelte. Ehe ich eine Nummer wurde, hatte ich einen Namen. Ich habe schon immer einen Namen gehabt. So ist es!*

Ich lachte. Ich war schon erwählt, noch bevor ich überhaupt im Mutterleib geformt wurde. Wer ich war und wer ich sein würde, all das war bereits im Detail festgelegt, bevor ich überhaupt anfing, Gestalt anzunehmen: meine Augenfarbe und Schuhgröße, die Breite meines Lächelns, die Länge meiner Beine. Gott formte meinen Körper und meinen Geist. Er schuf den Klang meiner Stimme und den Schwung meiner Handschrift, die Stärke meines Griffs und die Aufnahmefähigkeit meines Verstands.

Ich konnte den Blick nicht von diesem Satz abwenden: „Als ich noch im Mutterleib war, hat er meinen Namen genannt.“

Es war, als sagte Gott direkt zu mir: „Auf deiner Geburtsurkunde mag stehen, dass du namenlos bist, aber ich habe dir einen Namen gegeben, als du noch im Mutterleib warst. Für mich bist du keine Nummer. Du bist nicht namenlos. Ich wusste schon vor deiner Geburt, dass du adoptiert werden würdest und dass deine Adoptiveltern dich Christine nennen würden. Ich habe dich zu Großem berufen. Diese Unterlagen hier sagen nichts über dich oder deine Bestimmung aus. Mein Wort hat darüber das letzte Sagen. Und ich habe dich gebildet. Deine Freiheit hängt davon ab, ob du zulässt, dass dir das, was ich über dich denke und sage, wichtiger ist als alles, was andere Leute über dich denken und sagen. Das schließt auch deine leibliche Mutter und die Sozialarbeiter ein, die für das Jugendamt Formulare ausfüllen. Sie haben gesagt, was du alles nicht bist. Aber ich sage, was du bist, und du bist nach meinem Bilde geschaffen, nicht nach ihrem. Du spiegelst meine Herrlichkeit wider."

Ich atmete tief ein und aus. Gottes Wort war wie frische Luft, es gab mir Auftrieb, während sich der Nebel aus Fakten und Behauptungen an jenem Nachmittag langsam lichtete.

In der einen Hand hielt ich meine Bibel und in der anderen alle Unterlagen über meine Adoption. In beiden Händen lagen Papiere, auf denen schwarz auf weiß gedruckte Worte standen. Beide enthielten Fakten. Doch nur auf einem Papier stand die Wahrheit. Ich musste mich entscheiden, welchem dieser beiden Dokumente ich mein Leben anvertrauen wollte.

Die Entscheidung war so einfach.

Unser Glaube bedeutet mehr als Fakten

Sie können sich darüber definieren, wie Sie sich selbst bezeichnen. Sie können sich von den Bezeichnungen, die andere Ihnen aufdrücken, definieren lassen.

Das ist ganz einfach! Schließlich werden Sie von Geburt an und dann Ihr weiteres Leben lang in Schubladen gesteckt. Ihre Herkunftsfamilie, Ihre Anschrift, Ihre Bildung, Ihre Erfahrung, Ihr Bankkonto, Ihre Bonität, Ihr Arbeitgeber, Ihre Freunde, Ihre Nationalität und Volkszugehörigkeit bestimmen, wer Sie sind. Dauernd stempelt man Sie als etwas ab: *arm, verwöhnt, ungebildet, unerfahren, jung, alt, unbequem, schüchtern.* Wenn Sie es zulassen, können diese Bezeichnungen Ihnen ein Etikett aufdrücken und Sie lähmen. Ein Lehrer, ein Elternteil, eine Kollegin oder ein Ex-Partner kann Sie einen *Versager, fett, hässlich* und *hoffnungslos* nennen – und diese Bezeichnungen können haften bleiben. Sie können wehtun, sie können zerstören, und zwar dann, wenn Sie beginnen, ihnen zu glauben.

Kennen Sie die Redewendung: „Stock und Stein bricht mein Bein, aber Worte können mich nicht verletzen"? Dieser Gedanke mag einem zwar helfen, einen unbeugsamen Geist zu bewahren, aber auf das Herz trifft er nicht zu. Bezeichnungen wie *dumm, blöd, trunksüchtig, abhängig, kriminell, schwach, erbärmlich* können Sie sehr wohl verletzen. Solche Titulierungen können Ihren Geist genauso lähmen, wie Stöcke und Steine Sie körperlich übel zurichten können – vor allem, wenn Sie ihnen glauben und sie auf sich selbst anwenden. Sie können in die Knie gezwungen und zur Strecke gebracht werden, bevor Sie überhaupt angefangen haben zu leben. Selbst wenn an diesen Charakterisierungen etwas Wahres dran sein sollte, sind sie bestenfalls Teilwahrheiten – und irreführend noch dazu. Wenn Sie es zulassen, dass diese Bezeichnungen sich in Ihrem Herzen mehr festsetzen als die Verheißungen Gottes, können diese Sie täuschen. Sie sorgen dann dafür, dass Sie nicht erkennen, wie Gottes Wahrheit über Ihre Identität lautet. Dann werden Sie auch nicht das Ziel verfolgen, das Gott für Sie von Anfang an im Sinn hatte.

Wenn es zu einem Streit zwischen Herz und Verstand kommt, dann ist es meiner Erfahrung nach das Beste, sich die Bibel zu schnappen und sich bewusst zu machen, was Gott sagt. Ihr Verstand mag darauf bestehen, dass Gott Sie geschaffen hat und liebt, aber Ihr Herz und Ihre Gefühle unterhöhlen dieses Wissen vielleicht unablässig mit Gedanken wie: *Was stimmt nicht mit mir? Ich mache scheinbar immer alles falsch!* Diese Schläge können in Ihnen ein überwältigendes Gefühl der Wertlosigkeit und Ablehnung hervorrufen. Nichts anderes macht die Unwahrheit mit Ihnen: Sie schlägt Sie nieder und setzt Sie außer Gefecht.

Wenn Sie, wie ich, Frieden finden wollen, dann sollten Sie tun, was ich an jenem Tag tat. Halten Sie sich wieder die Wahrheiten vor Augen, die Sie in der Bibel lesen können. Gottes Wort gilt für alle Zeit. Grübeln Sie nicht länger über Umstände, die sich verändern und in Luft auflösen werden (Markus 13,31).

Diese Wahrheiten geben uns die Kraft, damit wir uns unerschrocken unserer Zukunft zuwenden können.

Gott ruft jeden von uns beim Namen

Ich war kein Unfall. Ich bin nicht unbekannt, namenlos oder ungewollt.

Und Sie sind es auch nicht.

Jeder von uns beginnt auf seine Weise sein Leben auf diesem Planeten. Manche Babys werden geliebt, ihre Eltern beten für sie und sie sind ausdrücklich von ihren Eltern gewollt. Andere sind Überraschungen. Manche sind von ihren Eltern nicht gewollt. Während die einen in Liebe gezeugt werden, ist bei anderen Gewalt im Spiel. Manche Babys sind Frühgeburten, andere sind Steißgeburten. Manche kommen per Kaiserschnitt zur Welt, andere sind nach wenigen Minuten geboren. Manche erwartet zu Hause ein liebevoll eingerichtetes Kinderzimmer, ein mit Bedacht ausgesuchter Kinderwagen, eine handgezimmerte Wiege. Andere bekommen abgelegte Sachen – oder überhaupt nichts.

Manch einer mag oder kennt die Umstände seiner Geburt vielleicht nicht, aber niemand muss sich von diesen Umständen bestimmen oder einschränken lassen. Jeder von uns hat die Chance, mit Jesus ein neues Leben zu beginnen, sozusagen „von Neuem geboren zu werden" oder „eine zweite Geburt zu erleben". Auf diese Weise können wir an unserer Bestimmung anknüpfen, die Gott sich für uns ausgedacht hat.

Noch vor der Erschaffung der Welt waren wir dazu bestimmt, durch Jesus Christus gute Werke zu tun – Werke, die schon im Voraus vorbereitet worden waren (Epheser 2,10). Egal, wie wir auf die Welt gekommen sind, egal, wie die Umstände unserer Geburt waren, jeder von uns war bereits in der Ewigkeit erwählt, lange bevor wir in dieser Zeit auf die Erde kamen. Wenn Gott uns dazu geschaffen hat, gute Werke zu tun, die Ewigkeitswert haben, dann hat er uns auch für diese Aufgaben entsprechend ausgerüstet.

Lassen Sie die folgenden Wahrheiten auf sich wirken.

- *Gott hat jeden Einzelnen geschaffen.* Wir wissen vielleicht nicht, was unsere Eltern füreinander empfanden oder ob sie sich überhaupt kannten, als wir gezeugt wurden, aber wir alle sind ein Werk von Gott und von keinem anderen. Jeder von uns ist ein Meisterstück, in aufwendiger, liebevoller Handarbeit von ihm gestaltet. *Daraus* leitet sich unsere Identität ab – unsere Eltern sind hier nicht maßgeblich.
- *Gott erwählt jeden Einzelnen.* Keiner von uns ist eine Schnapsidee oder ein Unfall. In meinen Adopti-

onsunterlagen mochte ich zwar nur als eine Nummer geführt sein, als eine weitere Ziffer in einer Reihe, aber Gott *wählte* mich individuell *aus.* Er gestaltete mich in der Ewigkeit mit dem Ziel, dass ich einmal über die Begrenztheit der Zeit hinaus mit ihm zusammen sein würde – und genauso hat er auch Sie auserwählt. Sie sind berufen. Dies sind wunderbare Nachrichten für diejenigen unter uns, die von der Gesellschaft aufgrund ihrer Volkszugehörigkeit, ihrer Bildung, ihres sozialen Status' oder aus anderweitigen Gründen abgelehnt worden sind. In den Augen der Gesellschaft sind wir nichts wert – aber was macht das schon, wenn der Schöpfer des Universums uns für eine große Aufgabe, die er sonst niemandem anvertrauen will, ganz individuell und namentlich auserwählt hat?

- *Gott ist immer bei uns.* Selbst wenn unsere Eltern uns verstoßen, lässt Gott uns nie im Stich und verlässt uns nicht. Ganz egal, was auf uns zukommt oder wo wir sein mögen, Gott ist immer bei uns und ist immer an unserer Seite, um uns herum und in uns.
- *Gott gibt uns einen Namen.* Ehe wir von unseren irdischen Eltern einen Namen bekamen, kannte Gott uns schon mit Namen.
- *Gott beruft uns.* Niemand von uns ist ungewollt. Ganz offensichtlich hat Gott uns gewollt, weil er jeden Einzelnen von uns berufen hat, als wir noch im Mutterleib waren. Er würde niemanden rufen, den er nicht will. Gott hat jeden Menschen für einen ganz speziellen Auftrag geschaffen, den wir während unseres Lebens auf der Erde ausführen sollen – und er stattet uns so aus, dass wir das, wofür er uns geschaffen hat, auch ausführen können. So wie Gott uns eine einzigartige Identität und einen einzigartigen Namen gegeben hat, kann sich auch unsere Bestimmung von der

aller anderen unterscheiden. Deshalb sollte es uns nicht überraschen, wenn uns Gott eine Aufgabe gibt, mit der andere Christen nichts anfangen können oder die sie vielleicht sogar für unsinnig halten. In der Bibel begegnen wir immer wieder Männern und Frauen Gottes, die sich allein fühlten, als sie sich aufmachten, Gottes Berufung für ihr Leben zu folgen. Es ging ihnen deshalb so, weil die Vision, die Gott ihnen gegeben hatte, einzig und allein die ihre war und zunächst von ihren Mitmenschen weder verstanden noch akzeptiert wurde.

- *Gott rettet uns.* Vielleicht wurden Sie, genau wie ich, von Ihren leiblichen Eltern weggegeben, aber Gott hat es so eingerichtet, dass jeder von uns noch einmal von vorn beginnen kann. In der Bibel heißt das „neu geboren werden". Betrachten Sie das als eine Art Rehabilitierung. Gott wischt das Durcheinander unserer Vergangenheit weg, er ermöglicht uns einen Neuanfang und schenkt uns Hoffnung für die Zukunft – und das verspricht er jedem von uns, jederzeit.
- *Gott ist unser Vater.* Ich werde meinen leiblichen Vater vielleicht nie kennenlernen – jenen Mann, der in meinen Adoptionsunterlagen als „unbekannt" geführt wurde. Ich werde vielleicht nie wissen, wie er aussah und was er gerne mochte. Sie kennen Ihre Eltern vielleicht auch nicht. Aber wir kennen den Einen, der sich uns selbst bekannt gemacht hat: Gott, den wir mit „lieber Vater" ansprechen dürfen (Galater 4,6). Er verspricht, dass wir ihn immer besser kennenlernen können und dass wir ihm mit jedem Tag ähnlicher werden (Epheser 4,11–24).

Egal, was unsere Eltern geplant oder vorgehabt haben mögen, aus Gottes Sicht war an meiner oder Ihrer Geburt nichts Zufälliges oder Ungeplantes.

In der Bibel heißt es, dass es Dinge in unserem Leben gibt, die wir nicht verstehen werden (Hiob 36,26). Aber Gott weiß darum. Wenn wir unser Leben erfolgreich meistern wollen, wenn wir unerschrocken leben wollen, dann sollten wir lernen, darauf zu vertrauen, dass Gottes Gedanken höher als unsere Gedanken sind und seine Wege höher als unsere Wege (Jesaja 55,8–9).

Wenn wir Menschen etwas auswählen, wählen wir meistens exklusiv, das heißt, wir entscheiden uns für etwas und damit gegen alles andere. Für ein Fußballspiel wird eine Startaufstellung ausgesucht, während alle anderen Spieler auf der Bank sitzen. Eine Bewerberin bekommt einen Praktikumsplatz, während die andere Bewerberin auf ihre Chance, in diesen Betrieb einzusteigen, noch warten muss. Adoptiveltern entscheiden sich für ein Baby und die anderen Kinder bleiben im Waisenhaus.

Gott aber erwählt jeden. Das tut er die ganze Zeit über, und jeder von uns ist für ihn die erste Wahl (Johannes 15,16; Epheser 1,4). Er entscheidet sich niemals für eine und damit gegen eine andere Person. Er liebt jeden von uns. Und weil er uns so sehr liebt, hat er den Preis dafür bezahlt, dass jedem Menschen vergeben werden kann und er mit Gott versöhnt ist.

Gott hat uns für eine bestimmte Aufgabe erwählt

Gott erwählt uns nicht nur für sich – er wählt uns auch deshalb aus, damit er durch uns auf der Erde Gutes bewirken kann. Erstaunlicherweise hat Gott in der Bibel und im Verlauf der Geschichte ständig Leute ausgewählt, die zur Erfüllung seiner Pläne und Absichten denkbar ungeeignet und untauglich schienen. In den meisten Fällen bestand die Reaktion dieser Menschen darin, ihre eigene

Unzulänglichkeit zu beteuern. Und wenn sie das nicht selbst taten, dann taten es eben ihre Mitmenschen – laut und schrill. Und darin liegt eine Gefahr: Denn wenn wir uns von anderen sagen lassen, wozu wir geeignet sind und wozu nicht, werden wir dem, was Gott durch uns tun will, Grenzen setzen. Und damit kommen wir vielleicht nie mit den Menschen in Kontakt, die unsere Hilfe brauchen.

Ich bin so froh, dass ich Gott nicht auf diese Weise Grenzen gesetzt habe. Ich werde nie vergessen, wie ich vom Dekan der Fakultät für Sozialarbeit einer prestigeträchtigen Universität ein Schreiben bekam, in dem er mir mitteilte, dass ich für die Arbeit mit jungen Menschen nicht qualifiziert sei. Zu der Zeit leitete ich eine blühende Jugendarbeit. Um auf lange Sicht im Jugendbereich zu arbeiten, so sein Tenor, bräuchte ich eine anerkannte Ausbildung.

Er hat bestimmt recht, dachte ich. *Im Prinzip habe ich nicht die Qualifikation, um das zu tun, was ich gerade tue.* Ich überlegte, ob ich meine Kündigung einreichen sollte. Doch etwas in mir sagte: *Nein, schmeiß nicht das Handtuch.* Und so arbeitete ich nach Erhalt dieses Schreibens noch vierzehn Jahre lang hauptamtlich mit Jugendlichen. Heute besteht meine Arbeit darin, jungen Menschen aus der Ungerechtigkeit des Menschenhandels herauszuhelfen. Von außen betrachtet sah ich unqualifiziert aus. Doch Gott war meine Bereitschaft wichtiger als meine Qualifikationen.

Während ich diese Geschichte aufschrieb, schmunzelte ich ein wenig, weil ich auch daran denken musste, dass ich oftmals Leuten bei dem Versuch zugesehen habe, das Lobpreisteam im Gottesdienst zu leiten, und dabei dachte: *Ich wünschte, jemand hätte ihm erklärt, dass er für diese Aufgabe ein gewisses Rhythmusgefühl braucht und man in der Lage sein muss, den Ton zu treffen!* Es gibt viele Aufgaben im Reich Gottes, für die man eine ganz bestimmte Begabung braucht, sei es in der Musik, der Kunst oder in

Beziehungen. Wenn uns diese Gaben fehlen, sollten wir offen sein für die Möglichkeit, dass Gott uns in eine andere Richtung führt. Doch haben wir den Bereich einmal *gefunden*, wo wir unsere Begabung einbringen können, sollten wir uns nicht mehr davon abbringen lassen.

Was bei Menschen unmöglich ist, ist möglich bei Gott. Wir müssen nur darauf vertrauen, dass Gott uns dazu berufen hat, in seinem Namen etwas in der Welt zu bewegen. Wir sollten nicht auf die uns behindernden oder sogar lähmenden Etiketten und Stempel hören, die andere uns aufdrücken wollen. Wir dürfen uns von so etwas nicht einschüchtern lassen. Wen Gott beruft, den qualifiziert er auch – und er hat für jeden eine ganz bestimmte Aufgabe, etwas, das in ihm angelegt ist. Die Bibel zeigt uns sogar, dass Gott schon seit Beginn der Menschheitsgeschichte scheinbar ungeeignete Menschen auswählt, um das Unvorstellbare zu vollbringen:

- *Gott berief Mose*, der zu diesem Zeitpunkt schon fast achtzig Jahre alt war, um zum Pharao zu gehen und ihm zu sagen, dass er sein Volk ziehen lassen solle (2. Mose 3–4). Aber wie wir bereits in Kapitel eins gesehen haben, bestand Mose darauf, dass er nicht redegewandt sei und niemand auf ihn hören würde. Als Mose schließlich aufhörte, Entschuldigungen vorzubringen, und tat, was Gott ihm aufgetragen hatte, bahnte Gott ihm einen Weg: mitten durch das Rote Meer und durch die Wüste – vierzig Jahre lang sorgte Gott für Wasser und Nahrung und Kleidung – bis vor die Tür ins Gelobte Land.
- *Gott berief Gideon*, „einen mächtigen Krieger", und beauftragte ihn, sein Volk zu retten, das schwer unter feindlichen Überfällen litt (Richter 6–8). Gideon erhielt seinen Auftrag von Gott, als er sich aus Angst

vor den Feinden an einem geheimen Ort aufhielt und dort arbeitete. Er konnte sich nicht vorstellen, wie Gott einen Feigling dazu gebrauchen sollte, für sein Volk zu kämpfen. „Ich komme aus dem schwächsten aller Stämme“, protestierte er. Aber Gott versprach ihm: „Ich werde stark sein, wenn du schwach bist.“ Und das war er und verschaffte Gideon mit nur dreihundert Soldaten den Sieg über das Millionenheer der Feinde.

- *Gott berief Jeremia*, einen Teenager, um dem jüdischen Volk Botschaften von ihm zu überbringen. Doch Jeremia befürchtete, dass er aufgrund seiner Jugend von niemandem ernst genommen werden würde. Gott sagte: „Ehe du geboren wurdest, habe ich dich erwählt“ (Jeremia 1,5; Hfa). Und so tat Jeremia vierundzwanzig Jahre lang alles, was Gott ihm auftrug, und schrieb zwei Bücher, die voll mit Gottes Worten waren. Als jedoch das erste Buch vernichtet wurde, Jeremia ins Gefängnis kam, wo man seine Füße in Ketten legte, und er einmal sogar in eine Grube geworfen wurde, schickte Gott ihm Retter und sorgte so dafür, dass seine Botschaft trotzdem gehört wurde.

So geht Gott mit uns Menschen um. Er hat für jeden von uns eine Aufgabe, trotz unserer Fehler in der Vergangenheit, unserer Begrenztheit und Untauglichkeit. Abraham war alt (1. Mose 17,1; 24,1), Sara war ungeduldig (1. Mose 16), Noah betrank sich (1. Mose 9,20–27), Miriam war eine Klatschtante (4. Mose 12,1–2), Jakob war ein Betrüger (1. Mose 25–27), Jona rannte weg (Jona 1,3), David hatte eine Affäre (2. Samuel 11–12), Elia war launisch – mal kühn und mutig und dann wieder ängstlich und auf der Flucht (1. Könige 18–19), Petrus war aufbrausend (Johannes 18,10), Paulus war ein Christenverfolger (Apostelgeschichte 8,3; 9,1–2), Marta machte sich ständig Sorgen (Lukas 10,40–41),

Thomas zweifelte (Johannes 20,24–26), Zachäus war klein (Lukas 19,3) und Lazarus war tot (Johannes 11,14–44). Doch Gott hatte mit jedem dieser Menschen etwas Bestimmtes vor. Er qualifizierte sie. Er berief sie, so wie er Sie und mich beruft, in seinem Namen etwas zu tun. Und wenn er uns ruft, dann gibt er uns das gleiche Prädikat wie schon am Anfang der Zeit (1. Mose 1,26–28; 2,20–23): „Gut."

Ich bin fest davon überzeugt, dass nahezu jeder, der dieses Buch liest, vor nicht allzu langer Zeit von Gott zu einer Aufgabe berufen wurde, die ihn aus seinem gewohnten, vertrauten Umfeld herausgeführt hat – vielleicht sogar *sehr* weit heraus. Wahrscheinlich hat der eine oder andere wie Mose reagiert: „Herr, ich bin nicht redegewandt."

„Herr, ich kann nicht gut auf Leute zugehen."

„Herr, ich bin nicht durchsetzungsfähig genug. Schick doch lieber Tim – der ist dafür besser geeignet."

„Herr, ich bin für diese Aufgabe gar nicht richtig ausgebildet. Die Leute, die ich überzeugen müsste, würden mich bloß auslachen – die haben alle einen Doktortitel!"

„Ich bin zu alt (oder zu jung)."

„Ich bin aus der Übung."

„Ich bin nicht klug (oder hip oder cool oder mutig) genug."

Mose, Gideon und Jeremia hätten ihren historischen Moment verpasst, wenn sie mit ihren Ausreden durchgekommen wären. Wir würden heute nicht einmal ihre Namen kennen. Wir wissen, wer sie waren, weil Gott ihre Ausreden nicht akzeptierte und darauf bestand, dass sie seinen Auftrag annahmen – und dann gab er ihnen alles, was sie brauchten, um ihre Aufgabe erfolgreich auszuführen.

Wie lautet Ihr Auftrag? Sie haben ihn doch nicht etwa abgelehnt, weil Sie glauben, dem nicht gewachsen zu sein?

Wann werden Sie Ihre Bestimmung endlich akzeptieren?

Der Tag, an dem ich erfuhr, dass ich ungewollt, namenlos und die Tochter von „Unbekannt“ war, hätte mich in die Verzweiflung treiben können. Und einen Moment lang tat er genau das – bis Gott mich daran erinnerte, dass sein Wort mehr Gewicht hat als das eines jeden anderen.

Seit diesem Tag bin ich sehr offen mit diesem Thema umgegangen und habe oft darüber gesprochen. Ich habe anderen davon erzählt, wie ich meine wahre Identität in Jesus gefunden habe. Dass ich tief in mir die Gewissheit habe, von Gott berufen zu sein und von ihm beim Namen genannt zu werden. Mit der Zeit war es sogar so, dass die Leute jedes Mal nach einem Vortrag Schlange standen und lange warteten, um mir ihre eigenen Adoptionsgeschichten zu erzählen.

Einige Frauen weinten herzzerreißend wegen Kindern, die sie zur Adoption freigegeben hatten; diese Frauen hatten mit Schuld- und Verlustgefühlen zu kämpfen. Andere erzählten mir, wie sie von ihrer Adoption erfuhren und wie sie sich hinterher abgelehnt fühlten und unter Identitätsverlust litten. Andere Frauen erzählten, dass sie sich für eine Abtreibung entschieden hatten – und jetzt von Schuldgefühlen, Scham, Trauer und Reue geplagt wurden.

Mir war nicht klar gewesen, dass so viele Menschen an meine Geschichte anknüpfen konnten. Doch mit jedem Gespräch, mit jedem Gebet, mit jeder Träne, die über Adoption in allen ihren Facetten vergossen wurde, erkannte ich mehr und mehr, warum ich anderen helfen konnte: weil ich wusste, dass ich trotz meiner Vergangenheit von Gott erwählt worden war. Ich konnte anderen Menschen helfen zu entdecken, dass auch sie von und für Gott erwählt waren, wie immer ihre Lebensumstände auch aussahen. Anders ausgedrückt: Weil wir wissen, dass wir erwählt sind und weil wir gehört haben, dass Gott uns beim Namen gerufen hat, können wir anderen hören helfen, dass Gott auch sie beim Namen ruft.

An meiner Geburt – oder Ihrer – war nichts zufällig oder ungewollt. Ich bin aus gutem Grund genau zu dieser Zeit zur Welt gekommen – und Sie auch. Jeder von uns wurde für eine bestimmte, wichtige Aufgabe ausgewählt, die von niemand anderem erledigt werden kann. Wir sollten eifrig auf Gottes Stimme hören, die uns diese Aufgabe mitteilt – und wir sollten andere ermutigen, genauso auf Gottes Stimme zu hören.

Das heißt, wir dürfen die Kassiererin im Supermarkt nicht länger ignorieren oder die niedergeschlagene Person, an der wir auf der Straße vorbeigehen. Stattdessen sollten wir ihren Wert erkennen und ihnen auch sagen, was sie wert sind. Es bedeutet, sich nicht gleichgültig gegenüber der Mutter im Kindergarten zu verhalten, deren Kind nicht hören will, wenn es gerufen wird. Der Rezeptionistin, die Telefonanrufe in der Arztpraxis entgegennehmen und trotzdem alle Fragen der wartenden Patienten beantworten muss, könnten wir ein aufmunterndes oder humorvolles Wort sagen. Dem Müllmann, der die an der Straße stehenden Mülltonnen leert, könnten wir danken. Bei jedem Menschen, dem wir an einem Tag begegnen, könnten wir uns in Erinnerung rufen, dass er von Gott geschaffen ist und was es Gott gekostet hat, damit dieser Mensch in einer Beziehung zu ihm leben kann.

Allerdings werden wir anderen nicht helfen können, ihren Wert zu erkennen, solange wir nicht für uns selbst erkannt haben, wie sehr Gott uns liebt und dass er uns auserwählt hat. Das ist eine Herausforderung, der wir uns mit unserem Herzen stellen müssen.

Hören Sie es?

Einige Monate nach dem Tag, an dem ich von meiner Adoption erfahren hatte, fragte ich meine Mutter, wie es für sie gewesen war, als sie vom Krankenhaus den Anruf bekam, dass ich zur Welt gekommen war. Wie hatte sie sich gefühlt? Welche Erwartungen hatte sie gehabt?

Ihre Augen begannen zu leuchten. Begeistert erzählte sie, dass sie und mein Vater inständig auf ein Mädchen gehofft hatten, weil sie bereits einen Sohn hatten. Meine Mutter stand ihrer Schwester sehr nahe, die vier Jungen hatte und auch auf ein Mädchen hoffte, darum sprachen sie oft über Namen für mich und was sie sich für mich wünschten.

Eines Tages schlug meine Tante vor: „Was hältst du von ‚Christine‘?"

„Der Name gefällt mir", sagte Mama, und so stand mein Name fest. Die Entscheidung hatte für sie keine tiefsinnigere oder geistliche Bedeutung – sie mochten einfach beide den Namen *Christine*.

Doch ich weiß, dass mein Name, *Christine*, aus dem Griechischen und Lateinischen kommt und *Nachfolgerin von Christus* bedeutet.

Und der Christus, dem ich folge, hat mir auch noch einen anderen Namen gegeben – einen Namen, mit dem er mich ruft. Und er ruft Sie und andere auch mit diesem Namen – es ist ein einfacher Name; ein Wort, das nur vier Buchstaben hat, zum Beispiel wie das Wort *Güte*. Dieser Name klingt laut durch Zeit und Raum, weil Sie vor dieser Zeit und zu seiner Zeit und für alle Zeit berufen wurden.

Hören Sie es? Können Sie Gott Ihren Namen rufen hören? Entdecken Sie ihn in der Bibel (Jesaja 43,1; Maleachi 3,16; Philipper 3,14.20; 4,3)?

Er nennt uns: MEIN.

Teil 2

Gott kennt meinen Schmerz

Kapitel 4

Narbengewebe

Als ich die Haustür öffnete, stand mir Nick gegenüber mit einem Strauß der schönsten Rosen, die ich je gesehen hatte. Obwohl wir bereits seit einem Jahr zusammen waren und ich ihn eigentlich gut genug hätte kennen müssen, war ich dennoch überrascht und beeindruckt. Er war wirklich der aufmerksamste, freundlichste und großzügigste Mann, den ich je kennengelernt hatte, und er schien immer zu wissen, wie er mir das Gefühl vermitteln konnte, etwas Besonderes zu sein. Und was das Beste war: In letzter Zeit hatten wir mehr über die Zukunft als über die Gegenwart geredet.

Ich stieg ins Auto und fühlte mich zweifellos als etwas Besonderes. Außerdem freute ich mich auf das, was für heute Abend meiner Meinung nach auf dem Programm stand: ein Abendessen bei unserem Lieblingsthailänder. Wie immer begannen wir während der Fahrt eine angeregte Unterhaltung. Da ich so in unser Gespräch vertieft war, bemerkte ich erst nach geraumer Zeit, dass wir uns in einem ganz anderen Teil der Stadt befanden als erwartet. Wir fuhren in die entgegengesetzte Richtung des Restaurants. Zum ersten Mal an diesem Abend stutzte ich.

„Nick, haben wir uns verfahren?“, fragte ich.

Er lächelte wissend. „Lehn dich einfach zurück und entspann dich“, sagte er. „Ich habe eine Überraschung für dich.“

Mein Herz raste, eine starke und plötzliche Unruhe erfasste mich. Wo fuhren wir hin? Warum machte Nick das? Wusste er nicht, dass ich Überraschungen gar nicht mochte? Ich rutschte auf meinem Sitz nach hinten, den Rücken gerade, die Schultern steif, die Arme verschränkt. Es gab keinen vernünftigen Grund, warum ich mich so fühlte, aber ich konnte nichts daran ändern. Theoretisch verstand ich, dass Nick einfach etwas Besonderes vorhatte. Dennoch konnte ich das vertraute Grauen und die Angst nicht abschütteln, die Überraschungen in mir ausgelöst hatten, solange ich zurückdenken konnte.

Ich warf einen Blick auf Nick. An der Art, wie er den Mund zusammenpresste, konnte ich ablesen, dass meine Reaktion ihn frustrierte. Eine Minute später wendete er das Auto und fuhr den Weg zurück, den wir gekommen waren.

Nach einigen weiteren Minuten angespannten Schweigens verlangsamte Nick das Auto und wandte sich zu mir. „Christine", sagte er mit funkelndem Blick und gesenkter Stimme, wobei er jedes Wort abzuwägen schien. „Genau dasselbe Spielchen läuft immer wieder ab, mal in der einen und mal in der anderen Form. Ich kann das nicht einfach ignorieren. Wir müssen reden, und zwar jetzt. Wir fahren zurück zu dir."

Ich schluckte. Nick hatte noch nie so mit mir geredet. Es machte mich nervös – und noch beklommener, weil ich ihn verärgert hatte! Und ich hatte nicht die geringste Lust, ihm zu erklären, warum ich Überraschungen so scheute. Ich verkrampfte mich noch mehr. Mir graute vor dem Gespräch, das zu umgehen ich mich fast mein ganzes Leben lang bemüht hatte.

Nick bog in meine Einfahrt und kam unverzüglich zur Sache. Wir saßen noch im Auto, als er sagte: „Christine, ich bin auf deiner Seite. Ich will dir nicht wehtun. Aber aus irgendeinem Grund flippst du jedes Mal aus, wenn ich versuche, etwas Spontanes zu tun, oder wenn es so aussieht, als ob die Dinge deiner unmittelbaren Kontrolle entgleiten könnten. Und wenn ich dann versuche, mit dir darüber zu reden, ziehst du Mauern hoch und schließt mich emotional aus. Ich weiß nicht, was da los ist, aber du vertraust mir offenbar nicht, und wenn diese Beziehung nicht auf Vertrauen beruht, was hat das Ganze dann für einen Sinn?"

Ich wusste, dass er recht hatte, kaum dass er den Mund aufgemacht hatte. Ich liebte ihn. Das tat ich wirklich. Aber ich *vertraute* ihm nicht völlig. Das hatte nichts mit seinem Charakter zu tun oder mit irgendetwas, das er getan hätte. Tatsache war, dass ich *niemandem* völlig vertraute.

In sanfterem Ton fügte er hinzu: „Du weißt, dass ich dich liebe. Aber ich werde das Gefühl nicht los, als würdest du nur darauf warten, dass ich etwas tue, um dich zu enttäuschen oder zu verletzen – was ich unvermeidlich tun werde –, damit du einen Grund hast, das Ganze zu beenden. Ich möchte, dass unsere Beziehung funktioniert, Christine, aber dafür musst du mir vertrauen – sonst können wir es auch bleiben lassen."

Dies war nicht das erste Mal, dass Nick mein mauerndes Verhalten anprangerte. Im Laufe unserer Beziehung hatte Nick viele der Mauern, die ich dazu benutzt hatte, um andere auf Armeslänge auf Abstand zu halten, Stück für Stück abgetragen. Meistens waren es ganz einfache Dinge gewesen: Ich hatte ihm zum Beispiel nicht erlaubt, eine Tür für mich zu öffnen oder eine Kiste für mich zu tragen. Ich war wild auf meine Unabhängigkeit bedacht und bestand darauf, alles selbst zu tun. Nick war der Erste, der lange genug in meiner Nähe blieb, um durch meine Mauern hindurchzukommen. Sanft beharrte er darauf, Dinge für mich zu tun und zu reparieren. Das war für mich eine neue Erfahrung, aber nach und nach ließ ich mich auf seine Hilfe ein. Und im Laufe dieses Prozesses hatte er mein Herz gewonnen – allerdings nicht vollständig. Es gab einen Bereich in meinem Herzen, an den ich mich noch klammerte.

Jetzt kämpfte Nick auch um diesen Bereich. Er wollte mich aus der Festung herausholen, die ich zu meinem Schutz gebaut hatte. Im Prinzip war mir klar, dass wir als Paar nicht weiterkamen, wenn ich ihn nicht in mein Vertrauen zog. Ich wollte ja offener und vertrauensvoller sein. Aber dieser Offenheit stand eine Barriere im Weg – eine Barriere, von der ich nicht wusste, ob ich sie je überwinden konnte oder wollte, denn davor graute mir schrecklich.

Mein Herz hämmerte. Meine Handflächen waren schweißnass. Meine Zunge fühlte sich pelzig an. Ich schien keine Worte formen zu können und dachte, wenn ich es versuchen würde, käme als einziger Laut wahrscheinlich nur ein Krächzen heraus. Ich hätte mich für den einfachen Ausweg entscheiden können – aus dem Auto aussteigen und weggehen. Die Schutzmauer unangetastet lassen, die ich um mein Herz und meine Seele gezogen hatte. Doch wenn ich das tat, würde ich Nick verlieren. Also saß ich unschlüssig da. Sollte ich mich weiter hinter meinen Mauern verschanzen und nichts sagen? Oder sollte ich ihm zeigen, was ich dahinter verborgen hatte?

Es war kein neues Dilemma. Schon seit Monaten kämpfte ich einerseits mit dem Wunsch, Nick alles über meine Vergangenheit zu erzählen, und andererseits war ich entschlossen, nie ein Wort darüber zu verlieren. War meine Vergangenheit nicht einfach Vergangenheit? Musste ich es ihm wirklich erzählen? Hatte ich mich nicht genug damit befasst? Würde er sich wundern, warum ich nie etwas gesagt hatte? Würde er sich fragen, warum ich keinen Weg gefunden hatte, mich früher damit auseinanderzusetzen und meine Mauern zu überwinden? Würde er jemanden wollen, der unberührt war?

Der ganze Schmerz, den ich verdrängt – und doch gespürt – hatte, stieg in mir auf. Ich hatte geglaubt, mich ausreichend damit befasst und es überwunden zu haben; ich hatte geglaubt, es hätte sich erledigt. Doch jetzt drohten jene alten Wunden jeden Moment wieder aufzureißen.

Ich blickte zu Nick hoch, und dieser eine Blick beseitigte

mein Dilemma. Ich sah die Bestürzung auf seinem Gesicht und mir war, als blickte ich in einen Spiegel und sähe die Verwirrung, die ich so viele Jahre lang auf meinem eigenen Gesicht gesehen hatte. Um unser beider willen musste ich diese Sache aus dem Dunkeln ans Licht bringen.

Ich holte einmal tief Luft. „Ich liebe dich wirklich. Ich *möchte* dir vertrauen ... aber das ist nicht so einfach für mich." *Wie sollte ich es sagen? Wie erzählen?* Ich atmete noch einmal tief ein, und während wir noch immer im Auto in meiner Einfahrt saßen, erzählte ich ihm, wie ich als Mädchen viele Jahre lang von verschiedensten Männern missbraucht worden war. Als ich das Wort „missbraucht" aussprach, zitterte ich. Dem Mann, den ich liebte, zu erzählen, was andere Männer mir angetan hatten, war das Schwerste, was ich je getan hatte.

Ich konnte Nick beim Sprechen nicht angucken. Ich blickte zum Boden des Autos und ließ all das heraus, was ich jahrelang geheim gehalten hatte, Dinge, die für mich unaussprechlich geworden waren. Und als einmal dieser Damm gebrochen war, gab es kein Halten mehr – es kam wie eine Flutwelle heraus. *Wenn ich dich wegen alldem verlieren sollte, Nick,* dachte ich, *kannst du ruhig alles wissen.* All die verborgenen Dinge sprudelten aus mir heraus: Orte, Begebenheiten, Erinnerungen, von denen ich nicht einmal gewusst hatte, dass ich sie besaß – aber eine führte zur nächsten; es war eine Geschichte des Grauens, die uns beide schockierte.

Schließlich schwieg ich. Nick hatte mich kein einziges Mal unterbrochen, und ich hatte kein einziges Mal aufgeblickt. Jetzt fühlte ich mich völlig entblößt, verletzlich, ausgelaugt. Ich weiß, dass sich das klischeehaft anhört, aber ich hatte auch das Gefühl, als sei mir eine große Last abgenommen worden. Zum ersten Mal empfand ich eine Freiheit, von der ich nicht einmal gewusst hatte, dass sie mir fehlte.

Jetzt waren die Würfel gefallen. Es gab kein Zurück mehr. Ich konnte nicht länger davonrennen. Die Vergangenheit hatte mich eingeholt und Gott gebrauchte diesen Mann, den ich so sehr liebte, um mich dazu zu bringen, mich all den Geheimnissen zu stellen.

Und sie waren nicht nur dem Rest der Welt verborgen gewesen. Selbst mich hatte die Wucht der Gefühle überrascht, die mich überkamen, als ich die Jahre des Missbrauchs wieder erlebte. Offenkundig gab es vieles, das ich mir selbst nicht eingestanden hatte: Ich hatte noch immer Angst vor dem, was mir zugestoßen war, und schämte mich für den Missbrauch. Ich hatte noch immer Schuldgefühle. Mein Herz war zerbrochen und mit Füßen getreten worden. Ich hatte geglaubt, der Teil, an den ich mich geklammert hatte, sei längst geheilt. Doch jetzt wusste ich, dass er ganz und gar nicht geheilt war. Ich hatte lediglich ein Pflaster auf eine klaffende Wunde geklebt und gehofft, dass sie von selbst heilen und verschwinden würde. Ich behauptete, dass ich Gott von ganzem Herzen liebte ... aber mein Herz war ganz und gar nicht ganz. Es war zerbrochen und verletzt und zerstückelt.

Ich hatte mir geschworen, dass ich mich nie mehr von jemandem verletzen, betrügen, benutzen oder missbrauchen lassen würde. Mir war nicht klar gewesen, dass ich auch die Liebe ausschloss, wenn ich mich hinter diesen Mauern verschanzte. Durch Nick half mir Gott, jetzt eine Frage anzugehen, mit der ich nicht gerechnet hatte: Warum glaubte ich nicht, dass Gott nicht nur Wunder in den Herzen anderer, sondern auch in meinem bewirken konnte?

„Oh Nick", sagte ich, „ich will dir ja vertrauen, aber ich komme immer wieder an einen Punkt, wo ich scheinbar gar nicht anders kann, als einen Rückzieher zu machen, um mich zu schützen. Die Männer, die mich verletzt haben, hätten Männer sein sollen, denen ich vertrauen konnte. Und ich *habe* ihnen vertraut. Und meine Familie auch. Aber sie haben sich als nicht vertrauenswürdig erwiesen. Und wenn einer von ihnen wieder aus meinem Leben verschwand und damit eine Zeit ohne Missbrauch begann, wagte ich mich hinter meinen Mauern hervor, weil ich dachte, jetzt hätte ich eine Chance, noch einmal von vorne anzufangen. Und dann ging der Missbrauch wieder los – es war ein endloser Kreislauf. Ich lernte, dass es sicherer war, ständig auf der Hut zu sein, als jemandem auch nur ansatzweise zu vertrauen."

Die Mauern bröckelten jetzt. „Ich bin innerlich hin und her gerissen", gestand ich. „Ich möchte dir den Schlüssel zu den innersten Bereichen meines Herzens geben, aber ich habe ihn verlegt. Das Frustrierende an der Sache ist, dass du nicht weggehst! Ich weiß, das klingt jetzt seltsam, aber wenn es mir gelingt, dich in die Flucht zu schlagen, indem ich dich auf Abstand halte und es nicht fertigbringe, dir zu vertrauen, dann habe ich bewiesen, dass ich tatsächlich keine dauerhafte Beziehung wert bin – und dann kann ich einfach aufgeben, weil es eben hoffnungslos ist. Wenn du bleibst, dann bin ich gezwungen, mich zu fragen: *Habe ich tatsächlich etwas an mir, das seine Zeit und Aufopferung wert ist?*"

Nick nahm mich lange, sehr lange in den Arm. „Es tut mir ja so leid, dass dir das zugestoßen ist", sagte er, „so unendlich leid."

Ich saß da in seiner Umarmung und rührte mich nicht. *Tat ihm das Herz wirklich meinetwegen so weh? Liebte er mich so sehr, dass er meinen Schmerz mitempfand? Wünschte er sich wirklich, er könnte das alles irgendwie besser machen?* Ich war überrascht. Nick kannte jetzt meine Vergangenheit – meine Geheimnisse und meine Scham und

Schuldgefühle –, und er stieß mich nicht fort, wie ich das erwartet hatte. Ja, ganz im Gegenteil – er zog mich näher an sich. Er liebte mich immer noch. Mit alldem, was er jetzt wusste, schien er mich sogar noch mehr zu lieben.

In mir rührte sich etwas. Mein zerrissenes und verletztes Herz heilte langsam. Durch Nicks menschliche Liebe zu mir ließ Gott mich einen Schimmer seiner großen, göttlichen Liebe sehen.

Befreit und doch nicht frei

Über zwölf Jahre lang war ich durch Missbrauch verletzt worden. Der Schmerz hatte mich dazu gebracht, einen Teil meines Herzens und meiner Seele an einem vermeintlich sicheren, geschützten Ort zu verschließen. Ich sehnte mich furchtbar nach engen Beziehungen, fürchtete sie gleichzeitig aber auch – weil ich nie wieder Schmerz empfinden wollte. Ich saß in der Falle.

Ein herrischer Chef macht Sie mürbe. Ein treuloser Ehepartner hintergeht Sie. Gemeine Freunde trampeln mit gehässigen Worten auf Ihrem Herzen herum. Unsensible Eltern untergraben Ihr Selbstbewusstsein. Gedankenlose Lehrer nennen Sie einen Dummkopf und sagen, dass Sie es niemals zu etwas bringen werden, und vernichten damit Ihr Selbstwertgefühl. Aufsässige Kinder trampeln auf Ihnen herum. Kinderschänder wollen Ihnen Ihre Seele nehmen. Was oder wer auch immer Ihren Körper, Ihre Seele und Ihren Geist angreift, der Schmerz sticht und der Schaden geht tief.

Sie erinnern sich genau an den Moment des Schadens – wie die Erde stehen zu bleiben schien, wie Ihre Welt zum Stillstand kam. Sie können die Bilder nicht vergessen, die Gerüche, ein Musikstück, das gerade spielte, was Sie anhatten, wer noch dabei war. Diese Dinge frieren in der

Erinnerung ein, und ein Teil von Ihnen gefriert mit ihnen. Ein Teil steckt für immer an diesem Ort fest und ist unfähig, sich von dort wegzubewegen.

Sie mögen zwar aus der konkreten Situation befreit worden sein, aber Sie sind trotzdem nicht frei.

Genau das traf auf mich zu. Ich hatte mein Herz verriegelt, obwohl ich nicht länger täglich den Männern ausgesetzt war, die mich missbraucht hatten. Niemandem vertraute ich, nicht einmal Gott. Ich hielt ihn auf Abstand, indem ich ihm zwar etwas von meiner Zeit schenkte, aber nicht mein ganzes Selbst. Ich vertraute ihm genauso wenig, dass er für mich sorgen konnte, wie ich Nick nicht ganz vertraute.

Ich konnte weder den Männern vergeben, die mich verletzt hatten, noch mir selbst, dass ich missbraucht worden war. Und noch schlimmer war, dass ich auch Gott nicht vergeben hatte. Wo war er schließlich gewesen, als ich ein hilfloses Kind war und jene Männer Hand an mich legten? Warum hatte er ihnen nicht Einhalt geboten?

Dachte ich das wirklich? Wie konnte ich andere dazu anregen, Gott von ganzem Herzen zu lieben, wenn ich ihm einen Teil meines eigenen Herzens vorenthielt? Wie konnte ich mit einem Gott, dem ich nicht vertraute, unerschrocken in eine ungewisse Zukunft gehen?

Obwohl mich diese Erkenntnis schockierte, war Gott nicht geschockt. Da er alles weiß, wusste er auch, dass ich mich mit dieser Wunde befassen musste, wenn ich wirklich frei werden wollte – aber ich musste mich für die Heilung *entscheiden*. Wenn ich heil werden wollte, musste ich mir erst eingestehen, dass ich nicht heil war. Ich musste akzeptieren, dass ich Hilfe brauchte. Ich musste mich für den Heilungsprozess nach Gott und anderen Menschen ausstrecken. Nur dann könnte ich andere vorbehaltlos lieben. Vor allem Nick.

Narbengewebe, das uns fesselt

Wenn das Leben uns Verletzungen zufügt, wollen wir die schnelle Reparatur, schlagartige Erneuerung und Heilung. Wir wollen, dass Gott das Problem in Ordnung bringt. Doch meistens tritt der Schaden nicht über Nacht auf – und das Gleiche gilt für die Heilung. Manche Wunden heilen zwar oberflächlich, doch das Narbengewebe bleibt. Eine vollständige Heilung braucht Zeit und berücksichtigt auch die schmerzhaften Stellen.

Bei einem waghalsigen Sprung auf einer Skipiste zog ich mir einmal einen Kreuzbandriss zu. Ich musste notoperiert werden. Als der Arzt anschließend bei der ersten Visite die Verbände abwickelte, warnte er mich zwar vor, dass mein Knie aufgrund der Schwellung unnormal aussehen würde. Trotzdem war ich schockiert. Mein Bein war mit blauen Flecken übersät und aus dem Knie kamen Schläuche, um Flüssigkeit abzuführen, was ihm ein futuristisches, roboterhaftes Aussehen verlieh; ich hätte zu den Borgs aus *Star Trek* gehören können.

Der Arzt bemerkte meine Sorge. „Kein Grund zur Beunruhigung“, sagte er. „Das ist ganz normal nach solch einem Eingriff. Geben Sie Ihrem Bein Zeit und es wird wieder ganz normal werden.“

„Wenn nicht, werde ich für den Rest meines Lebens Hosen tragen müssen“, antwortete ich.

Der Arzt lächelte. Er zog sich einen Stuhl heran und setzte sich neben mich ans Bett. „Sie sind offensichtlich hoch motiviert und wollen so schnell wie möglich zurück ins normale Leben“, meinte er. „Ihr Enthusiasmus ist bewundernswert, aber Sie dürfen nicht vergessen, dass die Genesung nach so einer Operation kein Kinderspiel ist. Sie werden beträchtliche Schmerzen überwinden müssen, damit Ihr Bein wieder richtig kräftig und beweglich wird wie vorher.“

Nun, das war nicht sehr ermutigend. Trotzdem war ich fest entschlossen, seine am schnellsten genesende Patientin zu werden. „Ich werde in null Komma nichts wieder am Strand joggen“, sagte ich mit einem schwachen Lächeln. „Ich hasse Schmerzen, aber wenn sie nur vorübergehend sind, werde ich mich durchbeißen. Ich werde sie ertragen.“

Er sah mich mitfühlend an. „Ich muss Sie warnen“, sagte er. „Der Genesungsschmerz wird sehr viel größer sein als der Verletzungsschmerz.“

Dann erklärte er, was er damit meinte: Durch die Verletzung und die anschließende Operation hatte sich Narbengewebe gebildet. Während mein Körper versuchte, sich selbst zu heilen, wuchsen schützende Fasern um die verletzten Bänder. Diese beeinträchtigten die Beweglichkeit, die Blutzirkulation und sogar die Empfindung des Beins. Wenn diese schützenden Fasern des Narbengewebes nicht durchbrochen würden, würde ich niemals die volle Beweglichkeit zurückerlangen; schlimmstenfalls müsste ich sogar für den Rest meines Lebens eine Schiene tragen. Um das Narbengewebe zu durchtrennen, gäbe es nur eine Möglichkeit: kontinuierliche Rehabilitation mit einem guten Physiotherapeuten und mein unermüdliches Trainieren.

Damit wünschte mir der Doktor alles Gute und ging hinaus.

Ich lag da und versuchte, das Gehörte zu verdauen. Ich hatte gedacht, die Operation würde alle meine Probleme beseitigen. Nun hatte ich erfahren, dass sie lediglich der Anfang eines extrem schmerzhaften Prozesses war, der – so hoffte ich – zur vollständigen Heilung führen würde.

Ich hatte keine große Wahl: Entweder konnte ich dem Schmerz ausweichen und für den Rest meines Lebens mit einem eingeschränkt funktionierenden Bein leben oder aber ich konnte den Schmerz annehmen und völlige Genesung erleben.

Das Narbengewebe in meinem Knie unterscheidet sich nicht von dem Narbengewebe in unserem Herzen. Nach einem Missbrauch oder einem Übergriff jeglicher Art können die Jahre der quälenden Erinnerungen viel länger andauern als die tatsächlichen Ereignisse. Das Herz, das in dem Augenblick gebrochen wurde, als Sie von einem Seitensprung erfuhren, kann Sie über Jahre davon abhalten, wieder zu lieben – wenn Sie es überhaupt je wieder tun. Die Spottnamen, mit denen Sie als Kind auf dem Schulhof gehänselt wurden, können Ihnen für den Rest Ihres Lebens in den Ohren klingen.

So vieles kann uns verletzen, unser Herz brechen und unseren Geist lähmen, unsere Seele verwunden und uns für alle Zeit verändern, sodass unser Herz von Misstrauen, Bitterkeit, Selbstverurteilung, Schuldgefühlen und Angst übersät wird – all diese Dinge halten uns davon ab, in die Welt hinauszugehen, etwas zu riskieren und einen Schritt nach vorn zu machen.

Wir wollen, dass Gott uns auf der Stelle und schmerzlos heilt. Und wenn das nicht geschieht, dann bleiben wir auf dem Rücken liegen oder humpeln oder tragen eine Schiene. Das Tragische daran ist: *Wir haben weder die geistige Kraft noch ist unser Herz heil genug, um jemand anderem zu helfen, von solchen Dingen loszukommen. Der Grund ist ganz einfach: Wir sind selbst nicht frei und heil.*

Doch Gott verspricht, dass er Gutes mit uns vorhat: „Ich, der Herr, werde euch Frieden schenken und euch aus dem Leid befreien. Ich gebe euch wieder Zukunft und Hoffnung“ (Jeremia 29,11; Hfa).

Sind Sie verletzt worden? Ist Ihr Herz zerbrochen? Gott hat einen wunderbaren Plan für Ihre Zukunft, aber wenn Sie sich nicht mit den Wunden aus Ihrer Vergangenheit befasst haben, werden Sie kaum in der Lage sein, den Weg zu gehen, den er für Sie vorgesehen hat.

Verletzte Menschen verletzen wiederum andere. Ich war verletzt – und deshalb hatte ich Nick und wer weiß wie viele andere verletzt. Wenn ich nicht länger Schmerzen spüren, sondern Heilung erfahren wollte, musste ich lernen, zu vergeben und zu vertrauen. Ja, ich musste denen vergeben, die mich missbraucht hatten. Und ich musste sogar noch weiter gehen: Ich musste Nick vertrauen, der mich liebte, und ich brauchte Heilung in meiner Beziehung zu Gott.

An dieser Vorstellung hatte ich noch wochenlang nach meinem Gespräch mit Nick in meiner Einfahrt zu knabbern. Immer wieder las ich die Verheißung Jesu: „Wenn ihr den andern vergebt, was sie euch angetan haben, dann wird euer Vater im Himmel euch auch vergeben. Wenn ihr aber den andern nicht vergebt, dann wird euer Vater euch eure Verfehlungen auch nicht vergeben" (Matthäus 6,14–15).

Wie konnte ich wiederholten Missbrauch vergeben? Wie konnte ich Gott vergeben, dass mein Vertrauen als Kind so häufig ausgenutzt worden war?

Schritte, um Heilung zu erfahren

Für jemanden, der nach außen hin alles im Griff zu haben scheint, ist es schwer zuzugeben, dass er oder sie Hilfe braucht. Doch das war genau das, was ich tun musste. Ich lehrte Studenten, wie sie Gott im Alltag vertrauen konnten, und musste jetzt selbst ganz von vorne anfangen, das zu lernen.

Meine Fragen waren so schwierig, dass ich sie mit einem Seelsorger besprach. Obwohl die Konfrontation mit Nick die Festung rund um mein Herz angegriffen hatte, war eine Mauer stehen geblieben. Ich würde niemals frei von den quälenden Erinnerungen sein und von Scham, selbstverurteilenden Gedanken, Wut, Bitterkeit und Misstrauen, wenn ich nicht bewusst neue Erinnerungen schuf und mir neue Gefühle wie Frieden, Freundlichkeit und Erbarmen zu eigen machte.

Genauso kann die Frau, die von ihrem Ehemann verlassen wurde, nicht frei sein, um wieder zu lieben, solange sie in Bitterkeit ihm gegenüber feststeckt. Der Junge, den sein Trainer wüst beschimpft hat, wird nicht die Freiheit haben, seine eigenen Grenzen zu überwinden, solange er auf früheres „Versagen" fixiert ist. Das Kind, das von seinen Eltern nie ermutigt wurde, wird nie hoffnungsfroh werden, solange es sich im Kopf immer wieder alte Aufnahmen von dem vorspielt, was im Leben alles nicht möglich ist. Freiheit und Heilung beginnen im Inneren.

Gott möchte, dass wir einander ertragen und einander vergeben, wie uns selbst vergeben worden ist (Kolosser 3,13). Mit „Ertragen" ist Schmerz verbunden. Für den vor mir liegenden Heilungsprozess würde ich Gottes Beistand genauso brauchen wie Seelsorge und Arbeit an mir selbst. Keine Tropfen und keine Tabletten würden daran etwas ändern können. Ich musste mich durch das emotionale Narbengewebe durcharbeiten, so wie ich mich auch durch die Schmerzen während der Physiotherapie gearbeitet hatte.

Heilung geschieht meistens nicht über Nacht. Die Bibel erzählt die Geschichte von Naaman, einem tüchtigen Hauptmann, der an Lepra litt (2. Könige 5,1–19). Ihm wurde mitgeteilt, er müsse sieben Mal im trüben Jordan untertauchen, um geheilt zu werden. Er konnte nicht zu einem Fluss mit saubererem Wasser gehen und darin lediglich ein Mal untertauchen. Er musste in den Jordan steigen und dort wieder und wieder untertauchen – sieben Mal. Die Heilung war ein langwieriger Prozess, eine Wahl, die er zu treffen hatte. Bei uns sieht es nicht anders aus.

Wir müssen die Heilung wollen und darauf vertrauen, dass es zu einer Veränderung kommen wird, dass wir Kraft bekommen und unsere Seele gesund wird, wenn wir das tun, was Gott, unser großer Arzt, von uns verlangt – wenn wir denen vergeben, die uns verletzt und geschadet haben.

Dann können wir diese Dinge tun:

- *Wir können jedes Mal vergeben, wenn wir Wut oder Misstrauen oder Bitterkeit empfinden.* Anstatt mich in den Gefühlen zu suhlen, die mich immer mehr fertigmachten, konnte ich mich auf das konzentrieren, was gut war. Der Apostel Paulus fordert uns auf: „Richtet eure Gedanken ganz auf die Dinge, die wahr und achtenswert, gerecht, rein und unanstößig sind und allgemeine Zustimmung verdienen; beschäftigt euch mit dem, was vorbildlich ist und zu Recht gelobt wird" (Philipper 4,8; NGÜ) – denn dadurch wird Gott geehrt.
- *Wir können im Hier und Jetzt leben oder über die Zukunft nachdenken,* anstatt über alte Ungerechtigkeiten zu brüten und unsere Gedanken um die Vergangenheit kreisen zu lassen. Es bringt viel mehr, sich auf das zu konzentrieren, was vor einem liegt (Philipper 3,13–14). So wie das Narbengewebe nur durch die Physiotherapie durchbrochen werden konnte, musste ich mich strecken und recken, um endlich all das zu werden, „wozu Christus Jesus mich errettet und wofür er mich bestimmt hat" (Philipper 3,12; NL). Und wozu hat er mich und uns alle bestimmt? Wir sollen etwas in dieser Welt bewegen – für ihn. Aber diese Verheißung können wir nur dann in Anspruch nehmen, wenn wir nicht länger auf die Vergangenheit starren und wenn wir bereit sind, uns der Zukunft zuzuwenden.
- *Wir können andere so sehr lieben, dass wir ihnen auch zugestehen, ihre eigenen Entscheidungen zu treffen – anstatt unser Bedürfnis nach Kontrolle zu befriedigen und auf unseren Entscheidungen zu bestehen.*

Ich konnte mich an den Bibelvers klammern, der besagt, dass ich blühen und grünen kann wie ein Ölbaum, wenn ich Gottes nie versagender Liebe für mich vertraue (Psalm 52,10). Das bedeutete: Ich konnte Nick erlauben, Entscheidungen zu treffen, ohne jede einzelne hinterfragen zu müssen, und ich brauchte ihn auch nicht zu kontrollieren, wenn wir zusammen waren. Er konnte ein Restaurant aussuchen, ohne das vorher mit mir abzusprechen! Gott würde mir in seiner Liebe in allem beistehen – sogar in einem Restaurant, das ich nicht selbst ausgesucht hatte, wie ich mit ein wenig Selbstironie zugeben musste.

- *Wir brauchen nicht mehr mit unserer eigenen vermeintlichen Kraft rechnen, sondern wir können uns auf Gottes Kraft verlassen, die er jedem Menschen schenkt.* Der Missbrauch, den ich vor Jahren erlitten hatte, hatte mir Schaden zugefügt. Aber ich konnte mein Herz genauso wenig aus eigener Kraft heilen, wie ich ohne die Anleitung eines guten Physiotherapeuten die volle Kraft und Beweglichkeit meines Knies zurückerlangt hätte. Aber das ist nicht weiter schlimm. Gott verspricht, da stark zu sein, wo wir schwach sind (2. Korinther 12,9–10).
- *Wir können aufhören, diejenigen, die uns verletzt haben, mit Wut und Hass zu bestrafen. Stattdessen können wir es Gott überlassen, was er mit ihnen tut.* Eines hatte ich jahrelang geglaubt: Wenn ich meinen Peinigern vergeben würde, dann würde ich die Täter laufen lassen. Doch meine Weigerung, ihnen zu vergeben, schadete mir mehr als ihnen. Jemand anderem nicht zu vergeben ist so, als nähme man selbst ein Gift und erwartete gleichzeitig, dass es jemand anderen umbringt. Unversöhnlichkeit schadet lediglich Ihnen selbst, und der Schaden ist beträchtlich. Eine solche Haltung lässt Sie feige und verkümmert wer-

den, isoliert und einsam, hässlich und bitter. Jesus wies uns an, siebzigmal siebenmal zu vergeben (Matthäus 18,22), denn egal, wie viel Sie anderen vergeben, er hat Ihnen noch mehr vergeben.

- *Wir können auf Gott vertrauen anstatt auf uns selbst.* In der Bibel wird uns geraten, Gott von ganzem Herzen zu vertrauen und uns nicht auf unseren Verstand zu verlassen, weil Gott uns den richtigen Weg zeigen wird (Sprüche 3,5–6). Ich hatte gelesen, wie Gott die Israeliten ins Gelobte Land geführt hatte, wie er Menschen – wie die Weisen aus dem Morgenland und sogar so jemanden wie Paulus, der zunächst gegen Gott war – zu Jesus führte. Was er für andere getan hatte, konnte Gott auch für mich tun, vorausgesetzt, ich würde mich ganz auf ihn verlassen und die Wege gehen, die er mir zeigte.
- *Wir können glauben, dass unsere Verletzungen uns stärker machen.* Der Chirurg, der mich am rechten Knie operiert hatte, erklärte mir, dass mein rechtes Bein nach der Therapie stärker als mein linkes sein würde. Das harte Training, das rechte Bein wieder in „Normalform“ zu bringen, hatte die Muskeln und das Gewebe gekräftigt. Genauso war auch der verletzte Teil meines Herzens der stärkste.

Bei allem, was wir selbst tun können, sollten wir nicht vergessen, dass Gott ebenfalls am Werk ist. Gott – der große Arzt – ist immer gut. Ihm kann man immer vertrauen. Er ist ein Experte darin, aus Bösem Gutes zu machen.

Die Bibel erzählt die Geschichte von Josef, der von seinen Brüdern misshandelt, von ihnen in die Sklaverei verkauft und später wiederholt von seinen Feinden malträtiert und vernachlässigt wurde. Doch Josef machte eine erstaunliche Entdeckung:

Ihr hattet Böses mit mir vor, aber Gott hat es zum Guten gewendet; denn er wollte auf diese Weise vielen Menschen das Leben retten. 1. Mose 50,20

Die Wahrheit, die Josef damals erkannte, gilt auch für uns heute. Aus allem, was in dieser Welt böse gemeint ist, kann Gott etwas Gutes machen. Gott kann den Schlamassel unserer Vergangenheit so nutzen, dass andere Menschen daraus etwas für ihr eigenes Leben lernen können. Auf diese Weise können Irrungen und Wirrungen unseres Lebens zu einer wichtigen Botschaft für andere werden.

Der Widersacher wollte mir schaden, als er zuließ, dass jene Männer mich missbrauchten. Genauso wollte er mir schaden, als ich namenlos und ungewollt im Krankenhaus zurückgelassen wurde. Doch Gott machte aus dem, was böse gemeint war, etwas Gutes. Paulus schreibt in seinem Brief an die Römer nicht, dass alle Dinge, die uns zustoßen, gut sind, sondern er schreibt, dass Gott bei denen, die ihn lieben, alles zum Guten führt, bei denen, die nach seinem ewigen Plan berufen sind (Römer 8,28).

Wenn wir ihm unsere zerbrochenen und verwundeten Herzen anvertrauen, wird er Heilung und Erneuerung schenken – wir werden ein „ganzes Herz“ bekommen. Er nimmt das Schwache, das Verdrängte und das Unterdrückte und macht alles neu. Das, was ein anderer für kaputt erachten und liegen lassen würde, findet Gott schön. Er findet das kaputte Leben kostbar und liebt, beruft und heilt, um es wieder ganz zu machen.

Meine Vergangenheit konnte anderen helfen, sich ihrer eigenen Zukunft zuzuwenden

Weil ich willens war – nicht unbedingt fähig, aber willens – einen Schritt und dann noch einen und noch einen zu machen, hat Gott mich an faszinierende Orte geführt. Er nahm das, was ich für zerbrochen und wertlos hielt – mein Herz – und machte daraus etwas Wunderschönes, indem er es anderen gab, die vom Leben und von äußeren Umständen überrollt worden waren. Das ist Gottes Art. Gott gebraucht das, mit dem der Widersacher unser Leben zerstören wollte, um anderen damit zu helfen. Gott kann jede Verletzung heilen und aus Ihren Narben Symbole der Stärke machen – zu seiner Ehre.

Ihre Fehler, Verletzungen und Schmerzen aus der Vergangenheit können dazu beitragen, einem anderen zu helfen, sich der Zukunft wieder zuzuwenden. Alles, was wir durchgemacht haben, hilft uns, anderen zu helfen. Gott verschwendet nicht eine einzige Erfahrung, die Sie im Leben gemacht haben. Er gebraucht alles, um anderen zu helfen. Er will nicht, dass wir von der Vergangenheit verletzt oder gelähmt bleiben. Stattdessen hat er Jesus gesandt, um uns zu zeigen, wie wir ein neues Leben aufbauen können.

Ich habe immer gewusst, dass ich nicht die Einzige war, die einen solchen Schmerz mit sich herumtrug. Wir sind alle auf irgendeine Art verletzt. Wir alle haben tiefe Wunden. Manche von uns benutzen die Verletzungen als Ausrede, um nichts tun und sich für niemanden einsetzen zu müssen. Sie bewegen sich lieber gar nicht und pflegen ihren Schmerz. Das ist aber nicht das, was Gott will, und es entspricht auch nicht dem Muster, von dem wir wieder und wieder in der Bibel lesen können. Nach diesem Muster wählt Gott bewusst unvollkommene Gefäße – solche mit Verletzungen, mit körperlichen oder emotionalen Einschränkungen. Dann hilft er den Menschen, diese Verletzungen zu verarbeiten, und sendet sie aus, *wobei ihre Schwächen noch erkennbar sind*, sodass seine Kraft durch jene Schwächen leuchten kann. Ja, in den meisten Fällen ermöglicht uns gerade unsere Schwachheit, uns für andere einzusetzen, weil diejenigen, denen wir dienen, sich mit unserem Schmerz identifizieren können. Es ist so wie immer: Gott arbeitet *in* uns, damit er *durch* uns arbeiten kann. Und genau das tat er bei mir.

Ich bin so froh, dass Gott Nick dazu gebraucht hat, in meinem Herzen einen Heilungs- und Erneuerungsprozess anzustoßen. Ich hätte mir nie träumen lassen, dass die vielen Ängste aus meiner Vergangenheit, die mich jahrelang gelähmt hatten, dazu dienen könnten, mir neuen Lebensmut zu geben. Aber genau das geschah, und am 30. März 1996 machte ich die ersten Schritte in ein neues Leben und wandte mich meiner Zukunft zu.

Nick stand sozusagen am Anfang des Ganges, der zu meinem Heilungsprozess führte. Bei jedem Schritt staunte ich über Gottes Güte. Er hatte Nick in mein Leben geführt und ihn dazu gebracht, das Auto zu wenden, anzuhalten und mich mit der Wahrheit zu konfrontieren. Jeder Schritt, der mich näher zu Nick brachte, erinnerte mich auch daran, wie Gott mir näher gekommen war, indem er mein Herz geheilt hatte.

Ich hatte den Eindruck, als wollte mir Jesus zuflüstern: *Ich starb, damit du frei, unversehrt, erneuert und geheilt sein kannst.* Ich sollte mich nicht mit weniger zufriedengeben, das hatte ich im Laufe des vergangenen Jahres während des Heilungsprozesses von Gott gelernt.

Meine Vergangenheit definierte nicht länger mich oder meine Zukunft. Ich war heil geworden, um geliebt zu werden und andere Menschen zu lieben – um andere bei der Hand zu nehmen, so wie Gott mich bei der Hand genommen hatte.

Gott schien mir jetzt zuzuflüstern, was er schon die ganze Zeit geflüstert, ich aber nicht immer gehört hatte: *Du bist es wert.*

Als ich das Ende des Ganges, der zu meinem Heilungsprozess führte, erreicht hatte, nahm Nick die Hand, die ich ihm reichte; ich war nun offen für andere und frei, heil und gesund.

„Ich bin ja so froh, dass du tatsächlich diesen Weg gegangen und hierhergekommen bist“, flüsterte er mir ins Ohr.

Wie oft sind mir diese Worte seit damals durch den Kopf gegangen. Und das, was ich Nick antwortete, ist das Gleiche, was ich den verwundeten und vom Leben gezeichneten Menschen sage, denen ich dank Gott immer wieder begegne: *Ich würde dies um nichts in der Welt verpasst haben wollen.*

Kapitel 5

Herzensbruch – oder Durchbruch?

Ich saß entspannt und glücklich auf dem Stuhl im Behandlungszimmer, während mein Frauenarzt Dr. Kent meinen Mutterpass studierte. „Zwölf Wochen und sechs Tage, Frau Caine“, sagte er schließlich. „Wir sollten also den Herzschlag des Babys gut hören können. Legen Sie sich doch bitte auf die Liege und ich hole den Dopton.“

Als er hinausging und die Tür offen stehen ließ, bemühte ich mich, auf die Liege zu kommen. Mit meinen 1,62 Metern muss ich mich oft strecken und auf die Zehenspitzen stellen, aber das hier war lächerlich. *Warum bauen sie diese Liegen für 1,80-Meter-Frauen?*, fragte ich mich. *Wo ist mein Stab zum Hochspringen, wenn ich ihn brauche?* Ich konnte eine Frau im Vorraum sehen, die sich das Lachen verkniff, während sie mir zusah. Nach mehreren Versuchen gab ich mich geschlagen und benutzte den Hocker, um auf die Liege zu kommen. Bei der Vorstellung, wie albern ich ausgesehen haben musste, musste ich lachen. *Eines Tages,* so sagte ich mir beim Hinlegen, *werde ich eine echte Dame sein. Nur nicht heute.*

Während ich darauf wartete, dass Dr. Kent zurückkam, dachte ich daran, wie ich das erste Mal auf ebendieser Liege in ebendiesem Raum gelegen hatte. Es kam mir so vor, als sei es erst gestern gewesen. *War das wirklich schon über zwei Jahre her?* Mit einem Baby verschwimmt jegliches Zeitgefühl. *Wo geht mein Weg noch hin?*, fragte ich mich. Wie rasant hatte sich mein Leben verändert, seit ich ein Kind hatte. Ich konnte mich nicht mehr daran erinnern, wann ich das letzte Mal eine ganze Nacht durchgeschlafen hatte oder eine komplette Mahlzeit beenden konnte oder eine Sendung im Fernsehen gesehen hatte, die nicht auf dem Kinderkanal lief. Und ich hätte nichts daran ändern wollen. Ich war begeisterte Mutter einer kleinen Tochter und ich konnte die Geburt dieses neuen Babys gar nicht mehr abwarten. Die Freude, die Catherine in mein Leben gebracht hatte, sollte sich bald verdoppeln! Ich hätte nicht glücklicher oder aufgeregter sein können: Heute würde ich den Herzschlag meines neuen Babys hören!

Ich musste daran denken, wie schockiert ich gewesen war, als ich das erste Mal Catherines winziges Herzchen hatte schlagen hören. Es hatte unkontrolliert geklungen, wie galoppierende Pferde. Ich bekam Panik! „Was stimmt denn nicht?", fragte ich Dr. Kent ganz aufgelöst. „Warum rast das Herz des Babys so?"

Jenes galoppierende Geräusch sei vollkommen normal, hatte er mir versichert. „Ihr Baby ist gesund."

Wenigstens wusste ich jetzt, was mich erwartete. Trotzdem würde der Klang wieder etwas ganz Wunderbares sein, ein werdendes Leben, das in mir heranwuchs. Wie wunderbar hat Gott es doch eingerichtet, dass Frauen Leben austragen dürfen. Was für ein Geheimnis und Privileg! Die Wochen der morgendlichen Übelkeit, die vergangenen drei Monate des Unwohlseins verblassten angesichts dieses bedeutungsvollen Moments. In wenigen Minuten würde ich das lebende, menschliche Wesen in mir zum ersten Mal mit eigenen Ohren hören.

Dr. Kent kam mit einem funkelnagelneuen Dopton zurück ins Untersuchungszimmer. „Wir haben den erst gestern bekommen. Ich bin schon ganz gespannt, ihn auszuprobieren", erklärte er, während er die Plastikverpackung aufriss. Ich verkrampfte mich etwas, als er das kalte Gel auf meinem Bauch verteilte. Das hatte ich nie gemocht. Das Gel war so eisig und klebrig. Dr. Kent bemerkte mein Unwohlsein und bemühte sich, zügig zu arbeiten. Er schob den

Dopton von einer Seite zur anderen. Ich wartete auf den beruhigenden Klang galoppierender Pferde. Aus Erfahrung wusste ich, dass es ein paar Minuten dauern konnte, bis der Dopton etwas fand, weil das Baby vielleicht schlief oder in einem komischen Winkel lag.

Dr. Kent wirkte sehr konzentriert. Ich bewegte mich leicht und wurde allmählich ungeduldig. Langsamer, bedächtiger schob er das Gerät auf meinem Bauch hin und her.

Dieses Baby schläft aber gerne, dachte ich. *Das ist sicherlich ein Junge, denn Catherines Herzschlag haben wir sofort gehört.* Sie war immer in Bewegung gewesen, trat oder stupste mich. Ich lächelte, aber Dr. Kent wirkte höchst angespannt. Er bewegte das Gerät weiterhin in großen Kreisen über meinen Bauch, allerdings langsamer als vorher.

Ich blieb ruhig liegen, denn ich wollte den ersten Herzschlag nicht verpassen.

Schließlich hielt Dr. Kent inne und sah mir in die Augen. „Mrs Caine“, sagte er, „ich finde keinen Herzschlag.“

Betäubt

Keinen Herzschlag? Ehe er noch etwas sagen konnte, platzte ich heraus: „Dann muss mit Ihrem neuen Dopton etwas nicht in Ordnung sein. Nehmen Sie einen anderen.“

Ich konnte Dr. Kents Gesichtsausdruck nicht deuten, als er seiner Sprechstundenhilfe auftrug, ihm die alte Doptonausrüstung zu bringen. Er zeigte keine Emotionen und schien einfach konzentriert bei der Sache zu sein. Keiner von uns beiden sagte ein Wort, als er mir mehr Gel auf den Bauch schmierte und die Suche wieder aufnahm. Dieses Mal fühlte sich das Gel noch eisiger an, während ich auf den Klang von Leben wartete. *Wach auf, Kleines. Komm schon. Zeit zum Aufwachen.*

Nach etlichen Minuten der Stille bat Dr. Kent mich, aufzustehen. „Ich werde Sie sofort für eine Ultraschalluntersuchung einweisen“, erklärte er, und alle Unbekümmertheit war aus seiner Stimme gewichen. Er griff zum Telefon, um persönlich in der Klinik anzurufen. Mich fröstelte, als ich ihn sagen hörte: „Und behandeln Sie dies bitte als einen Notfall.“

Sein Gesichtsausdruck und sein Tonfall waren alarmierend. Es war ernst.

Aus tiefstem Herzen betete ich ein kurzes Stoßgebet: *Gott, lass bitte mit dem Baby alles in Ordnung sein. Mach, dass lediglich etwas durcheinandergekommen ist. Du hast Nick und mir dieses Kind geschenkt. Mach, dass der Ultraschall zeigt, dass das Baby nur in einer seltsamen Stellung schläft. Okay, Herr? Bitte!*

Als ich aus Dr. Kents Praxis eilte, beschloss ich, die zwei Blocks zur Klinik zu Fuß zu gehen. Ich brauchte die frische Luft – und außerdem konnte ich Nick anrufen und musste mich nicht aufs Autofahren und die Parkplatzsuche konzentrieren. Ich wollte seine Stimme hören, obwohl ich wusste, dass er im Büro mitten im Stress stecken würde.

Wie erwartet beruhigten mich sein „Hallo“ und geduldiges Zuhören. In aller Eile erzählte ich ihm, was los war. „Chris“, sagte er sanft, „mach dir mal keine Sorgen. Du wirst sehen, beim Ultraschall stellt sich heraus, dass mit dem Baby alles in Ordnung ist. Es tut mir so leid, dass ich dich jetzt nicht begleiten kann. Ruf mich gleich hinterher mit einer guten Nachricht an.“ Als ich bei der Klinik ankam, betete er noch für uns, dann verabschiedeten wir uns.

Ich holte tief Luft und öffnete die Tür. Nach dem kurzen Spaziergang und dem Gebet fühlte ich mich getröstet und geliebt und war mir sicher: *Da hat bloß irgendwas nicht funktioniert. Das wird die Untersuchung gleich zeigen. Das Ultraschallbild wird ein gesundes Baby zeigen, das in mir heranwächst.*

An der Rezeption wurde mir ein Klemmbrett mit vielen Formularen in die Hand gedrückt. Ich beeilte mich, alle Fragen zu beantworten, weil ich endlich zur Untersuchung wollte. *Gott*, betete ich wieder, *danke, dass du bei mir bist.* Dann gab ich der Arzthelferin das Klemmbrett zurück.

Eine Krankenschwester brachte mich zum Raum für Ultraschalluntersuchungen, sodass ich nicht noch länger warten musste. Dort angekommen bat eine Ärztin namens Jane, mich doch schon einmal auf die Liege zu legen, während sie die Notizen von Dr. Kent las, die bereits eingetroffen waren. Wenn sie zwischendurch aufblickte, fiel mir auf, wie sie es bewusst vermied, Blickkontakt zu mir herzustellen. *Das darfst du jetzt nicht überbewerten,* sagte ich mir. *Sie ist einfach zu sehr mit ihrem Job beschäftigt. Alles wird gut sein.*

Ich rührte keinen Muskel, als sie mit dem Ultraschall begann. Sie bewegte den Schallkopf langsam und aufmerksam über meinen Bauch. Schon bald war ihre Aufmerksamkeit von einem Punkt gefesselt. Während sie das Gerät an dieser einen Stelle hielt, betrachtete sie intensiv den Computerbildschirm. Ich versuchte zu sehen, was sie sah, konnte aber außer einem grauen Bildschirm oder verwackelten Linien und Punkten nichts erkennen. Mehrere Minuten lang maß sie wieder und wieder jenen besonderen Punkt in meinem Bauch, beleuchtete ihn aus verschiedenen Blickwinkeln und sprach die ganze Zeit über kein Wort. Ich schwieg weiterhin und blieb ruhig liegen.

Schließlich hörte sie auf. „Mrs Caine“, sagte sie und ihr Ton kam mir so förmlich vor, verglichen mit der Freundlichkeit, mit der Dr. Kent mit mir gesprochen hatte. „In der unteren linken Ecke des Bildschirms können Sie den Fötus sehen.“

Fötus? Das Wort fand ich schon immer abstoßend. Ich hatte Catherine nie als Fötus bezeichnet. Und Dr. Kent auch nicht. *Dies ist mein Baby,* wollte ich sagen, *kein „Ding",* *nichts Abstraktes. Dies ist ein werdender Mensch.* Stattdessen versuchte ich mich auf das zu konzentrieren, was sie sagte.

„Ihren Unterlagen zufolge sind Sie schon fast in der dreizehnten Schwangerschaftswoche, aber der Fötus ist so groß wie in der achten Woche. Im Ultraschall ist erkennbar, dass der Fötus bereits vor fast fünf Wochen aufgehört hat zu wachsen. Einen Herzschlag kann ich nicht feststellen. Es tut mir sehr leid, Ihnen mitteilen zu müssen, dass er nicht mehr lebt."

Nicht mehr lebt?

„Er ist tot", sagte sie, einfach so.

Tot? Ich schüttelte ungläubig den Kopf, vollkommen fassungslos und am Boden zerstört. Ich konnte den Blick nicht vom Bildschirm wenden. Wie hatte das passieren können? Nick und ich hatten jeden Tag für dieses Baby gebetet. Wir glaubten, dass dieses kleine Wesen von Gott kam und uns zu einem bestimmten Zweck und mit einer eigenen Bestimmung gegeben worden war. Wir hatten Pläne und Hoffnungen, Träume und Erwartungen gehegt. Da wir davon ausgingen, dass unser Baby ein Junge war, hatten wir in großer Aufregung und Liebe unsere Namensauswahl auf unsere Favoriten reduziert: Daniel Joseph oder Jackson Elliott. *Unser Baby konnte nicht tot sein! Hätte ich das nicht gemerkt? Wollte Gott etwa nicht, dass dieses neue Leben, das er geschenkt hatte, wuchs und ihm diente? Wusste er nicht, wie sehr Nick und ich uns über die Aussicht auf ein weiteres Baby freuten? Gott würde uns so etwas nicht antun.*

Jane verließ den Raum, während ich meine Bluse zuknöpfte und mich innerlich sammelte, um die Klinik zu verlassen. Als ich allein war, gingen mir all die vielen Hättes, Könntes und Solltes durch den Kopf. *Vielleicht hätte ich schon früher Kinder bekommen sollen. Mit siebenunddreißig ist es ganz schön spät. Je älter man wird, desto größer wird das Risiko. Vielleicht hätte ich das verhindern können, wenn ich das Reisen eingestellt hätte. Die vielen Zeitverschiebungen, das andere Essen, Klima und Wasser, die fehlende Ruhe – all diese Dinge gehen ja nicht spurlos an einem vorüber. Was sonst könnte ich falsch gemacht haben? Ist dies eine Strafe für einen Fehler in meinem Leben?*

Die Fragen wirbelten in meinem Kopf. Wie betäubt, tief enttäuscht und traurig verließ ich die Klinik. Ich war an jenem Morgen voller Leben, Hoffnung, Freude und Träume in Dr. Kents Praxis gekommen. Ich hatte eine Routineuntersuchung erwartet und hatte gleich darauf wieder zu meiner gemeinsamen Arbeit mit Nick gehen wollen, die ich so liebte.

Jetzt aber wollte ich nur noch allein sein. Ich wollte mit niemandem reden und nichts erklären. Außerhalb der Klinik fand ich eine ruhige Ecke und setzte mich auf eine Bank. Ich hatte nicht einmal mehr die Kraft zu weinen. Ich hatte nie auch nur eine Sekunde daran gedacht, dass ich dieses Baby vielleicht nicht voll austragen würde.

Lange Zeit saß ich allein, bitter enttäuscht und niedergeschmettert da. Dann betete ich: *Wie hat das passieren können, Gott? Was soll ich mit all den Träumen machen, die Nick und ich für dieses Kind hatten? Warum hast du uns dieses Baby gegeben, um es uns dann gleich wieder wegzunehmen, ehe wir es überhaupt im Arm halten, es beim Namen nennen, seinen Herzschlag hören und sein Weinen und Lachen hören konnten? Wie soll ich es Nick sagen? Wie sollen wir es den anderen sagen?*

Nick und ich hatten unseren Freunden und Angehörigen auf der ganzen Welt die frohe Nachricht verkündet, kaum dass ich die zwölfte Schwangerschaftswoche erreicht hatte. Jetzt graute mir davor, den Schmerz jedes Mal wieder aufleben zu lassen, wenn ich jemandem die traurige Nachricht mitteilte.

Wir hatten ein gesamtes Jahr über ein weiteres Kind nachgedacht und mit Gott im Gebet darüber gesprochen. Wir hatten auf einen Spielgefährten für Catherine gehofft und gedacht, es würde wegen meines Alters eine Weile dauern, bis ich schwanger würde. Wie überrascht waren wir, als es dann überhaupt nicht lange dauerte, und der Altersabstand zwischen Catherine und unserem nächsten Baby schien perfekt zu sein. Wir hatten unsere Arbeit und Verpflichtungen für das nächste Jahr bereits so organisiert, dass ich eine Weile aufhören konnte zu reisen, und wir hatten sogar schon das Kinderzimmer zu Hause geplant.

Catherine. Wie sollten wir es nur unserer süßen kleinen Catherine sagen? Obwohl sie noch ein Kleinkind war, hatte sie verstanden, dass sie bald einen kleinen Bruder oder eine kleine Schwester bekommen würde, und sie freute sich riesig darauf. Wir redeten ständig darüber. Wie sollte sie das jetzt begreifen?

Es brach mir das Herz, nicht nur um meinetwillen, sondern auch um Nicks und Catherines und all unserer Lieben willen.

Schwer enttäuscht

Enttäuschung ist ein trauriger und schrecklich einsamer Zustand. Wir alle erleben ihn früher oder später im Leben. Ihre Kinder ziehen aus und melden sich nie bei Ihnen. Kollegen hintergehen Sie. Die Firma, der Sie viele Jahre Ihres Lebens gewidmet haben, „schrumpft sich gesund“ und Sie stehen auf der Abschussliste direkt neben dem Neuling und dem Faulenzer. Ihr Ehepartner, den Sie lieben, liebt Sie nicht mehr. Das gesunde Kind, von dem Sie träumen und das Sie während der Schwangerschaft hüten, kommt mit Behinderungen zur Welt, die den Rest Ihres Lebens und Ihrer Familienmitglieder zu einer Herausforderung machen werden. Sie bekommen eine Krankheit oder erleiden eine Verletzung, für die es keine Linderung oder Heilung gibt. Ihre Vermögenswerte schrumpfen. Freunde verschwinden. Sie beten dafür, dass jemand zu Jesus findet, und es tut sich nichts. Ihre Träume zerplatzen. Ausgefeilte Pläne gehen schief. Andere Christen lassen Sie hängen. Menschen enttäuschen Sie. Sie enttäuschen sogar sich selbst.

So können Traurigkeit, Entmutigung und Betroffenheit in Ihr Leben dringen; das kann Ihnen die Zuversicht rauben. Und die lange Kette an Enttäuschungen, die Sie im Laufe Ihres Lebens ansammeln, kann Sie daran hindern, sich für das Gute zu öffnen, das Gott für Sie geplant hat. Und das wiederum bedeutet, dass die Enttäuschungen nicht nur Ihnen selbst Steine in den Weg legen, sondern auch all denen, die Gott Ihnen in Ihrem Leben zur Seite stellen möchte. Denn wie soll jemand, der selbst in seiner Enttäuschung feststeckt, anderen helfen, ihre Enttäuschungen zu überwinden? Wie können Sie andere dazu bringen, an Gottes wunderbare Verheißungen zu glauben, wenn Sie selbst daran zweifeln? Wie sollen Sie anderen erzählen, wie Gott Ihnen Fehler vergeben hat, wenn Sie selbst gar nicht wirklich diese Erfahrung gemacht haben?

Ich musste mit meinem eigenen Kummer fertigwerden, wenn ich anderen mit ihrem Kummer helfen wollte.

Aber diesen Kummer hinter mir zu lassen, sollte sich als schwierig erweisen. Wie kann man vom Verstand her begreifen, dass Gott Gutes für einen im Sinn hat und er einem aus allem heraushelfen kann, und sich gleichzeitig zutiefst enttäuscht und niedergeschlagen fühlen? Ihr Verstand sagt Ihnen, dass Gott vertrauenswürdig ist – doch bei einer schmerzhaften Enttäuschung spricht Ihr Herz eine ganz andere Sprache – Ihr Herz will Ihnen weismachen, Gott sei noch nicht einmal da.

In Nicks und meiner Welt sah es nach der Fehlgeburt alles andere als rosig aus. Wenn wir diese Situation bewältigen wollten, ohne darüber bitter zu werden, mussten wir unsere Enttäuschung auf gesunde Art verarbeiten. Wir mussten selbst zu dem Schluss kommen, dass das Tal des Todes, das wir durchwanderten, kein „Sumpf der Verzagtheit“ war, um ein Bild aus John Bunyans *Pilgerreise* zu verwenden. Es war kein Ort, aus dem wir nie wieder herauskommen würden, sondern einfach ein Schatten, und dieser Schatten würde nicht unser Leben bestimmen – das sollte Jesus tun.

Und dennoch – wir hatten nicht unseren Arbeitsplatz verloren oder einen finanziellen Rückschlag erlitten und unser Auto hatte auch keinen Totalschaden. Dies war der Tod eines lang erwarteten Kindes, eines Kindes, das ich innig geliebt hatte, obwohl ich nie die Chance gehabt hatte, es im Arm zu halten oder seinen Kopf zu küssen oder seinen Atem in meinem Gesicht zu spüren. Es würde sehr schwer werden, damit fertigzuwerden.

Wenn ich über diese schwere Enttäuschung hinwegkommen wollte, musste ich mir die Eigenschaften Gottes vor Augen halten, von denen ich wusste, dass sie wahr waren, obwohl sie sich in dem Moment überhaupt nicht wahr anfühlten. Es gab so vieles, das ich nicht wusste. Doch ich war fest entschlossen, mich an das zu klammern, was ich wusste. Ich beschäftigte mich in meiner Trauer mit dem Einzigen, das mir helfen würde: Gottes Wort.

Lassen Sie sich von mir zu den Wahrheiten mitnehmen, die mir großen Trost geschenkt haben und halfen, die Enttäuschungen zu akzeptieren, denen wir im Leben nicht entgehen können.

Gott ist nicht unfair oder stumm – er versteckt sich auch nicht

Gott weiß Dinge, die wir nicht wissen, und tut Dinge auf eine Art und Weise, die wir nicht vorhersagen können. Er ist unendlich und wir sind endlich. Denn, so erinnert uns Gott:

> *Meine Gedanken sind nicht eure Gedanken, und meine Wege sind nicht eure Wege. Denn so viel der Himmel höher ist als die Erde, so viel höher stehen meine Wege höher als eure Wege und meine Gedanken über euren Gedanken.* Jesaja 55,8–9; NL

Das biblische Buch Hiob erzählt uns die Geschichte eines sehr wohlhabenden Mannes, der in einer wahren Serie von Schicksalsschlägen alles verlor: seine Kinder, seinen Reichtum, sogar seine Gesundheit. Bald saß er im Staub auf der Erde und war von Männern umgeben, die ihm helfen wollten herauszufinden, warum ihm das alles widerfahren war. Hiob beklagte seine Verluste und stellte schwierige, existenzielle Fragen:

> *O Gott, sag mir: Wo bin ich schuldig geworden? Welche Sünden habe ich begangen? Wo habe ich dir die Treue gebrochen?*
>
> *Wo ist meine Hoffnung geblieben, wo denn? Sieht jemand von ihr auch nur einen Schimmer?*
>
> *Ich schreie: „Hilfe!", aber niemand hört mich. Ich rufe aus Leibeskräften – aber keiner verschafft mir Recht.* Hiob 13,23; 17,15; 19,7; Hfa

Dann ergriffen Hiobs Freunde das Wort und gaben menschliche Weisheiten zum Besten, die ihm überhaupt nicht weiterhalfen. Schließlich schaltete sich Gott ein – doch selbst er beantwortete Hiobs Fragen nicht. Stattdessen sagte er lediglich, dass er Gott sei, der große Ich-bin, allmächtig und allwissend. Hiob habe keinen Grund und kein Recht, ihn zu hinterfragen. Hiob bat Gott demütig um Entschuldigung – und Gott beschloss, Hiob alles zu ersetzen, was er verloren hatte, und gab ihm sogar noch mehr als vorher.

Kein einziges Mal in der gesamten Geschichte hält Gott es für nötig, sich zu erklären.

Diesseits des Himmels werden wir niemals verstehen, warum uns und unseren Lieben schlimme Dinge zustoßen. Wir werden auch nicht die vielen unerklärlichen Tragödien in dieser Welt verstehen, angefangen von Krieg über Hungersnöte bis hin zu Erdbeben. Doch nur, weil wir diese Dinge nicht verstehen, heißt das nicht, dass wir aufhören müssten, dem Gott zu vertrauen, der uns wieder und wieder bewiesen hat, dass er uns liebt.

Wir als Gottes Geschöpfe haben kein Recht, ihm vorzuschreiben, wie er seine Liebe auszudrücken hat. Wir können uns aber sicher sein, dass seine Entscheidungen nicht immer so sein werden, wie wir das gern hätten. Darum können wir im Glauben so wie Hiob sagen: „Gewiss wird Gott mich töten, dennoch vertraue ich auf ihn" (Hiob 13,15; Hfa).

Ist Gott unfair? Ungerecht? Nein, denn unser grundsätzliches Verständnis von Gerechtigkeit leitet sich von Gott ab. Ist er stumm? Er mag beschließen, nicht direkt zu uns zu sprechen – in den Psalmen ist oft vom Schweigen Gottes die Rede. Und doch hat er uns sein Wort gegeben, das voller Botschaften von ihm an uns ist, Botschaften der Liebe und Zusicherung. Versteckt er sich? Nein, denn er sagt von sich: „Wer mich sucht, wird mich finden" (Sprüche 8,17).

Jesus steht uns in unserem Kummer bei und weist uns auf etwas Besseres hin, das vor uns liegt

Im Neuen Testament lesen wir von zwei Jüngern, die Jerusalem nach Jesu Grablegung verließen (Lukas 24,13–35). Tief betrübt und bitter enttäuscht machten sich die beiden auf den Weg zu einem Dorf namens Emmaus. *Wie konnte Gott das zulassen?*, fragten sie sich. *Was sollen wir jetzt tun?* Sie hatten gehofft und geglaubt, dass Jesus derjenige war, der Israel erlösen sollte. Doch diese Hoffnungen waren nun genauso begraben wie Jesus, der geschlagen, gequält und gekreuzigt worden war. Ihre Träume waren zusammen mit Jesus am Kreuz gestorben. Ihre Aufgabe, ein neues und besseres Reich Gottes zu errichten, schien beendet zu sein. Es war alles umsonst gewesen.

Als sie über diese Dinge redeten, begegnete ihnen auf der Straße ein Mann, der sich ihnen anschloss. Doch sie waren so niedergeschlagen, so am Boden zerstört, dass sie sich ihren Wegbegleiter gar nicht genau ansahen. Sie ließen die Köpfe vor Verzweiflung hängen – genauso fühlten sich auch ihre Herzen an.

„Worüber sprecht ihr da?“, fragte der Mann.

Verwundert blieben sie stehen. „Bist du der Einzige, der sich zurzeit in Jerusalem aufhält und nichts von dem weiß, was dort in diesen Tagen geschehen ist?“, fragte Kleopas, einer der Männer.

„Was ist denn geschehen?“, wollte der Fremde wissen.

„Es geht um Jesus von Nazareth“, antworteten die Männer. „Ihn haben die Hohenpriester und die anderen führenden Männer zum Tode verurteilen und kreuzigen lassen. Und wir hatten gehofft, er sei es, der Israel erlösen werde! Heute ist schon der dritte Tag, seitdem das alles geschehen ist.“

Erst als sie aufblickten, begann der Mann ihnen zu erklären, wie Israel tatsächlich erlöst werden würde. Er kannte Gottes Verheißungen auswendig und erklärte ihnen, wie diese Versprechen so erfüllt würden, dass es die ganze Welt verändern würde. Ein neues Reich Gottes war nahe. Während sie zusammen wanderten, hörten die Jünger ihm aufmerksam zu. Und ehe sie sich versahen, waren sie auch schon in Emmaus. Doch der Mann machte Anstalten, weiterzugehen.

„Bleib doch bei uns“, baten die Jünger.

Das tat er, und als sie sich am Abend zum Essen an den Tisch setzten, „nahm er das Brot, dankte Gott dafür, brach es in Stücke und gab es ihnen“.

Da wurden ihnen die Augen geöffnet: *Es war Jesus!* Er war es, der sie in ihrer Enttäuschung begleitet und ihnen die Hoffnung geschenkt hatte, dass Gott einen Plan hatte, der so groß war, dass nicht einmal eine Kreuzigung ihn vereiteln konnte. Es war ein Plan, der sogar die Kreuzigung benutzte, um die Welt zu retten. Jesus war nicht nur lebendig, sondern er saß genau vor ihnen, segnete sie, gab ihnen zu essen und begleitete sie durch ihre tiefste Enttäuschung. Er hatte sie nicht verlassen; er hatte sie nicht im Stich gelassen.

Wie blind werden wir durch Enttäuschungen! Manchmal sind wir wie diese Jünger so blind, dass wir gar nicht wahrnehmen, wie Jesus uns in unserem Kummer begleitet und uns auf etwas Besseres hinweisen will, das vor uns liegt. Er möchte uns zeigen, dass Gott uns einen Weg gebahnt hat, der nicht bei der Enttäuschung aufhört, sondern der auch darüber hinaus besteht. Gott hat noch viel mit uns vor: Es gibt Dinge, die wir tun, Menschen, denen wir begegnen, Orte, an die wir gehen sollen.

Anstatt uns auf unsere Enttäuschungen zu konzentrieren, können wir beten: *Herr, ich verstehe nicht, warum all das passiert ist. Aber eins weiß ich: Du möchtest, dass ich weitergehe, weiter nach dir suche und mir ständig vor Augen halte, dass es darauf ankommt, wie ich mit einer Enttäuschung umgehe. Hilf mir, wie du den Jüngern auf dem Weg nach Emmaus geholfen hast: Hilf mir, dir meine*

Erinnerungen an die Vergangenheit anzuvertrauen genauso wie meine Hoffnungen für die Zukunft.

Jesus verspricht, dass jenseits der Enttäuschung etwas Besseres auf uns wartet. Es wartet eine Aufgabe auf uns, die Gott uns allein zugedacht hat und maßgeschneidert für uns ist – etwas, das uns nicht auf eine Straße ins Nirgendwo führt, sondern an einen Ort, wo wir uns um andere kümmern können, wie er sich um uns gekümmert hat.

„Geht", trug Jesus seinen Jüngern auf (Matthäus 28,16–20). Damit meinte er: Geht hin in alle Welt. Lasst die Enttäuschung hinter euch zurück. Geht und erzählt allen Menschen, was ich zu euch gesagt habe. „Ihr dürft sicher sein: Ich bin immer bei euch, bis das Ende dieser Welt gekommen ist" (Matthäus 28,20; Hfa).

So wie er die Jünger am Ende jenes harten Weges nach Emmaus mit gutem, frisch gebackenem Brot segnete, segnet Jesus auch uns, damit wir andere segnen können – und dann lädt er uns ein, ihn ein weiteres Stück auf diesem Weg zu begleiten, um nach anderen zu suchen, denen Schmerz und Kummer den Boden unter den Füßen weggezogen haben.

Schritte, um Enttäuschungen zu überwinden

Gott weiß, wann wir pflegebedürftig sind, wann wir Heilung, Erholung und Fürsorge brauchen, und das schenkt er uns dann auch. Er gibt uns sogar fünf wichtige Werkzeuge mit auf unseren Weg, die uns selbst stärken und die uns helfen sollen, andere zu stärken.

1. Trost durch die Gemeinde

Wenn man Schmerzen hat, geht man am besten nach Hause, und die Gemeinde ist das geistliche Zuhause von Christen.

An dem ersten Sonntag, nachdem Nick und ich unser Baby verloren hatten, sträubte sich zunächst alles in mir, meinen Kummer und meine Enttäuschung in die Gemeinde zu tragen. Ich wusste, dass lauter wohlmeinende Freunde in der Gemeinde fragen würden: „Und wie läuft's mit der Schwangerschaft? Wie geht es dem Baby?" Mir graute vor diesen Fragen. Aber wir wussten, es würde uns helfen, wenn wir in die Gemeinde gingen.

Wenn ich mich an diesen Sonntag erinnere, dann denke ich nicht in erster Linie daran, wie schlimm es für mich war, die Fragen der Leute zum Baby beantworten und immer wieder von der Fehlgeburt erzählen zu müssen, sondern wie unglaublich liebevoll und herzlich unsere Gemeindefamilie zu uns war. Ich hatte nicht gewusst, wie gut es mir tun würde, meinen Schmerz mit einer liebevollen Gemeinschaft zu teilen. Aber Gott wusste es. Und als unsere Gemeinde sich um Nick und mich in unserer Trauer kümmerte, konnten wir unseren Blick von unserer Situation abwenden und wieder Gottes liebevolle Freundlichkeit sehen.

2. Die Kraft von Anbetung und Lobpreis

Nie werde ich den Augenblick an jenem Sonntag vergessen, als wir das Lied *Dir gehört mein Lob* (*Blessed be your name*) von Matt und Beth Redman anstimmten. Der Text durchbohrte mein Herz:

Dir gehört mein Lob,
wenn der Weg auch nicht einfach ist,
sich mein Lobpreis mit Leiden mischt.
Dir gehört mein Lob![4]

---

4 Dir gehört mein Lob, Originaltitel: Blessed Be Your Name, Text & Melodie: Matt & Beth Redman, Dt. Text: Andreas Waldmann & Kai Peters, © 2002 Thankyou Music/kingsway.com, für D, A, CH: SCM Hänssler, 71087 Holzgelingen.

Am Anfang des Liedes fühlte ich mich so leer, doch mit jeder Strophe wurden die Gefühle intensiver und schon bald flossen die Tränen. Die Worte des Psalmisten zerbrachen etwas in mir und füllten dann meine leere Seele. Das ganze Gewicht meiner Trauer und die Last der Einsamkeit sprudelten heraus; Frieden und Vertrauen auf Gottes Liebe und Fürsorge nahmen ihren Platz ein. Die Worte wurden zu meinem Geschenk, das ich Gott gab – dem Gott, der die Straße des Leidens bereits vor mir gegangen war und mir jetzt auf ihr entgegenkam. Ich hatte Gemeinschaft mit ihm und wusste, er wollte mir einen „Kopfschmuck anstelle von Asche, Freudenöl anstelle von Trauerkleidern und Lobgesang anstelle eines betrübten Geistes" (Jesaja 61,3; NL) geben. Es fand ein Austausch im Glauben statt: Ich konzentrierte mich mehr auf Gott anstatt auf meine Enttäuschung und lobte ihn. Gleichzeitig dachte ich nun mehr an Gottes Gnade als an meinen Schmerz.

3. Kraft durch die Freude an Gott

Freude und Glücklichsein sind nicht das Gleiche. Glücklich ist man aufgrund äußerer Umstände. Freude begründet sich in Gott. Glücklich bin ich, wenn ich positive Empfindungen habe – und wer mag die nicht? Darum sind wir ständig auf der Suche nach diesem Glücksgefühl. Freude dagegen reicht tiefer – sie ist eine Frucht des Geistes (vgl. Galater 5,22–23), etwas, das Auswirkungen in unserem Leben durch die Kraft des Heiligen Geistes hat.

Nichts an dem Umstand, dass ich mein Baby verloren hatte, machte mich glücklich. Damals nicht und auch heute nicht. Doch Gott sorgte für mich in jener Situation und in jeder anderen Situation vorher und nachher. Er begegnete mir in jenem Verlust und begleitete mich, weil er etwas Gutes für mich bereithielt, das er mir zeigen wollte. Das hat nichts mit Glücklichsein zu tun – aber mit Freude.

Freude ist keine „Glücksimitation". Sie ist viel mehr. Stellen Sie sich das Glück wie einen Schokoriegel vor, wie etwas Süßes zum Naschen. Wir alle mögen Süßes. Doch Freude ist wie eine Medizin. Wenn Ihr Herz krank ist, wenn der Schmerz unerträglich scheint, dann wollen Sie eine Medizin. Etwas Süßes reicht dann einfach nicht.

„Die Freude am Herrn ist eure Stärke", singen wir. Und wenn wir beschließen, Gott zu dienen, dann müssen wir das aus seiner Kraft heraus tun. Dafür brauchen wir Freude.

Zwei Verse aus dem Buch Habakuk erinnerten mich persönlich daran: „Noch trägt der Feigenbaum keine Blüten, und der Weinstock bringt keinen Ertrag, noch kann man keine Oliven ernten, und auf unseren Feldern wächst kein Getreide; noch fehlen Schafe und Ziegen auf den Weiden, und auch die Viehställe stehen leer. Und doch will ich jubeln, weil Gott mir hilft, der Herr selbst ist der Grund meiner Freude!" (Habakuk 3,17–18; Hfa).

Weil ich etwas Kostbares verloren hatte, erschien mir alles um mich herum wie tot. Die äußeren Umstände waren schlecht. Doch Gott ist gut – und wie Habakuk kann ich mich darüber freuen.

4. Die Weisheit von Gottes Wort

Sie mögen vielleicht fragen: „Wie kann man sich freuen, wenn man am Boden zerstört und verletzt ist?"

Als ich erfuhr, dass mein Baby gestorben war, konnte ich dem Schmerz nicht entkommen – man kann den Kummer, den man empfindet, nicht abstellen. Doch Enttäuschung zu empfinden und darin stecken zu bleiben, sind zwei verschiedene Paare Schuhe. Und der Widersacher möchte, dass Sie in Ihrer Enttäuschung stecken bleiben. Enttäuschung ist eines der Werkzeuge in seinem Werkzeugkoffer und sie dient einem ganz bestimmten Zweck: Sie soll Sie lähmen. Gott hat wunderbare Pläne für Sie – und der Widersacher möchte verhindern, dass Sie je erfahren, was Gott mit Ihnen vorhat. Gott hat versprochen, alles neu zu machen – und der Widersacher möchte, dass Sie den Glauben an diese und an alle anderen Verheißungen Gottes verlieren.

Gottes Wort ist voller Verheißungen für uns, und wenn wir darin lesen, werden wir an sie erinnert. Insbesondere die Psalmen halfen mir in meinem Kummer, weil einige die ehrlichsten Schreie aus tiefstem Herzen enthalten, die je aufgeschrieben worden sind. Nachdem ich sie gelesen hatte, konnte ich mir selbst erlauben zuzugeben, dass ein Traum gestorben war, dass eine Hoffnung zunichtegemacht worden war und ich etwas sehr Kostbares verloren hatte. Vor allem diese Psalmverse sprachen mir aus dem Herzen: „Höre, o Gott, mein lautes Flehen, achte auf mein Gebet! Aus weiter Ferne, wie vom Ende der Erde, rufe ich zu dir, denn mein Herz ist mutlos geworden. Ach, führe mich doch auf jenen Felsen, der für mich zu hoch ist!" (Psalm 61,2–3; NGÜ). Nach dem Verlust unseres Babys fühlte ich mich so überwältigt, dass ich manchmal nicht wusste, was ich beten sollte. Darum machte ich die Worte Davids zu meinem Gebet. Er war auch schon auf diesem Weg der Trauer gegangen. Außerdem hielt ich mir vor Augen, dass Gott immer noch einen wunderbaren Plan und ein Ziel für mein Leben hatte – sie waren größer als die gegenwärtige Enttäuschung.

Der Psalmist überzeugte mich davon, dass diese Verheißung für dieses irdische Leben gilt. Er schreibt: „Doch ich vertraue fest darauf, dass ich noch sehen werde, wie gut Gott ist, solange ich lebe" (Psalm 27,13; NL). Tag und Nacht dachte ich über diese Vorstellung nach: Solange ich lebe, würde ich sehen, wie gut Gott ist, weil stärkere Hände, Gottes Hände, am Werk waren. Das gab mir Hoffnung.

Gott hat einen Plan und ein Ziel für mein Leben und für das eines jeden von uns – sie sind größer als die gegenwärtige

Enttäuschung. Wir müssen vor den Problemen des Lebens nicht resignieren. Wir brauchen nicht aufzugeben und aufzuhören, für das zu kämpfen, woran wir glauben; es gibt immer Hoffnung, und solange es Hoffnung gibt, können wir weitergehen – und andere mitnehmen.

5. Die Liebe von Angehörigen und Freunden

Meine liebe Freundin Kylie verhielt sich in der Trauerzeit mir gegenüber so liebevoll wie Jesus. Ich durfte meine Enttäuschung vor ihr zum Ausdruck bringen, mich aber nicht darin suhlen. Ich durfte mit ihr über unsere Familientragödie reden, aber dann ermunterte sie mich sanft, nicht in der Traurigkeit zu verharren. Ihr sanftes Drängen zwang mich, nach vorne zu blicken, mich nicht auf das zu konzentrieren, was ich verloren hatte, sondern auf all das, was ich immer noch hatte, und auf all das, was immer noch vor mir lag. Sie wusste: „Weinen hat seine Zeit wie auch das Lachen. Klagen hat seine Zeit wie auch das Tanzen" (Prediger 3,4).

Ein Freund kann Ihnen helfen, Ihre Enttäuschung zu überwinden und den Blick wieder auf Gottes Verheißungen zu lenken. Wenn Sie nichts mehr sehen als nur noch den Nebel der Trauer, kann Ihnen ein Freund helfen, den Weg frei zu räumen, zu lachen und ein Lächeln auf Ihr Gesicht zu zaubern – und diese Fröhlichkeit ist wie Medizin, die Ihnen bei der Heilung hilft. Ein Freund wird Sie daran erinnern, dass es Hoffnung gibt, solange Sie noch einen Funken Leben in sich tragen – ein neuer Tag wird anbrechen. Der Psalmist erinnert uns: „Am Abend mögen Tränen fließen – am Morgen jubeln wir vor Freude" (Psalm 30,6).

Jenseits der Enttäuschung wartet ein göttlicher Auftrag auf uns

Genauso wie auf die Jünger, die nichts ahnend mit Jesus auf dem Weg nach Emmaus waren, wartet jenseits der Enttäuschung vieles auf jeden von uns. Gott hat viel mit uns vor. Es gilt für jeden von uns, Gutes zu tun.

Ich habe oft darüber gestaunt, denn immer wieder konnte ich beobachten, dass Enttäuschungen uns etwas nehmen: einen Traum, ein Stück unseres Herzens – vielleicht sogar große Stücke unseres Herzens. Aber Enttäuschungen lassen auch etwas zurück: eine Gabe, eine Möglichkeit, eine Gelegenheit, Veränderungen zu bewirken, das Tal des Todes hinter sich zu lassen und zu neuen Ufern aufzubrechen und andere auf diesem Weg mitzunehmen.

Wenn es nach dem Widersacher geht, sollen wir von der Enttäuschung so tief getroffen sein, dass wir nicht mehr auf den Weg zurückfinden, den Gott sich für uns überlegt hat. Wenn er uns dazu bringen kann, in unserer Enttäuschung zu verharren, werden wir viele unserer zukünftigen Termine mit Gott verpassen. Und es gibt Enttäuschungen, die so groß sind, dass wir uns nicht vorstellen können, wie wir jemals darüber hinwegkommen sollen. Doch die beste Möglichkeit, das eigene zerbrochene Herz oder die eigenen zerplatzten Träume zu überwinden, besteht darin, anderen zu helfen, ihren Kummer zu verarbeiten. Das wurde mir klar, als ich entdeckte, dass ich in der Lage war, anderen Frauen zu helfen, die ebenfalls ein Baby verloren hatten, denn ich hatte ja selbst erfahren, wie schmerzhaft es ist, ein Baby zu verlieren.

Vor meiner Fehlgeburt hatte ich jahrelang Vorträge auf Frauenkonferenzen gehalten und war Frauen begegnet, die ein Kind noch vor der Geburt verloren hatten. Mir war bekannt, dass jede vierte Frau eine Fehlgeburt erleidet, doch für mich war das lediglich eine Zahl, eine gefühllose Statistik. Nach meiner Fehlgeburt verstand ich, was jene Frauen empfanden. Aus meinem eigenen Kummer und meiner Enttäuschung heraus entstand ein tiefes Mitgefühl für Mütter ungeborener Kinder. Der Schmerz ist real – jedoch gestehen ihn sich die Mütter oft nicht ein und er ist für sie nicht greifbar, weil sie nie die Chance hatten, ihr Baby im Arm zu halten und seinen Herzschlag nahe an ihrem zu hören. Jetzt hatte auch ich diesen unsichtbaren Verlust erlitten, und der Kummer war schwer gewesen und bleibt unvergesslich. Nie wieder würde ich diesem unsichtbaren, aber tiefen Schmerz so begegnen wie vor der Fehlgeburt. Ich würde den Schmerz, den ein anderer fühlte oder zum Ausdruck brachte, nicht mehr herunterspielen. Wie jede andere Wunde auch braucht der Schmerz im Herzen Zeit zum Heilen, Fürsorge und gute Medizin. Genau das hatte Gott mir gegeben – und ich wollte dafür sorgen, dass andere Mütter in Trauer ebenfalls Zeit, Fürsorge und geistliche und emotionale Medizin erhielten.

Doch nicht alle trauernden Mütter haben ihre Kinder vor der Geburt verloren.

Maria leitet die Rechtsabteilung unserer *A21-Kampagne* in Griechenland. Einige Jahre bevor ich Maria und ihren Mann Dimitri kennenlernte, erfuhren sie zu ihrer Erschütterung, dass bei ihrem vierzehnjährigen Sohn Peter, ihrem jüngsten Kind, Magenkrebs festgestellt worden war. Sie hatten über zwanzig Jahre lang treu als Pastoren gearbeitet, und nun beteten Maria, Dimitri und ihre ganze Familie inständig zu Gott für Peters Heilung. Peter war ein außergewöhnlicher Sohn – er hatte viel zu sagen unter den Jugendlichen, die dafür beteten, dass ihre Generation Jesus kennenlernte und sich veränderte.

Doch Peters Heilung sollte nicht hier auf der Erde geschehen.

Es brach mir das Herz, als ich Marias und Dimitris Geschichte hörte. Vielleicht hatte ich andeutungsweise eine Vorstellung von dem Schmerz und der Qual, die sie empfunden haben müssen, nachdem sie ihren Sohn vierzehn Jahre lang aufwachsen sahen. Denn ich wusste genau, wie sehr es mich verletzt hatte, dass ich mein eigenes Baby verlor, bevor ich es überhaupt im Arm halten konnte.

Andere waren weniger mitfühlend und vergrößerten Marias und Dimitris Schmerz noch. „Wo ist euer Gott jetzt?“, fragten sie spöttisch. „Warum hat er euren Sohn nicht geheilt, wenn er doch so mächtig und so gut ist? Er ist kein guter Gott. Warum sonst sollte er einen Vierzehnjährigen sterben lassen, wo es doch so viele schlechte Menschen auf der Welt gibt?!«

Ja, warum?

Auf manche Fragen gibt es einfach keine zufriedenstellenden Antworten. Wenn jemand wie Peter stirbt, gibt es keine Erklärung, die die in uns tobenden Fragen befriedigen könnte. Wie bei Hiob bleiben unsere schwierigsten Fragen unbeantwortet.

Maria und Dimitri versuchten nicht, sie zu beantworten. Sie wollten sich nicht beirren lassen, sondern stattdessen den Weg der Enttäuschung und des Kummers zusammen mit Jesus gehen. Schmerz, Kummer und Trauer waren noch ganz frisch, als die Familie am Tag von Peters Beerdigung eine Entscheidung traf. Obwohl sie nicht verstanden, warum diese Tragödie geschehen war, wollten sie Gott weiterhin vertrauen. Sie wollten weiterhin an seine Verheißungen glauben. Sie wollten auf dem Weg nach Emmaus Ausschau halten nach anderen Wanderern mit zerbrochenen Herzen, und sie wollten sie mit Jesus, ihrem Retter, bekannt machen, der ihnen zur Seite stehen würde.

Auf der Beerdigung erklärten sie:

Heute ist ein trauriger Tag, aber es ist kein schlechter Tag. Der Teufel glaubt, er hat gesiegt, weil unser Sohn gestorben ist. Aber unser Sohn lebt bei Jesus und feiert mit ihm im Himmel. Der Teufel hat nicht gesiegt. Wir begraben unser Kind heute nicht, sondern wir säen ihn als Samen in den Boden dieses Volkes. Wir glauben, dass daraus eine reiche Ernte an jungen Leuten erwachsen wird. Aus dem Tod des einen wird neues Leben entstehen.

Nach dieser Erklärung stand die von Trauer gezeichnete, aber im Glauben vereinte Familie erst einmal schweigend da. Alle, die sich um sie versammelt hatten, schwiegen ebenfalls. Was soll man auch sagen angesichts eines solchen Glaubens?

Der Widersacher hätte die Anwesenden durch den tiefen Schmerz gerne geblendet. Doch stattdessen spiegelten Maria und Dimitri in einer eigentlich furchtbar qualvollen Situation etwas von dem Licht wider, das Jesus für sie war. Sie machten den Anwesenden auf diese Weise deutlich, dass es einen Weg nach vorn gab.

Es gibt einen Weg durch Enttäuschung hindurch. Es gibt einen Weg aus dem Tal des Todes. Enttäuschung ist keine Endstation, sondern eine Möglichkeit, Gott zu begegnen. Eine oder auch mehrere Enttäuschungen, die Sie erleben, bedeuten nicht, dass es mit den Zielen jetzt aus und vorbei ist, die Gott sich schon vor Ihrer Geburt für Sie ausgedacht hat. Vieles liegt noch vor Ihnen, Sie werden es *nach* der Enttäuschung erleben. Gebrochenen Herzens, aber gleichzeitig unerschrocken ließ Maria sich durch Peters Tod auf das nächste Kapitel der Geschichte ein, die Gott mit ihr schreiben wollte.

In den Tagen nach Peters Beerdigung beschloss Maria, dass die Worte ihrer Familie nicht ohne Folgen bleiben sollten. Sie hatte ihren todkranken Sohn Peter nicht am Leben erhalten können, aber sie konnte sich um die kümmern, deren Leben in keinen guten Bahnen verlief. Als sie vom Menschenhandel in ihrem eigenen Land erfuhr, stieg sie in dunkle Täler hinab und ging schwierige Wege, um verletzten, seelisch gebrochenen und vom Leben zutiefst enttäuschten Menschen zu helfen.

Sie gab ihren Traum auf, einfach eine liebevolle Mutter für ihre eigenen Kinder zu sein und sich im Hintergrund in ihrer Gemeinde zu engagieren, und beschloss, „eine Brücke zur Straße nach Emmaus" zu werden. Maria wusste, dass manche Menschen diese Straße nur durch jemand anderen finden, der seine geplatzten Träume am Straßenrand begraben und die schmerzenden Teile seines Herzens losgelassen hat. Sie wollte darauf vertrauen, dass Jesus sich um die Auswirkungen ihres Einsatzes kümmern würde.

Seit Peters Tod hat Maria Hunderten von Mädchen in Griechenland, die aus dem Menschenhandel gerettet wurden, zu einem neuen Leben verhelfen können. Sie hat vielen geholfen, ihre unglaubliche Trauer zu verarbeiten und zu überwinden. Sie hat einen Sohn verloren und sein Tod hat ein großes Stück aus ihrem Herzen gerissen. Doch dieser Verlust wurde zum Ansporn und zum Herzen ihres Auftrags, anderen zu helfen.

Ich habe viele Male mit Maria über die „Straße nach Emmaus" gesprochen. Wir haben darüber geredet, wie wir durch Enttäuschungen an Orte kamen, an die wir nicht im Traum gedacht hätten, an schwierige, lebensfeindliche Orte, wo wir leicht hätten untergehen können. Doch Jesus war auch an diesen Orten und begegnete uns dort. Gemeinsam dankten wir ihm dafür, dass er uns an Orte geführt hat, wo wir mit anderen gemeinsam weinen und ihnen zeigen können, wo sie Trost finden. Jedes Mal habe ich darüber gestaunt, wie Jesus uns zum Segen für immer mehr Menschen werden lässt. Und immer eilt er uns entgegen oder begleitet uns durch die Täler.

Ich kann ihn zwar nicht sehen, aber ich höre den wunderbaren Klang des galoppierenden Herzschlags Gottes für die Menschheit.

Teil 3

Gott kennt meine Angst

Kapitel 6

Liebe und Angst

„Meine Damen und Herren, es gibt keinen Grund zur Panik."

Panik? Ich hatte kein Problem gehabt, bis unser Pilot diese Durchsage machte. Nick und ich hatten es uns auf einem Flug von Chicago nach Raleigh in North Carolina gerade gemütlich gemacht, als der Pilot das P-Wort gebrauchte. Nicht gerade das, was man auf zehntausend Meter Höhe hören möchte.

Wir hatten erst vor zwanzig Minuten abgehoben und nichts deutete auf etwas Ungewöhnliches hin. Nichtsdestotrotz änderte die bloße Erwähnung dieses Wortes schlagartig alles.

Mein Herz raste. Überall schnappten die Passagiere nach Luft – dann folgte eine unheimliche Stille, in der wir darauf warteten, was der Pilot noch sagen würde.

„Wir haben Probleme, das Fahrwerk einzuziehen", sagte er. „Deshalb werden wir unseren Flug nach Raleigh nicht fortsetzen, sondern umkehren und versuchen, in Chicago zu landen."

Versuchen? Dies ist noch so ein Wort, das man während eines Fluges nicht hören will.

Ich schluckte, als ich beobachtete, wie die Angst die Gänge hoch und runter kroch. Manche Passagiere senkten den Kopf und beteten mit leiser Stimme. Andere weinten. Die Flugbegleiter-Rufknöpfe erleuchteten das Flugzeug wie einen Weihnachtsbaum, als die Menschen um mehr Informationen bettelten.

Ich hörte, wie eine Frau ihren Mann fragte: „Werden wir abstürzen und sterben?"

Noch vor ein paar Jahren hätte ich zu denen gehört, die in Panik gerieten. Ja, ich wäre vermutlich die verstörteste Person an Bord gewesen. Obwohl mein Herz unbestreitbar schneller schlug und ich spürte, wie ich in einen Zustand erhöhter Alarmbereitschaft versetzt wurde, umklammerte ich jetzt nicht die Armlehnen oder drückte mich verzweifelt in den Sitz. Stattdessen schob ich meine Hand in Nicks Hand und war dankbar für die Ruhe, die er stets ausstrahlte.

Wie es seiner Art entsprach, betete er leise für uns – nicht mit ängstlichen Worten, sondern so, als ob wir für unser Frühstück oder für den schönen Tag dankten. Er betete für den Piloten, die Fluggäste und eine sichere Landung. Dann beugte er sich zu mir und flüsterte mir ins Ohr: „Uns wird nichts passieren, Chris. Gott hat uns nicht so weit gebracht, damit jetzt alles auf diese Weise endet. Er ist bei uns und steht uns zur Seite. Du brauchst dich vor nichts zu fürchten." Dann drückte er mir die Hand, stellte seinen Sitz zurück und schloss die Augen. Ob Sie es glauben oder nicht, aber innerhalb weniger Minuten schien es, als wäre er eingeschlafen.

Obwohl ich nicht genauso entspannt sein konnte wie Nick, tat mir seine Ruhe gut. Wenn sich jemand nicht der Angst überlässt, überträgt sich eine Kraft von Mensch zu Mensch. *Jedenfalls,* dachte ich, *ist das typisch Nick. Während alle anderen in Panik geraten, ist er die Ruhe selbst und vertraut felsenfest auf die Güte und den Schutz Gottes.* Ich hatte Nick nicht anders kennengelernt; immer war er in der Lage, die Anweisung des Paulus an die Philipper umzusetzen: „Macht euch keine Sorgen, sondern wendet euch in jeder Lage an Gott und bringt eure Bitten vor ihn. Tut es mit Dank für das, was er euch geschenkt hat. Dann wird der Frieden Gottes, der alles menschliche Begreifen weit übersteigt, euer Denken und Wollen im Guten bewahren, geborgen in der Gemeinschaft mit Jesus Christus" (Philipper

4,6–7). Ich war dankbar für Nicks stille Kraft und sein Vertrauen und dankte Gott dafür, und ich wünschte mir mehr davon für mich selbst.

Von Natur aus bin ich das totale Gegenteil. Wäre ich auf mich allein gestellt und hätte ich an die Philipper geschrieben, hätte ich vermutlich mit den Worten begonnen: „Macht euch um alles Sorgen!“ Es fällt mir nämlich schwer, meine Anliegen Gott anzuvertrauen. Uneingeschränktes, vorbehaltloses Vertrauen ist für mich alles andere als einfach, und ich habe deshalb einen Großteil meines Lebens mit Gott gerungen. Selbst heute noch, nachdem ich jahrzehntelang erleben durfte, dass Gott uns nie im Stich lässt und uns immer alles zum Besten dienen lässt, merke ich wieder und wieder, dass ich mich bewusst dafür entscheiden muss, Gott zu vertrauen. Ich muss mir ständig vor Augen halten, dass er immer bei mir ist, selbst in Situationen wie dieser, wo die Gefahr real und unbestreitbar ist.

Doch in jenem Flugzeug, wo die Anspannung zum Greifen nahe war, rang ich nicht um dieses Vertrauen. Die Fluggäste hatten keine Wahl – sie konnten nichts anderes tun als zu warten, zu hoffen und zu beten, dass wir wohlbehalten in Chicago landen würden. Ich tat es ihnen gleich – ich war in höchster Alarmbereitschaft, aber nicht in Panik, ich war wachsam, aber ich verlor nicht den Mut. Still saß ich neben Nick, der immer noch friedlich zurückgelehnt mit geschlossenen Augen dasaß. Ich sah aus dem Fenster in einen wunderschönen, klaren Nachthimmel, der von Sternen und den kleinen Lichtern an den Tragflächen des Flugzeugs erhellt war, und betete. Ich musste sogar ein wenig über mich selbst schmunzeln.

Gott, dachte ich und dankte ihm, *wie sehr haben sich die Dinge doch verändert.*

Früher gehörte ich zu den Leuten, die wirklich nur dann in ein Flugzeug steigen, wenn es keine andere Möglichkeit gibt. Wenn ich irgendwohin mit dem Auto, dem Bus, dem Zug, dem Fahrrad, dem Roller oder zu Fuß kommen konnte, dann tat ich das – ich machte alles, um nur nicht in einen solchen Koloss aus Metall steigen zu müssen, der entgegen jedem gesunden Menschenverstand irgendwie oben am Himmel bleiben sollte. Saß ich doch einmal im Flugzeug, beschworen in meiner Vorstellung Turbulenzen immer die schlimmstmöglichen Unglücksfälle herauf, und es endete stets damit, dass die Triebwerke mitten in der Luft versagten und das Flugzeug vom Radar verschwand, um irgendwo über dem Ozean abzustürzen oder in Flammen aufzugehen. Die zahlreichen Möglichkeiten, wie ich in einem Flugzeug verunglücken konnte, ängstigten mich schrecklich.

Diese Angst stellte ein gewisses Problem dar, denn aufgrund meiner Arbeit musste ich oft von einem Ende der Welt zum anderen reisen. Ich hatte zu Gott gesagt, dass er mich überall dorthin bringen könne, wo die Menschen etwas von seiner Gnade erfahren sollten, und er nahm mich beim Wort. Er schenkte mir im ganzen Land und weltweit Möglichkeiten, um Vorträge zu halten und mit Menschen zu sprechen. Ich wusste, dass dies meine Berufung war, also musste ich irgendwie an diese Orte kommen.

Und da ich in Australien lebe – dem Land, das wirklich *weit* „Down Under“ ist –, bedeutete das schlicht und ergreifend, dass ich in den allermeisten Fällen fliegen musste, wenn ich irgendwo anders hinwollte.

Nur war das nicht so einfach für mich. Ich hatte Ja zu Gott gesagt – doch wenn ich zu dieser Entscheidung stehen wollte, würde Gott an mir arbeiten müssen. Das Fliegen strapazierte mich geistlich, körperlich und geistig. Ich saß während eines Fluges kerzengerade da, krallte die Hände um die Armlehnen und ließ sie die ganze Reise über nicht los. Die meisten Flüge waren ohnehin schon lang, weil Australien so abseits liegt, doch für mich waren diese Flüge nicht nur lang, sondern endlos und furchtbar anstrengend. Sie ermüdeten mich. Nach der Landung war ich unruhig und ängstlich – das ist kaum ein Zustand, den man sich von einem Gastredner erhofft.

Meine Angst- und Panikgefühle setzten sogar schon eine Woche vor Abflug ein. Mir brach der Schweiß aus, wenn ich nur daran dachte, ins Flugzeug steigen zu müssen. Ich bekam Herzrasen und die Angst schnürte mir fast die Kehle zu. Ich musste mich zwingen, an etwas anderes zu denken.

Nach der Landung wurde es nicht besser. Wenn ich das Flugzeug verließ und den Flughafenterminal betrat, fühlten sich meine Beine wie Wackelpudding an und ich war völlig konfus. Ich weiß noch, wie ich einmal versuchte, mich mit der Person zu unterhalten, die mich vom Flughafen abgeholt hatte, aber ich war vom Flug noch so durcheinander, dass ich kaum einen zusammenhängenden Satz herausbrachte. Ich bin sicher, die Leute gingen davon aus, dass ich unter Jetlag litt, doch die Zeitverschiebungen hatten mit meiner Erschöpfung nur unwesentlich zu tun.

Als es wieder einmal bei einer Reise emotional und körperlich so anstrengend gewesen war, meine Ängste zu bekämpfen, und ich deshalb völlig ausgelaugt nach Hause kam, hatte ich genug. Ich erklärte Gott, dass ich den Menschen zwar gerne helfen wolle, aber nicht länger die Tortur über mich ergehen lassen könne, in ein Flugzeug zu steigen. Ich würde mich von nun an auf Orte beschränken, die mit dem Auto erreichbar waren. *Ich bin bereit zu gehen, Herr, solange die Fahrt mit dem Auto oder der Bahn erfolgt, wo ich mich wohlfühle. Ich werde überall für dich hingehen, solange ich nicht fliegen muss.*

Solange …

Können Sie sich das vorstellen? Auf diese Weise sprach ich mit Gott – dem Gott, der den Himmel verlassen hatte, um zu uns zu kommen, dem Gott, der möchte, dass wir etwas für ihn bewegen. *Ich will,* sagte ich. *Ich kann. Ich werde gehen – solange …*

Vor Angst wie gelähmt

Jeder Mensch hat Angst vor etwas. Angst vor Kriminellen, die in dunklen Gassen lauern. Angst, das Portemonnaie zu verlieren – oder, noch schlimmer, den Job und dann ohne einen Cent dazustehen. Angst vor Auto- oder Flugzeugunglücken. Angst vor den Bissen wilder Tiere oder dem Stich eines giftigen Insekts. Angst vor höhnischen Zwischenrufen, wenn man eine öffentliche Ansprache hält. Angst, auf Ablehnung und Desinteresse zu stoßen, wenn man neue Leute kennenlernt. Angst, ein Kind zu verlieren. Angst, von einem lieben Menschen verlassen zu werden.

Einige von uns haben Angst vor dem Versagen. Andere fürchten den Erfolg. „Was, wenn ich mich zu weit aus dem Fenster lehne und versage?“, fragen wir uns. Oder: „Was, wenn die Firma zu schnell zu groß wird und mir alles über den Kopf wächst oder meine Kunden merken, wie wenig ich eigentlich weiß oder was für ein Amateur ich doch bin?“ Angst kann uns so wirkungsvoll lahmlegen wie sonst kaum etwas.

Manche Ängste sind vernünftig, wie etwa die gesunde Angst davor, auf einem gespannten Seil über einen Canyon zu balancieren, wo das Risiko, sich zu verletzen oder zu sterben, viel zu hoch ist. Andere Ängste sind weniger rational, wie eine meiner eigenen Ängste: die Angst davor, in einem zu kleinen oder zu beengten Raum zu sein oder eingeschlossen zu sein. Es hilft mir gar nichts, dass ich mir ganz rational vor Augen halte, dass die Wände um mich her nicht gleich einstürzen und mich unter sich begraben werden, nur weil der Raum klein ist. Manche Ängste sind subtil, sie lösen ein allgemeines Unwohlsein oder eine Sorge aus, während andere sich sehr dramatisch in Grauen oder Schrecken äußern.

Als kleines Kind fürchteten Sie sich vielleicht vor eingebildeten wilden Tieren in der Dunkelheit oder im Schrank. Die unsichtbaren, aber dennoch so realen Ungeheuer Krankheit und Tod fürchten Sie vielleicht als Erwachsener – oder dass dunkle Geheimnisse ans Licht kommen könnten. Ob die Angst nun verhalten oder stark ist, rational oder irrational, die Gefahr real oder eingebildet – für jedes Alter gilt, dass die Angst einen immer lähmen, stolpern lassen und das Leben zum Stillstand bringen wird. Manchmal reicht es schon, wenn Sie nur an Ihre Ängste denken.

Aus Angst das Beste im Leben verpassen

Wenn Sie sich von der Angst vorschreiben lassen, wie Sie Ihren Alltag gestalten, dann verpassen Sie das Leben.

Sie können auf keinen Berg steigen, um einen herrlichen Sonnenuntergang zu genießen, weil Sie Angst vor der Höhe haben. Sie bringen es nicht über sich, zu einer Party zu gehen, weil Sie Angst vor Menschenmengen haben. Sie besuchen keinen Hauskreis, weil Sie Angst haben, dass Sie dort laut aus der Bibel vorlesen müssen, und für das Vorlesen sind Sie früher in der Schule immer gehänselt worden. Sie halten sich von anderen fern, weil Sie Angst haben, dass die Leute sich über Ihre Figur lustig machen könnten. Essen ist für Sie ein Problem, weil Sie Angst haben zuzunehmen. Sie verabreden sich nicht, weil Sie Angst haben, abgelehnt zu werden. Sie haben solche Angst vor Spinnen und Käfern, dass Sie es nie gewagt haben, einen Spaten in die Hand zu nehmen und den Gemüse- oder Blumengarten anzulegen, von dem Sie immer geträumt haben. Sie nehmen an Ihrem Arbeitsplatz eine Entscheidung hin, hinter der Sie eigentlich nicht stehen können, weil Sie Angst haben, dass es zu Unstimmigkeiten in Ihrem Team kommen oder es Sie eine Beförderung kosten könnte, wenn Sie den Mund aufmachen. Sie vermeiden es, Aufgaben außerhalb Ihres Hauses zu übernehmen, weil Sie Angst haben, dass Ihr Teenager in schlechte Gesellschaft geraten könnte, wenn Sie nicht ständig in seiner oder ihrer Nähe sind. Sie heiraten den Erstbesten, der Ihnen einen Antrag macht, weil Sie Angst haben, dass niemand anderes um Ihre Hand anhalten wird. Sie schlafen mit jemandem, mit dem Sie nicht verheiratet sind, weil Sie Angst haben, sonst von ihm oder ihr sitzen gelassen zu werden und dann allein zu sein.

Wenn Sie Ihr Leben von Angst bestimmen lassen, schotten Sie sich gegen alles ab, was Sie irgendwie verletzen oder etwas kosten oder unbequem sein könnte – und dazu gehören auch Möglichkeiten, wie Sie sich für Gott einsetzen und seine Verheißungen für sich in Anspruch nehmen können.

Gott möchte, dass Sie ihm mit dem dienen, was Sie haben, und zwar so, wie Sie sind. Doch wegen Ihrer Angst vor Ablehnung erfährt der Obdachlose auf der Straße nie etwas von der Hoffnung, die zu schenken Sie geschaffen worden sind. Sie denken lieber erst gar nicht weiter über den Missionseinsatz nach, an dem Sie eigentlich gerne teilnehmen würden, weil Sie sich vor dem Unbekannten in einem fernen Land fürchten. Frauen bleiben weiterhin in den Klauen des Menschenhandels gefangen und werden nicht befreit, weil Sie sich nicht für sie eingesetzt haben. Ihr Nachbar stirbt einsam, ohne einmal von Ihnen besucht worden zu sein. Die Mutter, deren Sohn mit Ihrem Sohn zusammen im Fußballverein ist, betrinkt sich weiterhin jeden Abend, weil sie niemanden hat, mit dem sie über ihre Eheprobleme reden kann.

Sie dümpeln allein vor sich hin, haben ein zerbrochenes Herz, führen ein unerfülltes Leben und erleben nie, wozu Sie allein geschaffen worden sind – und das nur aus Angst.

„Der Dieb kommt, um zu stehlen, zu schlachten und zu vernichten", warnte Jesus (Johannes 10,10; Hfa). Die Angst ist so ein Dieb. „Ich aber", fuhr Jesus fort, „bringe Leben – und dies im Überfluss."

Im Überfluss.

Genug lieben, um zu glauben

„Liebst du mich?", fragte Jesus Petrus (Johannes 21,17). Und diese Frage gilt uns allen. Jesus sagt:

Wenn du mich liebst, dann sieh mich an (Matthäus 14,22–33). *Halte den Blick auf mich gerichtet.*

Wenn du mich liebst, dann folge mir nach (Matthäus 16,24).

Wenn du mich liebst, dann geh hin und mach es ebenso (Lukas 10,37).

Wenn du mich liebst, dann weide meine Schafe (Johannes 21,15–17). *Hüte meine Lämmer.*

Jahrelang sehnte ich mich danach, von meinen Ängsten frei zu werden – doch ich wollte mehr als nur die schlichte Anweisung von Gott, meinen Blick auf ihn gerichtet zu halten. Deshalb flehte ich ihn an, mir meine Ängste zu nehmen – vor allem meine Flugangst. Ich betete: „Warum nimmst du mir nicht einfach diese Angst? Schließlich steige ich für dich in diesen Flieger!"

Und so gnädig, wie Gott ist, ließ er einen Vers mich besonders ansprechen, als ich in der Bibel las: „Denn Gott hat uns keinen Geist der Furcht gegeben, sondern sein Geist erfüllt uns mit Kraft, Liebe und Besonnenheit“ (2. Timotheus 1,7; Hfa). Er weiß, dass uns Angst in Gefahr nicht weiterhilft, aber Liebe und Besonnenheit und Mut helfen. Mut zu haben heißt ja nicht, keine Angst zu haben. Mut ist der Wille, trotz Angst durchzuhalten. Gott versichert uns zwar, dass seine Kraft in uns wohnt, aber manchmal sind wir uns dessen gar nicht so sicher, weil wir sie nicht sehen können. Was wir sehen, sind die Gefahren: dass wir uns vielleicht zu hoch in der Luft befinden oder in die kalten Augen eines Kriminellen starren. Also zweifeln wir, wir hinterfragen – und wir lassen die Angst ans Steuer.

Wenn Jesus fragt: *Liebst du mich?*, sagt er damit gleichzeitig: *Halte deinen Blick auf mich gerichtet. Glaub an das, wozu ich dich geschaffen habe. Gib mir deine Angst und halte an deinem Glauben an mich fest. Ersetze diese Angst – diese Angst, die nicht von mir kommt – durch die Liebe, die Kraft und die Besonnenheit, die ich dir gegeben habe. Du kannst dir sicher sein, dass meine Gegenwart dein Gegenmittel gegen Angst ist.*

Jesus wusste, dass wir Angst haben und zweifeln würden. Darum steht wieder und wieder in der Bibel: „Fürchte dich nicht.“ Dreihundertfünfzig Mal sagt er das zu uns. Fürchte dich nicht. Fürchte dich nicht. Fürchte dich nicht. Wenn in der Bibel beschrieben wird, dass Engel Menschen erscheinen, dann lauten die ersten Worte der Engel meistens: „Fürchte dich nicht.“

Das ist vergleichbar mit einer Mutter, die ihr weinendes Kind bei einem Gewitter instinktiv an sich zieht, die Arme um das zitternde Kleine legt und beruhigend auf es einspricht: „Es ist alles gut. Ich bin ja bei dir. Hab keine Angst.“

Das erinnert mich an den Tag, als Nick und ich mit unseren Töchtern einen Freizeitpark besuchten. Sie fanden alles so toll, doch am besten gefiel Catherine das

Bungee-Trampolin – dabei wird einem ein Gurt umgelegt und man kann dann hoch in die Luft springen und schwerelos Saltos drehen und andere Kunststücke wie ein Zirkusakrobat machen.

Catherine strahlte, als ein Mitarbeiter des Parks ihr den Gurt umlegte und sie dann langsam hochzog. Wir sahen alle zu, wie sie höher und höher stieg und dann losgelassen wurde, um ins Trampolin zu fallen, und nach ein paar Sprüngen hüpfte sie immer höher und höher. Wir lachten, als sie beim Purzelbäumemachen und bei anderen Kunststücken in der Luft vor lauter Vergnügen quietschte.

Sophia war schon ganz zappelig. Sie hopste herum und bettelte, ob sie das auch probieren dürfe. Als sie auf Zehenspitzen stehend gerade eben die erforderliche Mindestkörpergröße erreichte, war sie ganz entzückt.

Selbstbewusst und erwartungsvoll stieg Sophia in den Gurt und der Mitarbeiter schnallte sie an, wobei er kontrollierte, ob alles auch fest und sicher saß. Dann betätigte er den Schalter und zog sie hoch. Zum ersten Mal sah Sophia auf ihre Zehen hinunter und dann zum Boden, der aus ihrer Sicht kleiner und kleiner wurde, je höher sie stieg. Mit jedem Zentimeter, den sie allein in diesem Gurt höher stieg, wich zusehends der Mut aus meinem kleinen Mädchen. Sie erstarrte – und dann zitterte ihre Unterlippe und ihr Gesicht verzog sich. Ich wusste, was jetzt kommen würde.

Obwohl sie hoch über meinem Kopf war, konnte ich sehen, wie ihr die Tränen in die Augen schossen. Dann konnte Sophia sie nicht mehr zurückhalten. Als der Damm der Tränen brach, weinte sie laut auf vor Angst.

Ich sprang über die Absperrung und stand direkt unter ihr neben dem Trampolin. „Sophia!“, rief ich zu ihr hoch. „Sieh Mama in die Augen. Sieh immer Mama an, du brauchst keine Angst zu haben. Du kannst das! Du bist ein großes Mädchen. Es wird dir Riesenspaß machen!“

Sophia blickte mich an und ihr Gesichtsausdruck veränderte sich augenblicklich, als sie mich lächeln sah. Sie entspannte sich und lächelte sogar selber zaghaft, als der Gurt sie höher zog.

„Jetzt kannst du gleich hüpfen", sagte ich. „Das macht Spaß. Aufgepasst!"

Der Mitarbeiter ließ das Kabel locker, und Sophia plumpste ins Trampolin, federte hoch und sauste noch einmal auf das Trampolin. Die ganze Zeit über blickte sie mich an, ihr Lächeln war jetzt schon etwas breiter.

„Kannst du dich drehen?", fragte ich. „Kannst du einen Überschlag machen?"

Sie versuchte es und hüpfte immer höher, und jetzt lachte sie. Nach ein paar Sprüngen hüpfte sie schon höher als ihre große Schwester – weil sie keine Angst mehr hatte. Waghalsig probierte sie viele Sprünge aus und genoss es.

Sie wusste, dass ich ganz in ihrer Nähe war und die ganze Zeit bei ihr bleiben würde, und so war sie frei und schwerelos, wie sie es sich noch wenige Minuten zuvor nie hätte vorstellen können.

Dies ist so ein wunderbares Bild dafür, wie Gott in uns arbeitet: Wenn wir der Angst die Stirn bieten und ein Risiko eingehen, ist er bei uns – vorher, währenddessen und nachher.

Er verspricht, unser Licht in der Dunkelheit und unsere Kraft zu sein (Psalm 23,3; 27,1).

Er erinnert uns daran, dass wir uns nicht zu fürchten brauchen, weil er uns helfen und beschützen wird (Jesaja 41,10).

Er sagt, dass wir keine Angst zu haben brauchen, weil er immer zu uns halten und uns nie im Stich lassen wird (5. Mose 31,6).

Er möchte, dass wir mutig und entschlossen sind (Josua 1,6).

Er hilft uns in unseren Schwierigkeiten und befreit uns von unseren Zweifeln und Ängsten, damit wir seine Güte schmecken und sehen können (Psalm 34).

Damit wir schmecken und sehen können.

Gottes Macht ist *nicht* unsichtbar. Sie ist real. Sie ist eine unbestreitbare Kraft und lebt in uns. Wenn wir unseren Blick auf ihn gerichtet halten, sehen wir seine Liebe, wir schmecken seine Kraft. Sie hilft uns, stärker zu werden, so stark sogar, dass wir wie Sophia alle Kraft finden, die wir brauchen, um jede Angst, die uns von etwas abhalten will, weit hinter und unter uns zu lassen.

Wenn wir stets auf Gott blicken, befreit er uns aus den Zwängen, die uns in der Angst gefangen halten wollen. Wir müssen nicht mehr länger wie gefangen leben. Wir sind frei. Unsere Welt und unser Leben wird dadurch größer und Gott hat mehr Möglichkeiten, auch Wunder zu wirken. Wir schaffen das Unmögliche, indem wir uns auf den Gott konzentrieren, bei dem alle Dinge möglich sind. Wir sind in der Lage, uns den Menschen zuzuwenden und zu helfen, die durch die Löcher des gesellschaftlichen Netzes gefallen sind. Wir befreien unfreie Menschen, die sonst noch immer gefangen wären. Wir helfen den Unterdrückten, die sonst verkümmern würden. Wir finden die Verlorenen. Wir bringen den Kaputten und Kranken Heilung. Wir öffnen den Blinden die Augen. Wir besuchen Orte, an die wir nie gedacht hätten, und gehen dabei nicht vor Angst unter und werden nicht von ihr gelähmt.

Spaß am Unwetter

Für unsere älteste Tochter Catherine kam das Unwetter wie ein Ungeheuer aus dem Nichts. Sie war damals fünf Jahre alt und war gleich zu Beginn unserer langen Heimfahrt eingeschlafen, als das Sonnenlicht noch durch die Scheiben schien. Nachdem sie die meiste Zeit der Fahrt über geschlafen hatte, erlebte sie beim Aufwachen, wie draußen die Urgewalt des Wetters entfesselt wurde.

Der graue Himmel wurde immer dunkler und der heftige Regen wurde zum Hagelsturm, als wir gerade in unsere Einfahrt bogen. Nick nahm schnell unsere Taschen, während ich mir die Mädchen schnappte. Hals über Kopf brachten wir alles und jeden ins Haus. Wir waren kaum drinnen, da brach das Unwetter richtig los. Draußen trommelte und hämmerte der Hagel auf das Auto und hinterließ Dellen auf der Motorhaube und dem Dach. Fensterscheiben gingen zu Bruch und wir sahen, wie Scheiben von Autos und Häusern die Straße entlangflogen. Dachziegel lösten sich und krachten zu Boden. Wasser spritzte heftig aus Swimmingpools und über Zäune. Donnerschläge übertönten das pausenlose Hämmern des Hagels. Ein Baum zersplitterte vom Blitz und wurde von orkanartigen Winden schwer getroffen, sodass er durch das Hausdach unserer Nachbarn stürzte; ein weiterer fiel quer über die Einfahrt unserer anderen Nachbarn.

Sophia, unser Baby, verschlief das Unwetter. Doch Catherine schrie vor Angst und weinte. Selbst als der Hagel aufgehört hatte, wollte sie sich nicht beruhigen. Sie weinte und schrie, bis sie schließlich erschöpft in einen unruhigen Schlaf fiel.

Ich hatte erwartet, dass sie ausgeglichen und zufrieden aufwachen und ihre Angst sich verzogen haben würde wie das Unwetter draußen. Weit gefehlt.

Als sie am nächsten Morgen aufwachte, lautete ihre erste Frage, ob es wieder regnen und hageln würde. Besorgt sah sie den ganzen Tag lang immer wieder aus dem Fenster und versuchte, die Wetterlage einzuschätzen. In den darauffolgenden Tagen fragte sie Nick und mich manchmal bis zu fünf Mal am Tag, ob es regnen würde. Jedes Mal, wenn wir mit dem Auto irgendwo hinfahren mussten, galt ihre einzige Sorge dem Wetter. Wenn es regnete, während wir im Auto saßen, weinte sie. Waren wir zu Hause, wenn es regnete, dann rannte sie in ihr Zimmer und zog die Vorhänge zu. Wenn der Himmel auch nur eine Spur grau war, traute sie sich nicht aus dem Haus, um mit ihren Freunden zu spielen.

Catherine hatte solche Angst vor Unwettern, dass sie bereit war, alles in Kauf zu nehmen, um ihnen zu entgehen.

Ich wusste, dass ich etwas unternehmen musste. Sie konnte nicht ihr ganzes Leben lang Angst vor Regen haben, denn eines ist sicher: Es wird immer wieder regnen. Es werden Unwetter kommen. Sich vor ihnen zu verstecken oder ihnen aus dem Weg zu gehen, wird sie nicht fernhalten. Catherine konnte nicht verhindern, dass Unwetter heraufzogen, indem sie sich selbst vom Leben ausschloss.

Die Ironie entging mir nicht – hatte ich mich doch selbst aufgrund meiner Flugangst von einem Teil meines Lebens ausgeschlossen, in dem ich viele Erfahrungen hätte machen können! Doch nur, weil ich meinen Ängsten aus dem Weg ging, machte mich das nicht immun gegen Gefahren – die kamen so oder so, selbst während wir unser Auto auspackten und ins Haus gingen. Gefahren kommen, egal, wie sehr wir versuchen, sie auf Abstand zu halten. Ein sicheres, kontrolliertes Leben führen zu wollen, hält die Gefahr nicht auf. Wir können vor der Angst nicht weglaufen, weil sie uns einholt. Wir können uns der Angst nur bewusst stellen, denn sonst wird aus der Wurzel der Angst ein hochgewachsenes Unkraut, das das ganze Leben bestimmt. Es ist besser, die Furcht „mit Gottes Gegenwart auszureißen“, um im Bild zu bleiben.

Catherine hätte es nicht gewollt, dass ich mich einmischte, doch wer tut das schon? Ich wusste, dass meine Tochter dermaßen Angst vor Unwettern hatte, dass sie bereit war, Dinge aufzugeben, die sie liebte: Spaß zu haben,

Freunde zu treffen und aktiv zu sein. Wenn sie ihre Angst vor einem kleinen Regenschauer nicht überwand, würde sie später von sehr viel kleineren Unwettern überwältigt werden, während sie immer älter wurde und ihre Angst immer größer. Sie würde vor Angst gelähmt sein.

Weil Catherine meine Einmischung nicht gewollt hätte, redeten wir auch gar nicht erst darüber. Aber als der nächste regnerische Tag kam, schnappte ich mir Catherine und ging mit ihr nach draußen. Anfangs weinte sie, doch ich bestand darauf, aus dem Regen ein Spiel zu machen. Ich begann, in die Pfützen zu springen und darin herumzustampfen. Ich lachte laut auf und freute mich über den Regen. Catherine war überrascht von meiner Begeisterung und darüber, dass ich gar keine Angst hatte. Kurz darauf hörte sie auf zu weinen und lachte. Und es dauerte nicht lange, da stampfte sie mit mir durch die Pfützen.

Heute kann ich Catherine nicht aufhalten, wenn es regnet. Dann schnappt sie sich ihre Schwester und sie ziehen ihre Gummistiefel an, um durch die Pfützen zu rennen und zu spritzen.

Das, was Catherine einmal so gefürchtet hat, ist heute für sie ein Riesenspaß.

Ermutigt, um unvorstellbare Orte zu besuchen

Im Matthäusevangelium lesen wir, wie Petrus, ein erfahrener Fischer, von einem Sturm überrascht wurde (Matthäus 14,22–33). Er stand vor der Wahl, seiner Angst nachzugeben oder einen Glaubensschritt zu gehen. Petrus wusste, wie man sich bei einem Sturm auf See verhält. Er war auf dem Wasser zu Hause! Aber er kannte auch seine Grenzen. Alle seine Befürchtungen spukten ihm im Kopf herum, und seinen Freunden erging es nicht anders. *Der Wind ist zu stark, die Wellen sind zu hoch, das Boot ist diesem Orkan nicht gewachsen.* Alle an Bord packte die Angst, sie dachten nur noch an die Gefahren des Sturms.

In dem Moment, als auch Petrus aufgeben wollte, blickte er hinaus aufs Wasser und sah …

Jesus?

Ja, Jesus. Der auf dem Wasser ging, der durch den Sturm ging! Er forderte Petrus auf, ebenfalls in den Sturm hinauszutreten, aus dem Boot zu steigen und aufs Wasser zu treten, sich in die Gefahr und aus der Angst heraus zu begeben, einen Glaubensschritt zu gehen.

Und Petrus wollte das tun!

„Komm", sagte Jesus zu ihm (Matthäus 14,29).

Und im Vertrauen darauf, dass man mit Jesus zusammen alles tun kann, ging Petrus diesen Glaubensschritt. Dabei hielt er seinen Blick ganz auf Jesus gerichtet. Ein Schritt – und schon ging er durch den Sturm, unbeeindruckt von der Gefahr, ja, er trotzte ihr sogar und tat das Unmögliche.

Und dann fegte ein besonders heftiger Windstoß über Petrus hinweg, Gischt peitschte ihm ins Gesicht und er war in Gedanken wieder ganz beim Unwetter. *Die Wellen sind zu hoch,* muss er gedacht haben, *der Wind zu stark, Jesus zu weit weg …*

Petrus' Blick war vom Sturm getrübt. Er hatte sich getäuscht, denn Jesus war zu keinem Zeitpunkt weit weg. Jesus war bei Petrus im Sturm, gerade als die heftigste Böe blies.

„Sofort", heißt es in der Bibel, „streckte Jesus seine Hand aus, fasste Petrus und sagte: ‚Du hast zu wenig Vertrauen! Warum hast du gezweifelt?'"

Ja, warum zweifeln wir?

Jesus ruft uns. Wenn wir den Blick auf ihn gerichtet halten, können wir überall hingehen und alles tun, was von uns verlangt wird. Wenn wir den Blick aber von ihm abwenden und auf den Sturm starren – auf die Gefahr –, werden wir mit Sicherheit sinken. Wir werden nie zu den Millionen Menschen gehen, die in den dunklen Machenschaften des Menschenhandels gefangen sind, oder zu den Millionen ohne Trinkwasser oder zu den Millionen, die unter Gewalt, Krankheit, Hunger, Ungerechtigkeit, Einsamkeit oder Hoffnungslosigkeit leiden.

Um zu ihnen zu kommen, werden wir vielleicht auf dem Wasser gehen müssen.

Angst und Glaube können nicht nebeneinander existieren. Will ich angesichts meiner persönlichen Ängste und Grenzen an die Wahrheit Gottes glauben oder den Lügen des Widersachers, die sich in meinen eigenen Gefühlen widerspiegeln? Will ich die Angst der Welt wählen – oder an den glauben, der die Welt überwunden hat?

Vertrauen Sie dem Schöpfer des Universums, dem, der Mond und Sternen ihren Platz zugewiesen und den Himmel aufgespannt hat.

Jesus sagt: „Geht … ruft alle Menschen dazu auf, mir nachzufolgen! Tauft sie im Namen des Vaters, des Sohnes und des Heiligen Geistes! Lehrt sie, so zu leben, wie ich es euch aufgetragen habe.“

Und dann gibt er ihnen das Versprechen, das dies alles möglich macht. Es ermöglicht auch uns, unerschrocken zu leben: „Ihr dürft sicher sein: Ich bin immer bei euch, bis das Ende dieser Welt gekommen ist!“ (Matthäus 28,19–20; Hfa).

Er fordert uns nicht auf, zu gehen, *so lange wie* oder *wenn* oder *nachdem* er alle Gefahren ausgeräumt und alle Angst weggenommen hat. Er fordert uns auf, zu gehen *trotz* und *ungeachtet* der Gefahren und *selbst wenn* wir Angst haben. Jesus fordert uns einfach auf: *Vertraut mir. Geht mit mir.*

Mein ganzes Leben lang hat er das zu mir gesagt und mir den Mut geschenkt, mich der Angst zu stellen und es zu wagen, überall dort hinzugehen, wohin er mich ruft.

Als ich zur Bibelschule gehen wollte, aber Angst hatte, ich würde hinausgeworfen werden, sobald die Professoren merkten, wie wenig ich in Wirklichkeit wusste, schien Jesus mich zu fragen: *Wirst du mit mir gehen?*

„Ja, Herr“, antwortete ich. „Ich werde trotzdem gehen, weil ich dein Wort besser kennenlernen und verstehen und die Gute Nachricht weitergeben möchte.“

Als ich Angst hatte zu heiraten, weil mein Vertrauen missbraucht worden war und ich überall seelische Narben hatte, lautete die Frage wieder: *Chris, wirst du mit mir gehen?*

„Ja, Herr“, sagte ich. „Ich werde gehen – obwohl ich Angst davor habe, wieder verletzt zu werden, und obwohl ich immer noch unter den alten Verletzungen leide –, weil ich mir die Beziehungen, die du für mich vorgesehen hast, und die Liebe, die auf mich wartet, nicht entgehen lassen will.“

Als Gott es mir nach und nach ermöglichte, in Schulen mit Teenagern zu reden, brach mir der Angstschweiß aus. *Und wenn sie sich über mich lustig machen, dazwischenrufen oder sich einfach weigern, zuzuhören?* Doch Jesus schien einfach zu fragen: *Wirst du mit mir gehen?*

„Ja, Herr. Ich werde gehen, obwohl sie mir vielleicht nicht zuhören werden – denn es könnte doch sein, dass immerhin ein Schüler berührt und verändert wird. Für diesen einen ist es das wert.“

Und als er mir Möglichkeiten auftat, überall auf der ganzen Welt von ihm zu erzählen – und ich nicht auf einem langsamen Boot dorthin kommen konnte, sondern in ein Düsenflugzeug steigen musste, wovor mir graute –, lautete die Frage erneut: *Wirst du mit mir gehen?*

Und wie bei allem anderen, zu dem er mich aufgefordert hatte, wusste ich, dass ich tatsächlich die Wahl hatte. Jesus lässt uns immer die Wahl. Ich konnte mich dafür entscheiden, mich von meinen Ängsten bestimmen zu lassen. Oder ich konnte darauf vertrauen, dass der Gott, der den Himmel geschaffen hat und mich zu dieser Aufgabe berief, nicht aufzuhalten war und keine Angst vor der Schwerkraft hatte, die er geschaffen hat. Wenn ich laut Gottes Plan durch die Welt reisen sollte, um anderen zu helfen und zu verlorenen und einsamen Menschen zu gehen, zu Menschen, die gescheitert waren und auf einen „barmherzigen Samariter" warteten, dann konnte Gott auch ein Flugzeug am Himmel halten.

Unerschrocken das Ziel erreichen

Wenn Jesus bei uns ist, gibt uns das Kraft. Diese Kraft seiner Gegenwart half mir, während jenes Fluges von Chicago nach North Carolina die Ruhe zu bewahren, als wir aufgrund einer Störung des Fahrwerks Gefahr liefen, bei der Landung zu verunglücken. Nachdem der Pilot uns informiert hatte, dass wir uns im Landeanflug zum Flughafen O'Hare befanden, und er uns Verhaltensanweisungen gegeben hatte, sah ich, wie sich die Menschen um mich herum auf das Schlimmste gefasst machten. Sie umklammerten die Armlehnen ihrer Sitze oder die Hand oder den Arm der Person, die neben ihnen saß. Viele beteten mit leiser Stimme.

Ich schloss die Augen.

Meine Hand lag in Nicks Hand, während ich gefasst und leise betete: *Herr, ich danke dir, dass du nicht zugelassen hast, dass ich meiner Angst vor dem Fliegen nachgebe. Danke, dass du mir geholfen hast, diese Angst zu überwinden. Es gab Zeiten, in denen ich mir nicht vorstellen konnte, dass ich jemals wieder in ein Flugzeug steigen würde, aber ich wollte so gerne deinem Willen und deinem Ziel für mein Leben folgen. Wie oft musste ich mich dafür entscheiden, trotz meiner Angst in ein Flugzeug zu steigen – und jedes Mal warst du bei mir, hast mich getröstet, mich befähigt, mir Kraft gegeben. Und deshalb konnte ich in so viele Städte und Länder auf der ganzen Welt reisen und Menschen begegnen, die ich sonst nie gesehen hätte.* Ich dachte an Gottes Verheißung aus dem 2. Timotheusbrief. *Herr*, betete ich, *wie sonst auch will ich mich daran erinnern, dass du uns nicht einen Geist der Furcht gegeben hast, sondern einen Geist der Kraft und der Liebe und der Besonnenheit.*

Ich hörte und spürte das Aufsetzen von Gummi auf der Landebahn. Alle Passagiere brachen spontan in Applaus aus. Als wir allmählich auf der langen Landebahn abbremsten, rollten wir an wartenden Polizeiwagen mit heulenden Sirenen, an Löschfahrzeugen, Rettungswagen und Bodenpersonal vorbei.

Wir landeten ohne Zwischenfall, und schon nach wenigen Minuten öffneten sich die Türen des Flugzeugs. Licht strömte herein.

Es gab eine Zeit, da hatte mich eine derart lähmende Flugangst gepackt, dass ich die Insel Australien nicht mehr verließ. Doch Jesus sprach mir Mut zu, wie er es bei Petrus getan hatte, als dieser auf dem Wasser wandelte. Das, was ich früher einmal so fürchtete, hat mir die Möglichkeit eröffnet, anderen Menschen in schwierigen Situationen zu helfen und mir an Jesus ein Beispiel zu nehmen.

Wir leben in einer finsteren Welt. Regen fällt. Unwetter kommen auf. Blitze zucken. Sie können im Leben scheitern. Das Dach kann einstürzen. Sie können Schaden erleiden. Solange Sie leben, werden Sie auch etwas zu verlieren haben – kleine Teile Ihrer selbst. Die Menschen, die Sie lieben, die Lebensentscheidungen, die Ihnen kostbar sind – irgendetwas, das Ihnen lieb und teuer ist, ist immer in Gefahr. Das ist ein Grund, um Angst zu bekommen. Wir haben die Wahl: Wir können uns dieser Angst ergeben und unser Leben von ihr bestimmen lassen, oder wir können alles, was wir lieben und zu verlieren fürchten, Jesus anvertrauen und dann furchtlos leben – unerschrocken.

Manche Menschen haben einen schrecklichen Preis für ihr Leben in Angst gezahlt. Sie sehen nur noch Dunkelheit. Sie können sich nur noch an ihre Angst oder ihre Verzweiflung, ihre Einsamkeit und ihre Verzagtheit klammern.

Doch wer Jesus folgt, lebt im Licht. Wir kennen seine Liebe. Wir haben Hoffnung. Wir können anderen die Botschaft von seiner Gnade, von möglicher Veränderung überbringen.

Liebst du mich?, fragt Jesus.

Unerschrocken können wir mit *Ja* antworten – und uns darauf vorbereiten, ihm ohne Angst zu dienen.

Kapitel 7

Ich war völlig verloren

Wissen Sie noch, wie Sonia sich in Thessaloniki mit der Frage an mich wandte: „Warum sind Sie nicht früher gekommen"? Die Dringlichkeit ihrer Frage ging mir damals durch und durch. Es war eine verzweifelte Frage, man konnte sich ihr nicht entziehen – und doch ist es für viele Menschen schwer, diese Dringlichkeit zu verstehen. Wir werden nicht angegriffen oder erniedrigt oder versklavt. Wir leiden keinen Hunger. Wir sind nicht durstig. Wir haben bequeme, warme Kleidung zum Anziehen und ein Dach über dem Kopf. Wir sind in Sicherheit.

Es ist schwer, die Not derer zu verstehen, die auf Rettung hoffen, wenn man selbst nicht in Gefahr, sondern in Sicherheit ist.

Und doch haben alle unter uns, die an Jesus glauben, diese Not in gewisser Weise selbst erlebt. „Verloren" waren wir alle einmal, getrennt von Gott – ehe er uns „fand" und wir dann zu Gottes Familie gehörten. Vielleicht haben Sie aber bereits als Kind Jesus in Ihr Leben eingeladen, oder Ihre Entscheidung für ein Leben mit Gott war für Sie eher intellektueller als emotionaler Natur. Und vielleicht leben wir so abgeschottet gegen verzweifelte, dringende Not, dass wir die Tiefe von Sonias Verzweiflung in keiner Weise verstehen können.

Gelegentlich schickt Gott uns eine Gedächtnishilfe …

Unterwegs im Daintree-Nationalpark

Mick fuhr unseren Geländewagen und verlor jetzt eindeutig die Kontrolle. Das Auto rutschte und schlingerte den steilen, schlammigen Pfad am Berghang hinunter. Die Kurve in der unbefestigten Straße näherte sich viel zu schnell und die Bremsen reagierten auf dem Matsch nicht mehr. Ich biss die Zähne zusammen und schloss die Augen – wir würden über die Böschung hinausschießen. Würden wir uns überschlagen? War es jetzt mit uns vorbei?

Mick riss das Steuer herum, um das Fahrzeug auf der Straße zu halten, aber es half nichts – wir schossen über die Böschung. Der Geländewagen tauchte mit gesenkter Schnauze ab und brach mit wildem Geholper durch das Unterholz, während wir Insassen gegen das Dach, die Seitenwände und gegeneinander flogen. Wir waren der Physik und Schwerkraft auf Gedeih und Verderb ausgeliefert. Schneller und schneller und immer unkontrollierter schlitterten wir, bis wir schließlich am Ende des Abhangs in einen riesigen, sumpfigen Graben krachten.

Wir steckten im Morast fest wie eine Mandel in einem Schokoriegel.

Wir fünf – meine Freunde Kylie, Sally, Mick, Paul und ich – hatten beschlossen, an unserem letzten Urlaubstag eine Spritztour durch den Daintree-Nationalpark zu machen, einen Urwald, der zu Australiens Naturschönheiten gehört und eines der ältesten erhalten gebliebenen Ökosysteme der Welt darstellt. In einem Schnellrestaurant hatten wir eine alte, ausgeblichene Landkarte gefunden, die jemand liegen gelassen hatte. Mithilfe dieser Karte hatten wir uns für eine Route entschieden, die uns interessant erschien, und waren losgefahren. Wir hatten eine tolle, landschaftlich wunderschöne Fahrt gehabt – bis jetzt. Wir hatten Eukalyptusbäume gesehen, die so riesig waren, dass wir es zu fünft nicht schafften, eine Kette zu bilden und einen mit Efeu bedeckten Stamm zu umschließen. Teppiche aus Orchideen, Farnen und wildem Ingwer bedeckten den Boden unter Palmen, deren gewaltige grüne Wedel einem beim Vorbeigehen wie Fächer über das Gesicht strichen. Wasserfälle, über denen ein feiner Nebel lag, schenkten Kühlung in der tropischen Hitze.

Es war herrlich gewesen. Bis jetzt.

„Ich konnte nicht mehr anhalten!", keuchte Mick. „Geht's euch gut?"

Langsam bewegten wir die Glieder und antworteten: „Ja."

Ich löste meine Finger von der Rückenlehne des Sitzes vor mir, an die ich mich in Todesangst geklammert hatte. Wir waren alle wie betäubt und erschüttert.

Also schön, beschloss ich und rieb mir den Nacken, *Worte sind jetzt überflüssig. Wir müssen jetzt aus diesem Wagen raus und ihn aus dem Schlamm schieben.*

Ich weiß noch, wie es um meine Beine herum schlürfte und gluckste, als ich in den Sumpf stieg. *Igitt*, dachte ich. *Ich frage mich, was hier wohl sonst noch drin ist.* Ich hatte noch immer Lust auf ein Abenteuer, aber so hatte ich mir das eigentlich nicht vorgestellt.

Nur ein Waldspaziergang

Zwei Stunden lang schoben, schaufelten, hievten und wateten Kylie, Sally, Mick, Paul und ich durch den Sumpf, um unser winziges spielzeugartiges Fahrzeug zu befreien. Schließlich stand es auf relativ ebenem und trockenem Grund und es sah so aus, als ob wir es mit unserem Allradantrieb wieder bis zurück auf die Straße am Fuße des Berges über uns schaffen würden. Müde und mit braunem Schlamm bedeckt lehnten wir uns zum Ausruhen eine Weile gegen den Geländewagen.

Dann kletterte Mick auf den Fahrersitz, um den Motor für unsere Rückfahrt anzulassen. Er drehte den Zündschlüssel, ein kurzes Stottern ... dann kam nichts. Er drehte den Schlüssel wieder. Stotter, Stotter, nichts. Zuerst dachten wir, dass die Benzinleitung vielleicht mit Lehm verstopft sei. Dann deutete Paul auf die Warnleuchte der Tankanzeige, die rot blinkte. Weil wir auf der Tour so viel Spaß gehabt hatten, bemerkte keiner von, dass der Benzintank bereits auf Reserve lief. Die rasante Talfahrt musste unseren letzten Sprit aufgebraucht haben.

„Tja“, sagte ich lachend. „Sieht so aus, als müssten wir laufen.“

„Ja“, sagte Kylie. „Doch wenn man bedenkt, wie lange wir schon gefahren sind, kann das Ende dieser Straße ja nicht mehr so weit entfernt sein.“

„Es wird schon irgendwann ein Ort kommen, von dem aus wir telefonieren und um Hilfe bitten können.“

Obwohl keiner von uns ein Handy hatte, waren wir guter Dinge.

„Da werden wir aber eine schöne Geschichte zu erzählen haben“, sagte ich grinsend und mit hochgezogenen Augenbrauen.

Wir machten uns auf den Weg, lachten und schwatzten und waren nicht sonderlich besorgt.

Doch es dauerte nicht lange, bis unser Wunsch immer größer wurde, endlich an einen Ort zu kommen, der mehr nach Zivilisation aussah. Wir schienen immer tiefer in den Regenwald zu wandern, anstatt herauszukommen. Ich bemerkte, wie durstig ich war, und als ich so darüber nachdachte, hatte ich auch Hunger. Meine Füße taten langsam weh. Flipflops waren nicht die beste Fußbekleidung für einen Marsch durch einen dichten Regenwald. Und das Sonnenlicht, das unter dem Blätterdach der Bäume ohnehin gedämpft war, schwand langsam. Kühle Brisen von der

Küste strichen durch das nasse Laubwerk. Nachdem es vorher so heiß gewesen war, fror ich jetzt in meinem dünnen T-Shirt und den Shorts.

Wir gingen weiter, immer noch guter Dinge, aber unser Gelächter war ein wenig verhaltener. Wir hegten alle den gleichen Wunsch: duschen, etwas essen, etwas trinken. Im Stillen betete ich, dass wir doch bald einen Weg aus dem Urwald finden würden. Ich hatte keine Angst – ich wollte einfach nur wieder zurück zum Spaß unseres Wald-Wunderland-Abenteuers. Ich war mir sicher, dass wir nicht mehr weit von einem Ort entfernt waren, wo wir etwas zu Abend (oder wenigstens einen Snack) essen konnten und Benzin für das Auto bekamen, und vielleicht würde irgendein netter Mensch uns ja auch zurückfahren, damit wir weiterfahren konnten. Schließlich würde ja niemand im tiefsten Urwald eine Straße nach nirgendwo bauen. Am anderen Ende musste es irgendeine Form von Zivilisation geben.

Und dann ging die Sonne unter.

Eine Nacht in der Wildnis

Der Sonnenuntergang machte uns bewusst, in welchem Schlamassel wir steckten: Der Pfad schien uns tiefer und tiefer in den dunklen Regenwald zu führen, weit und breit war kein Hotel oder Lichtstrahl zu sehen. Das dichte grüne Blattwerk, das die Bäume bedeckte und miteinander verband, war jetzt beinahe schwarz.

Plötzlich ging mir auf, dass niemand wusste, wo wir waren. Den Daintree-Nationalpark zu erforschen, war eine ganz spontane Idee gewesen, über die wir nur unter uns geredet hatten. Und offen gestanden wussten wir noch nicht einmal, wo wir uns in diesem zwölfhundert Quadratkilometer großen Stück Wildnis befanden. Und selbst wenn, ich konnte keine Karte lesen und ich war mir auch nicht sicher, wie es um den Orientierungssinn meiner Freunde bestellt war. Im schwindenden Licht würden wir den Weg bald nicht mehr erkennen können.

In einer solch misslichen Lage beginnt man plötzlich, Dinge zu hören, die man vorher nicht gehört hat: das Rascheln von Lebewesen über und unter dir, das Knacken von Zweigen.

Ich hörte Wasser rauschen. Wir waren an einen Fluss gekommen und es gab keinen anderen Weg, als hindurchzuwaten.

Einen Moment lang standen wir zögernd am Ufer. Vermutlich dachten wir alle das Gleiche: *Wollen wir wirklich versuchen, einen Fluss zu durchqueren? Sollten wir nicht lieber umkehren? Aber jetzt sind wir schon so weit gekommen. Sicherlich ist die Hilfe nicht mehr weit ...*

Mick trug die Videokamera, die wir mitgenommen hatten, um unsere Abenteuer aufzuzeichnen. Nun verkündete er, dass die Batterie in etwa dreißig Minuten aufgebraucht sein würde – das war nicht etwa wichtig, weil wir Videoaufzeichnungen von unserer Dummheit brauchten, sondern weil der Scheinwerfer der Kamera unsere einzige Lichtquelle war.

Dreißig Minuten? Wir waren stundenlang gelaufen. Dreißig Minuten würden nicht annähernd reichen. Die Dunkelheit brach schnell herein – schon jetzt war es so dämmrig, dass ich das gegenüberliegende Flussufer nicht mehr richtig erkennen konnte.

Wir sahen einander an und nickten. Jetzt, so beschlossen wir, wäre ein guter Zeitpunkt, um die Kamera einzuschalten – wir brauchten Licht, um den Fluss zu durchqueren.

Mick knipste das Licht an.

Die Lichtstrahlen, die durch die Dunkelheit schnitten, beleuchteten unser bisheriges Vorankommen. So weit das Auge reichte, standen in jeder Richtung hoch aufragende

Bäume, die mit Efeu und Pflanzen bedeckt waren. Im Hintergrund ragten die Silhouetten von Bergspitzen auf, die in einen unermesslich fernen Sternenhimmel reichten.

Wir sahen einander an und schauten dann schnell wieder weg. Es war beinahe unerträglich zuzugeben und die Erkenntnis in den Augen der anderen zu sehen: Wir hatten uns verirrt.

Hilflos und hoffnungslos

Erst als das Licht die Dunkelheit erhellte, erkannte ich, wie ernst unsere Lage war und wie hoffnungslos wir uns verirrt hatten.

Die Fakten waren eindeutig: Wir waren bis tief in die Wildnis des Daintree-Nationalparks vorgedrungen. Es war Nacht und wir waren zu Fuß mit schlechtem Schuhwerk unterwegs, ohne Nahrung und Wasser, ohne schützende Kleidung, ohne einen Wanderführer mit Tipps zum Überleben im Regenwald, ohne ein Handy und ohne den blassesten Schimmer, wie wir wieder zurück in die Zivilisation finden sollten. *Wie dumm sind wir doch gewesen*, dachte ich. Niemand würde nach uns suchen. Und selbst wenn wir irgendwann als vermisst galten, würde niemand wissen, wo man anfangen sollte zu suchen. Wir waren Touristen, die eine Sommer-Spaß-Tour machen wollten, Stadtmenschen, die keine Ahnung hatten, worauf sie sich da eingelassen hatten – und wir befanden uns in einem der ältesten Regenwälder der Welt, in dem giftige Schlangen, Eidechsen und Spinnen zu Hause waren. Und selbst ohne diese Dinge hatte ich mir unter Campen bisher eher einen schlechten Zimmerservice vorgestellt, als tatsächlich in einem Zelt oder unterm Sternenhimmel auf dem moosigen Boden am Fuße eines Baumes zu schlafen.

Einen Tag zuvor wäre das noch ein Witz gewesen. Jetzt lachten wir nicht. Wir hatten aber auch keine schreckliche Angst. Wir hätten vermutlich *mehr* Angst haben sollen, als wir hatten. Uns war klar, dass wir Hilfe brauchten. Wir hatten uns in eine heikle Lage hineinmanövriert und keiner von uns wusste, wie wir da wieder herauskommen sollten.

Im Licht der Lampe machten wir uns darauf gefasst, den Fluss zu durchqueren.

Schweigend bildeten wir eine Kette und stiegen ins Wasser. Der Fluss war an dieser Stelle so seicht, dass wir hindurchwaten konnten, aber ich hätte fast aufgeheult, weil er so eisig kalt war. Ich konzentrierte mich darauf, ans andere Ufer zu kommen. Die Jungs halfen Kylie, Sally und mir, wenn wir in unseren Flipflops den Halt verloren. Ich wäre beinahe ausgeflippt, als das karge Scheinwerferlicht offenbarte, dass das Ufer mit Kakerlaken übersät war. Ich schickte ein Stoßgebet nach dem nächsten zum Himmel, während ich durch das Wasser watete.

Wie auf Kommando erlosch das Licht der Kamera, als wir alle das andere Ufer erreicht hatten.

Wie unheimlich, aber auch irgendwie tröstlich, dachte ich. „Danke, Gott", betete ich. „Du hast uns hinübergebracht. Jetzt bring uns heil nach Hause." Obwohl wir keine Ahnung hatten, was vor uns lag, war ich mir sicher, dass wir den schlimmsten Teil unserer Wanderung mit Gottes Hilfe überstanden hatten.

Wir hatten ein wenig Mondlicht zur Orientierung. Schweigend wanderten wir nun durch herabhängende Kletterpflanzen und Zweige. Plötzlich hörten wir ein leises Pling-Pling. *Regen.* Der Geruch des Regens, der uns noch vor einigen Stunden wie ein wunderbarer Duft erschienen wäre, wurde immer stärker und verhieß weitere Schwierigkeiten. Ich sah auf die Uhr, als der Wolkenbruch einsetzte: ein Uhr nachts. Das Mittagessen war jetzt zwölf

Stunden her. Allmählich bekam ich die Dehydration zu spüren. Mein Mund fühlte sich so trocken an, als ob ich auf Baumwollkugeln gekaut hätte. Mein Magen war wütend, er knurrte nach Essen und der Rest meines Körpers war durchgefroren. Der Regen brachte mehr als nur Unbehagen. Ich zitterte in meinen Shorts und dem T-Shirt. Mir war leicht schwindlig und es fiel mir schwer, mich zu konzentrieren. Ich fragte mich nicht länger, ob wir rechtzeitig zurück sein würden, um unseren Rückflug nicht zu verpassen. Langsam fragte ich mich, wie wir überhaupt zurückkommen sollten.

„Wir müssen eine Pause machen", sagte Sally. Sie sah so elend aus, wie ich mich fühlte.

Es war sowieso zu dunkel zum Weitergehen. Wir suchten nach einem Unterschlupf, wo wir uns bis zum Morgengrauen ausruhen konnten. Obwohl es überall Bäume gab – wir waren schließlich im Regenwald! –, schien kein Baum ein Dach vor dem Unwetter zu bieten. Wir machten uns auf die Suche nach heruntergefallenen Ästen und losen Stöcken, um daraus einen behelfsmäßigen Unterschlupf zu bauen. Schließlich kauerten wir uns unter unseren Versuch eines Unterstands an einen dicken Baum; er war unser einziger Schutz. Ich rieb mir die Hände und Füße. Dornige Schlingpflanzen und stachelige Büsche und Pflanzen hatten mir in die müden Glieder geschnitten. Ich fühlte mich schmutzig, erschöpft, hungrig und durstig – hoffnungslos. Wir schwiegen, und zweifellos dachten wir alle das Gleiche: Niemand von uns wusste, wie wir aus diesem Schlamassel wieder herauskommen sollten.

Erschöpft dösten wir vor uns hin, doch oft schreckten wir vor Schmerz oder Kälte hoch. Richtig Schlaf fand niemand. Jeder war tief in Gedanken versunken, am meisten dachten wir an unsere Lieben daheim. Sie ahnten sicherlich nicht im Geringsten, dass wir im Regenwald verschollen waren und nicht in unseren Hotelbetten schliefen – neben gepackten Koffern für unseren morgigen Rückflug. *Keine Menschenseele auf Erden weiß von unserer Not*, dachte ich. *Aber du weißt davon, Gott. Kannst du uns irgendwie aus diesem Schlamassel retten, in das wir uns hineinmanövriert haben? Es tut mir leid, dass wir so unverantwortlich waren. Ich weiß, dass dies ganz alleine unsere Schuld ist. Wir können niemanden sonst dafür verantwortlich machen. Wir waren fahrlässig, und das haben wir jetzt davon. Aber hilf uns trotzdem, Gott. Bitte, bitte, hilf uns.*

Fünf elende Stunden später ging die Sonne auf. Und wieder zeigte uns das Licht, wie verzweifelt unsere Lage war. Wir waren schmutzig und schlammverkrustet, und unter unseren blutunterlaufenen Augen zeichneten sich schwarze Ringe der Erschöpfung ab. Obwohl der Regen aufgehört hatte, waren wir klatschnass und uns tat alles weh. Sally und Paul konnten nicht einmal mehr gehen, weil sie sich beim Sammeln von Stöcken und Ästen so übel in die Füße geschnitten hatten. Ich spürte das Brennen von jedem einzelnen Schnitt an meinen Beinen, Händen und Füßen.

Eine weitere Stunde saßen wir da, versorgten uns, so gut es ging, und erwogen jede nur denkbare weitere Vorgehensweise. Sollten wir weitergehen? Wir hatten keine Ahnung, was uns erwartete, und wir fühlten uns eher schwächer als stärker. Sollten wir hier warten, wo wir waren? Da konnten wir womöglich wochenlang auf Hilfe warten. Niemand suchte nach uns, und wie groß waren die Chancen, dass jemand hier vorbeikam?

Vielleicht sollten wir versuchen, zurückzugehen – aber wir waren doch schließlich schon so weit gekommen. Zurückzugehen würde mindestens einen weiteren Tag dauern, vielleicht auch zwei angesichts unseres körperlichen Zustands, der sich zusehends verschlechterte. Jede Möglichkeit schien eine Sackgasse zu sein.

„Es reicht", sagte Mick schließlich. „Ich treffe jetzt einfach die Entscheidung, und damit basta. Ich fühle mich kräftig genug. Ich gehe weiter und suche Hilfe. Ihr anderen wartet hier – ihr würdet mich sowieso nur aufhalten. Ich werde euch Hilfe schicken."

Obwohl es niemand aussprach, dachten alle anderen zweifellos dasselbe wie ich: *Das ist unwahrscheinlich*. Trotzdem, Mick hatte recht – wir mussten etwas tun. Wenn wir alle nur hier saßen, würden wir unweigerlich sterben. Trostlos und verängstigt stimmten wir widerwillig zu. Wir beschlossen, uns zuerst auf einen höher gelegenen Ort zu begeben. In der Nähe gab es eine Klippe; wir würden uns dort an den Rand hocken.

„So stehen die Chancen besser, dass du uns wiederfindest", sagte Paul zu Mick, „wenn du Erfolg hast …"

Das *Wenn* spukte uns allen durch den Kopf.

Von unserem neuen, höher gelegenen Aussichtspunkt beobachteten Paul, Kylie, Sally und ich, wie Mick im Wald verschwand. Dann verfielen wir wieder in Schweigen, jeder hing seinen eigenen Gedanken nach.

Ich saß auf dem nassen Boden und schlang die Arme um meine Beine. Der Druck linderte ein wenig das Brennen meiner Schnitte. Doch meine Quetschungen von unserer Talfahrt mit dem Geländewagen und unserem Kampf mit dem Dickicht spürte ich wieder deutlich.

In den darauffolgenden fünf Stunden zuckten wir ständig zusammen, sobald ein Ast abbrach oder es im Gebüsch im Wald knackte. Um zehn Uhr morgens dachte ich daran, dass jetzt unser Flieger zurück nach Sydney abhob. Der Flug dauerte drei Stunden, und nur wenn wir nicht ausstiegen, würde irgendjemand auf die Idee kommen, mit uns Kontakt aufnehmen zu wollen. Sie würden unsere Spur bis zum Hotel zurückverfolgen, wo wir nicht ausgecheckt hatten, aber niemand würde wissen, wohin wir gegangen waren. Sie würden noch nicht einmal wissen, wo sie anfangen sollten zu suchen. Wie sollten sie uns in diesem wilden, dichten Regenwald finden? Unser Geländewagen war von der Straße abgekommen und ebenso unauffindbar tief im Wald versteckt wie wir selbst. Der nächtliche Regenguss hatte sicher jegliche Spuren unseres Unfalls weggespült, genau wie sämtliche Fußspuren von uns.

Weitere vier Stunden verstrichen. Mein Magen ächzte nach Essen, und obwohl es mittags war, zitterte ich. Die Elemente, denen wir ausgesetzt waren, verlangten ihren Tribut. Ich machte mir Sorgen um Mick. Was, wenn er selbst verletzt war? Oder einem gefährlichen Tier begegnete? Ich hatte Mühe, klar zu denken, und langsam verzweifelte ich. Es war ein Wunder nötig, um uns aus dieser Lage herauszubringen. Der Hunger und die Schmerzen – alles würde nur noch schlimmer werden.

Ich verlor die Hoffnung auf Rettung.

Da jeder Schritt schmerzte, konnte ich nur sehr langsam ein paar Palmwedel und Farne sammeln, um mir daraus ein Totenbett zu machen. Ich breitete sie aus und legte mich vorsichtig darauf nieder, die Augen geschlossen, die Arme über der Brust gefaltet.

„Was machst du da?“, fragte Paul.

„Wenn wir gefunden werden, möchte ich friedlich aussehen“, antwortete ich.

„Chris, du bist so theatralisch“, sagte Kylie.

Ich wusste, dass sie recht hatte, aber ich glaubte auch, dass dies wahrscheinlich das Ende war. Ich hatte mich immer gefragt, wie ich mich fühlen würde, wenn es so weit war, und ich war etwas überrascht, wie ruhig ich war. Ich dachte an meine Familie und alle meine Beziehungen und mein Leben bis zu diesem Moment. „Gott“, betete ich, „ich bin so dankbar, dass ich mich für ein Leben mit dir entschieden habe und dass ich dir dienen durfte, aber ich hätte wirklich nicht geglaubt, dass ich auf diese Weise in den Himmel kommen würde. Ich dachte, du hättest noch so viel mit mir vor. Wenigstens weiß ich, dass ich wirklich an dich glaube, Herr, und ich bin bereit, dir von Angesicht zu Angesicht zu begegnen. Bitte steh meiner Mama und meiner Familie und meinem Team bei. Herr, es tut mir so leid, dass wir so unachtsam waren. Ich weiß, dass wir besser hätten aufpassen sollen, aber daran kann ich jetzt nichts mehr ändern."

Kylie schreckte mich auf. „Hört ihr das?", flüsterte sie atemlos.

„Was?", fragte Paul.

Ich lauschte.

„Hört ihr das nicht?", fragte sie noch einmal.

Alles, was ich hörte, war Kylies Geraschel, die versuchte aufzustehen. *Sie halluziniert*, dachte ich. *Wie nett von dir, Gott, dass du ihr Halluzinationen schenkst, um ihr beim Übergang von diesem ins nächste Leben zu helfen.*

Dann spürte ich ein leichtes Vibrieren, ein Zittern in den Bäumen, im Boden, gefolgt von einem gleichmäßig schwirrenden Dröhnen. Ich rieb mir die Ohren. Das Geräusch ging nicht weg. Ja, es wurde immer lauter. Ich spürte einen Luftzug und öffnete ein Auge.

Wie ein einziger Tag alles verändern kann

Kylie und Paul waren aufgestanden und winkten wie verrückt zum Himmel. Sie riefen: „Wir sind hier! Wir sind hier!" Ihr Rufen und ein noch stärkerer Luftstoß sorgten dafür, dass ich mich aufsetzte. Ich blickte mich um: ein Hubschrauber. Mick lehnte sich aus der Tür, als er genau über uns schwebte. Auch er winkte strahlend.

Ich sprang auf und rannte zum Rand der Klippe. Ich werde nie vergessen, wie ich auf diesem Vorsprung stand und schrie:

„Wir sind gerettet! Wir sind gerettet! Wir sind gerettet!" Überglücklich und erleichtert und unglaublich froh wollte ich Luftsprünge machen. Stattdessen erstarrte ich.

Es waren nicht nur der steile Abhang, der sich am Rand der Klippe auftat, oder meine wunden Füße und schmerzenden Glieder, die mich innehalten ließen. Es waren die Worte. So klar wie nie zuvor schien Gott mir an jenem Tag zu sagen: *Ja, Christine, du bist gerettet. Merke dir, was es bedeutet, gerettet zu sein. Merke dir, wie es ist, verloren zu sein. Vergiss nie die Dunkelheit und den gewaltigen Unterschied zwischen einem Gefühl der Sorglosigkeit am Morgen und dem der Traurigkeit und Angst und des Bedauerns, weil man so sorglos gewesen ist. Vergiss nie, dass ich hier bin. Vergiss nie, dass ich jeden Menschen retten möchte. Und vergiss nie, wie es ist, wenn man aus eigener Kraft nicht mehr aus der Dunkelheit herauskommen kann.*

Eine Leiter wurde vom Himmel heruntergelassen. Nach unserer dunklen Nacht und den dunklen Stunden für meine Seele sah ich blinzelnd in ein nahezu blendendes Licht hoch. Als ich nach der ersten Sprosse griff, war mir, als ergriffe ich die Hand Gottes, und ein Gefühl der Dankbarkeit durchströmte mich. Im Tageslicht dachte ich voller Hoffnung: *Das werde ich nie vergessen.* Wie könnte ich? Noch vor einer Minute war ich ohne jede Hoffnung gewesen und darauf gefasst zu sterben. Ich hatte mich verlassen und fernab jeglicher Hilfe gefühlt, unerreichbar für jede Rettungsaktion an solch einem fremden und erbarmungslosen Ort, umgeben von Raubtieren, voller Schmerzen und Schnitte, wund und durchnässt, verängstigt und verzweifelt.

Die Rettungsmannschaft ließ ein Sicherungsseil herab, das ich mir um die Hüfte band. Ich kletterte die Strickleiter hoch und schaukelte über der Wildnis, wo ich noch vor wenigen Augenblicken geglaubt hatte zu sterben. Wie anders sah der Regenwald im Licht der Hoffnung aus. *Das sind bloß Bäume*, dachte ich. Von oben griff das Einsatzteam nach mir, um mich sicher in den Hubschrauber zu ziehen. Sobald ich im Inneren war, staunte ich darüber, wie doch eine Hand, die sich rettend ausstreckt, alles verändert. Ich musste beinahe lachen, weil mir das Ganze eher wie eine Szene aus einem Abenteuerfilm vorkam als wie eine tatsächliche Erfahrung in meinem Leben.

Ich blickte meine Freunde an, die nun ebenfalls mit diesem teuren Hubschrauber gerettet worden waren. Das Bergungsteam hatte alles stehen und liegen gelassen, um uns zu suchen, zu finden und uns aus der Dunkelheit und der Gefahr zu holen. Ich erkannte: *Jemanden zu retten hat seinen Preis. Der Retter riskiert alles.* Genau das tat Gott für uns, als er Jesus in diese Welt sandte, um zu suchen und zu retten, was verloren ist.

Während ich den Sicherungsgurt ablegte, blickte ich zum Himmel und flüsterte: „Gott, ich werde diejenigen, die noch immer in der Dunkelheit verloren sind, nicht vergessen.“

Ich will mich immer daran erinnern

Ich habe Gott versprochen, dass ich diese Erfahrung nicht vergessen werde, und das habe ich nicht. Ich erinnere mich noch genau an die Mischung aus Glücksgefühl und Erleichterung, als ich den Hubschrauber sah und begriff, dass wir gerettet waren. Und ich erinnere mich an Gottes Worte: *„Merke dir, was es bedeutet, gerettet zu sein. Merke dir, wie es ist, verloren zu sein.“* Ich habe seitdem oft an diese Worte gedacht, genauso wie ich mich oft an jenen Tag in Thessaloniki erinnere, als Sonia fragte: „Warum sind Sie nicht früher gekommen?“

Ich verstand ihre Verzweiflung und die Dringlichkeit, weil ich mich daran erinnerte, wie es mir selbst ergangen war.

Für den Verzweifelten, den Hungrigen, den Unterdrückten, für die, die Schmerzen leiden, kann die Rettung nicht früh genug kommen. Und wenn uns hilflose Menschen anflehen, sie zu retten, verlangt Gott nicht von uns, dass wir Supermann werden. Er möchte nur, dass wir uns bereit erklären zu helfen. Alles andere übernimmt er.

Eine Wahrheit, die ich bereits aus der Bibel kannte, ergab für mich auf einmal einen ganz neuen Sinn: Es gibt so viele, für die es keinen Ausweg gibt, wenn wir ihnen nicht helfen. Die Worte des Propheten Jesaja bekamen eine ganz neue Bedeutung für mich. Ich sagte sie leise zu Gott; es war wie ein Gelübde, das der Erfahrung entsprang zu wissen, was es heißt, gerettet zu sein: *Hier bin ich, Herr. Sende mich!* (Jesaja 6,8).

Wenn wir zu Gott sagen: „*Sende mich*" – worauf lassen wir uns damit ein?

„Sende mich" heißt, zu verlorenen Menschen zu gehen

Es ist ganz natürlich, dass man in sein gewohntes Leben zurückkehrt und zur Tagesordnung übergeht, nachdem man gerettet worden ist. Nach einem schlimmen Erlebnis sehnt man sich nach Normalität. Man möchte – und manchmal schafft man das sogar – jenen hoffnungslosen, grauenvollen Moment vergessen, als man verlassen im Dunkeln war. Dorthin zurückzukehren, um andere zu warnen, kostet viel Überwindung – und es klingt riskant zu versuchen, andere aus diesen gefahrvollen Orten zu retten.

Und darum, so glaube ich, hat Jesus eine Geschichte nach der anderen darüber erzählt, wie leicht es ist, falsche Wege und verloren zu gehen – und wie wunderbar es ist, gerettet zu werden. Geschichten von Menschen, die hoffnungslos und verletzt sind. Menschen, die lebendiges Wasser brauchen, Menschen, die ein seelisches Wrack sind, die bald ganz und gar von Dunkelheit eingeschlossen sind und deren Zeit abläuft.

Jesus hat einmal die Geschichte eines verlorenen Schafs erzählt – und gleich anschließend, als ob er spürte, dass wir die Botschaft der Geschichte vielleicht nicht sofort begreifen könnten, erzählt er von einer verlorenen Münze und dann von einem verlorenen Sohn (Lukas 15).

Diese Geschichten, so sagt er, sollen uns an etwas erinnern, das wir nie vergessen dürfen: *Egal, wie tief der Abgrund oder wie finster die Nacht sein mag, ich werde euch immer suchen und retten kommen, weil meine Liebe für euch unerschöpflich ist. Ihr seid mir kostbar. Selbst wenn ihr es vermasselt, wenn ihr leichtsinnig seid oder euch irrt oder Angst habt oder zerbrochen oder schwach seid, liebe ich euch. Selbst wenn ihr nicht in der Lage seid, für irgendjemanden irgendetwas zu tun – einschließlich euch selbst –, liebe ich euch. Und so, wie ich zu euch komme, komme ich auch zu allen anderen, die Fehler gemacht haben, und zu denen, die niemand beachtet, zu den Missachteten und Verachteten. Ich komme grundsätzlich zu denen, von denen man es nicht meinen würde: den Sorglosen und den Unversorgten, den Glücklichen und den Bekümmerten. Ich komme zu den Verlorenen, ob es sich dabei nun um ein dummes Schaf, eine Silbermünze oder einen verschwenderischen Sohn handelt.*

„Sende mich" heißt, verlorene Menschen zu suchen – selbst wenn es sich dabei nur um einen einzigen Menschen handelt

Wenn wir hundert Schafe haben und eines entfernt sich von der Herde, dann sollen wir laut Jesus dem einen nachgehen und es retten. Ist dieses eine nicht genauso wertvoll wie alle anderen neunundneunzig?

Nach Naturkatastrophen oder zu Kriegszeiten gehen Rettungskräfte und medizinisches Personal oft nach einer Methode vor, die sich „Triage" nennt. Darunter versteht man, dass man die Verletzten nach ihrer Überlebensfähigkeit beurteilt. Die Rettungskräfte konzentrieren ihre Bemühungen auf die, die sie glauben, retten zu können – und überlassen schweren Herzens die anderen ihrem Schicksal, sodass sie entweder sterben oder sich vielleicht von selbst erholen.

Bei Jesus gibt es keine Triage. Er lässt die gesunden neunundneunzig Schafe in ihrem geschützten Pferch zurück und geht in die Nacht hinaus, um das eine zu suchen, das verloren ist – das krank, depressiv, enttäuscht, verletzt, versklavt ist. Und wenn er es gefunden hat, legt er es sich über die Schultern, ruft voller Freude seine Nachbarn zusammen und sagt: „Freut euch mit mir, ich habe mein verlorenes Schaf wiedergefunden!" (Lukas 15,6).

Wie könnte ein allmächtiger Gott weniger tun? Können Sie sich vorstellen, wie sonst seine Botschaft an uns lauten würde? „Ich gehe dir hinterher, um dich zu retten – *wenn* ich nicht gerade zu beschäftigt damit bin, andere zu retten, und *wenn* ich mich nicht gerade voll darauf konzentrieren muss, die neunundneunzig anderen zu beschützen. Schließlich hast du dir diesen Schlamassel wahrscheinlich selber eingebrockt, und es wäre nicht fair, den anderen, die brav gewesen sind, meine Zeit und meine Aufmerksamkeit vorzuenthalten, nur damit ich dir nachgehen kann. Ich werde dir helfen, wenn die Umstände es zulassen. Wenn nicht, musst du sehen, wie du klarkommst."

Nirgendwo in der Bibel steht, dass Jesus irgendetwas in der Art gesagt hat. Stattdessen verspricht er, dem Einzelnen nachzugehen, weil jeder Einzelne ihm kostbar ist. Jeder Einzelne.

„Sende mich" heißt, verlorene Menschen zu suchen – selbst wenn wir uns vor ihnen fürchten

Es stimmt, viele von uns haben Angst vor verlorenen Menschen, und deshalb widerstrebt es uns, uns auf den Weg zu machen und sie zu suchen.

Warum fürchten wir verlorene Menschen? Aus vielerlei Gründen. Vielleicht weil sie oft so bedürftig und verzweifelt sind. Wir haben Angst, dass sie sich wie Blutegel an uns heften und ständig etwas von uns wollen könnten: unsere Zeit, unser Geld, unsere seelische Unterstützung, einen Unterschlupf in unserem Haus („nur bis ich wieder auf eigenen Füßen stehe"), eine Mitfahrgelegenheit zur Arbeit und so weiter.

Vielleicht haben wir Angst vor ihnen, weil sie so anders sind als wir. Sie haben einen ganz anderen Lebensstil, treffen andere Lebensentscheidungen, haben eine andere Sprache, einen anderen Geschmack in puncto Kleidung, Essen und Musik und einen anderen Sinn für Humor.

Werden sie uns akzeptieren? Werden sie uns hinter unserem Rücken auslachen? Werden sie uns verachten, obwohl wir uns für sie aufopfern? Könnten sie uns vielleicht sogar gefährlich werden? Werden sie sich vielleicht mit Gewalt nehmen, was wir ihnen nicht freiwillig geben wollen? Werden wir uns unter ihnen unwohl oder unbehaglich fühlen?

Als Jesus Petrus auftrug, seine Schafe zu weiden, gab er ihm keine Liste mit Entschuldigungen, die Petrus in besonderen Fällen anbringen dürfte, damit er seine Aufgabe in manchen Situationen nicht zu erfüllen bräuchte. Jesus sagte nicht: „Weide meine Schafe – solange es nicht unbequem wird oder die Schafe dir nicht zu viel abverlangen. Weide meine Schafe – wenn du keine Angst vor dem großen Hammel hast, der die Herde bewacht. Weide meine Schafe – wenn du keine Angst davor hast, dass sie dich angreifen, dir das Futter aus den Händen reißen und dich zertrampeln."

Er verlangte von Petrus lediglich, seine Schafe zu weiden.

„Sende mich" heißt, verlorene Menschen zu suchen – egal, wie sie in diese Situation gekommen sind

In der Geschichte von der verlorenen Münze hat die Münze sich nicht selbst verloren. Eine Frau, die zehn Silbermünzen besaß, verlor eine davon. War sie so beschäftigt, dass sie vergessen hatte, wo sie sie hingelegt hatte? Hat sie ihren Schatz einen Moment lang aus den Augen gelassen – und ein Dieb hat ihn sich geschnappt? Ist sie gestolpert, alle Münzen fielen zu Boden und eine verschwand unauffindbar? Zwang eine Sucht sie, einen Teil ihres Geldes zu verspielen – und dann verspielte sie sogar noch mehr in dem verzweifelten Versuch, das Verlorene zurückzugewinnen?

Manche Menschen scheitern nicht deshalb, weil sie vorsätzlich etwas getan hätten, sondern weil sie unverschuldet in irgendetwas hineingeraten oder aufgrund äußerer Umstände. Sie scheitern, weil ein unsensibler Lehrer sie mit Worten verletzt, weil sie sich von ihren Eltern vernachlässigt fühlen, weil sie von jemandem missbraucht werden. Vielleicht sind sie sogar von einem Menschenhändler entführt worden, der sie nicht als Menschen betrachtet, sondern als

Ware, die gekauft und an den Höchstbietenden verkauft werden kann. Vielleicht hat ein korrupter Regierungsbeamter so missgewirtschaftet, dass die Armen des Landes jetzt unverschuldet ohne Grundversorgung dastehen, ohne Nahrungsmittel, ohne Wasser, ohne medizinische Versorgung oder Bildung. Immer aber sind die Verlorenen Menschen, die ihr Lebensziel, ihr Potenzial und vielleicht sogar ihre Bestimmung verloren haben.

Vielleicht ist *der Eine* eine alleinerziehende Mutter, deren Einkommen nur für einen Teil der Rechnungen reicht und die ihr Konto bis zum Maximum überzieht, um die restlichen Ausgaben ihrer Familie zu begleichen. Oder vielleicht ist *der Eine* das berufstätige Paar, das so viel Zeit und Energie in ihre Jobs und die Haushaltsführung steckt, dass sie sich auseinandergelebt und die vertraute Zweisamkeit ihrer Ehe verloren haben. Oder vielleicht ist *der Eine* auch der Topmanager, der die Leiter bis zur Unternehmensspitze hochgeklettert ist – sich aber so unerfüllt fühlt, dass er sich fragt, ob die Leiter an der richtigen Wand lehnt.

Der Eine kann jemand sein, der schon früh in die Kriminalität abgerutscht und im Gefängnis gelandet ist. *Der Eine* kann jemand sein, der einen anderen vorsätzlich verletzt hat. *Der Eine* kann selbstsüchtig, suchtkrank, unmoralisch, arrogant, ein Spötter, ein Mörder oder eine Prostituierte sein. Jesus trat für die beim Ehebruch ertappte Frau ein, für den gierigen, betrügerischen Zöllner und für den Verbrecher am Kreuz. Wenn wir uns ein Beispiel an Jesus nehmen, dann können wir nicht mehr unterscheiden zwischen dem Einen, der aufgrund von Umständen, die er nicht beeinflussen konnte, gescheitert ist, und dem, der sich vorsätzlich und willentlich in diese Lage gebracht hat.

Die dritte von Jesus erzählte Geschichte, in der etwas verloren geht, ist weithin bekannt: Sie handelt von einem Sohn, der alles von seinem Vater bekommen hatte – sein

Vermögen und auch seine Liebe und seinen Segen. Der Sohn geht von zu Hause fort, verschleudert alles und wird arm und erniedrigt. Der Vater aber ist bereit, seinem Sohn die Fehltritte zu verzeihen, weil er so froh ist, den innig geliebten Sohn zurückzuhaben.

Seien wir ehrlich: Viele von uns denken im Stillen – wie das auch der ältere Bruder in der Geschichte tat –, dass sich der jüngere Sohn sein eigenes Grab geschaufelt hat und auch darin liegen sollte.

Nein, sagt Jesus. Der verschwenderische Sohn ist genauso wichtig und geliebt wie der pflichtbewusste ältere Bruder. Gleiches gilt für das kleine verirrte Lamm, das so beschäftigt mit Fressen war, dass es den Anschluss an die Herde verlor. Und es gilt auch für das Geld, das ohne sein Zutun verlegt worden war. Warum sind wir manchmal der Meinung, dass die richtig hoffnungslos gescheiterten Menschen ihre Suppe ruhig selbst auslöffeln sollten – dass sie sich selbst in diesen Schlamassel gebracht haben und nun auch selber zusehen müssen, wie sie da herauskommen? Was wäre wohl geschehen, wenn das Bergungsteam, das meinen Freunden und mir zu Hilfe kommen sollte, gesagt hätte: „Tut uns leid, da ist nichts zu machen. Wir können niemanden retten, der sich aus eigener Dummheit in Gefahr begibt. Solche Leute sollen ruhig sterben, jeder muss die Konsequenzen seines Handelns tragen."

Nein. Wenn jemand in einem brennenden Gebäude feststeckt, dann versucht man nicht, zuerst die Brandursache herauszufinden, um zu entscheiden, ob der Betroffene das Mitgefühl und die Hilfe auch verdient hat. Wenn Menschen zu verbrennen drohen, eilt man ihnen zu Hilfe. Vor allem, wenn man selbst erfahren hat, wie furchtbar Verbrennungen schmerzen.

Egal, wie ein kostbarer Mensch verloren gegangen ist, es ist unsere Aufgabe, loszugehen und ihn zu retten.

Waren Sie fehlerlos, als Sie sich für ein Leben mit Jesus entschieden?

Jesus sagt, dass Gott sogar die Engel zusammenruft, damit sie sich über die kostbare Seele freuen, die gefunden worden ist (Lukas 15,7.10). Wir wurden aus dem Staub der Erde geschaffen – und doch sind selbst die Einfachsten von uns und die, die es am wenigsten verdient haben, dem Himmel so viel wert!

Gottes Liebe ist noch stärker

Wir verstehen, warum Jesus *den Einen* so unbedingt finden und retten will, wenn der Eine, der verloren gegangen ist, jemand ist, den wir selbst lieben.

Ich war in einer Londoner Buchhandlung in der Oxford Street, einer der belebtesten Straßen der Welt, als ich mein Kostbarstes verlor. Ich hatte mein kleines Mädchen nur eine Sekunde lang aus den Augen gelassen, aber als ich mich wieder umdrehte, war Catherine, die damals drei Jahre alt war, verschwunden. Wie vom Erdboden verschluckt! Ich blickte durch das Schaufenster auf den Bürgersteig, der vor Menschen nur so wimmelte. Ich war erst verwirrt, dann außer mir. Sie war so klein und die Masse so riesig! Ich rannte nach draußen, um sie zu suchen. Es war mir egal, wie ich aussah, wie ich mich anhörte, was die Leute dachten – ich wollte einfach nur meine Tochter finden. Ich kletterte auf eine Absperrung und schrie aus Leibeskräften: „Catherine! Catherine!“ Ich hielt Passanten an und fragte: „Haben Sie meine Tochter gesehen? Haben Sie ein kleines dreijähriges Mädchen gesehen?“

Ich hätte damit weitergemacht – und wäre sogar noch lauter und drängender geworden –, bis ich Catherine gefunden hätte.

Und dann sah ich sie. Sie war lediglich um die Ecke in die Kinderbuchabteilung spaziert und saß fast versteckt hinter einem Bücherregal. Während ich vor Sorge außer mir gewesen war, hatte sie sich Bücher angesehen und von meiner Angst überhaupt nichts mitbekommen.

Dieses Gefühl der Panik werde ich nie vergessen. *Meine Tochter ist verloren gegangen! Wo könnte sie sein? Hat sie jemand mitgenommen? Ist sie in Gefahr? Was geschieht mit ihr? Hat sie Angst? Ruft sie nach mir? Weiß sie, dass ich sie suche?* Es gab nichts, was ich nicht getan hätte, um sie zu retten, wenn sie tatsächlich verloren gegangen oder entführt worden wäre. Ich wollte mein Kind zurück. Ich war umgeben von Tausenden von Leuten, aber meine verzweifelte Suche galt nur einer einzigen Person: meiner Tochter.

Vielleicht haben Sie selbst auch schon etwas Ähnliches erlebt. Es ist ein schreckliches Gefühl. Man bekommt richtig Bauchweh. Das Adrenalin fängt an zu kochen, die Gedanken spielen völlig verrückt, man befürchtet das Schlimmste. Das Herz klopft so wild, dass man glaubt, es würde gleich aus der Brust springen. Man fühlt sich hoffnungslos und hilflos und will den geliebten Menschen wie besessen finden.

Verstärken Sie dieses Gefühl um ein Tausendfaches und noch einmal um ein Zehntausendfaches. Gott liebt jeden von uns, jedes Kind und jede Mutter und jeden Vater und jeden Polizisten und jeden Bürokraten und jeden Drogenhändler und jeden Kassierer und jeden Sportler und jeden Mörder so viel mehr, als wir unsere Kinder oder sogar unsere Partner lieben. Und sein Verlangen, zu jedem von uns eine persönliche Beziehung zu haben, ist weit stärker als mein Verlangen an jenem Tag war, meine Tochter zu finden und zu retten.

Gottes Herz schlägt für jeden verlorenen Menschen in jeder Sekunde eines jeden Tages. Er vermisst sie. Die Welt ist solch ein dunkler Ort, so trübe und voller Gefahren.

Die Warnschilder sind nicht immer gut zu erkennen und werden leicht übersehen. Es gibt so viele, die Hilfe brauchen, so viele, die einfach dumme, leichtsinnige Schafe sind. Und jeder von ihnen ist für Gott ein verlorener Schatz, sein geliebtes, wenngleich eigensinniges und auf die schiefe Bahn geratenes Kind.

Es gibt so viele, die so sind, wie wir selbst einmal waren.

Und er möchte, dass wir das nicht vergessen. Auch wir waren einmal verloren und sind gefunden worden. Und weil wir gefunden worden sind, gehören wir zu seiner Such- und Rettungsmannschaft. Mit dem Licht, nach dem wir uns einmal gesehnt haben, mit dem Licht, das er uns gebracht hat, als wir uns für ein Leben mit ihm entschieden, mit diesem Licht schickt er uns wieder hinein in die Dunkelheit.

„Ihr seid das Licht für die Welt", sagt Jesus (Matthäus 5,14).

Ihr habt alles, was ihr braucht, um meine geliebten Kinder nach Hause zu bringen – ihr habt mich. Wenn ihr mit mir geht, dann leuchtet ihr – denn wer mir nachfolgt, der wird nicht im Dunkeln wandeln, sondern wird das Licht des Lebens haben (Johannes 8,12). So wie ich euch geholfen habe, könnt ihr jetzt wiederum anderen helfen.

Wenn ich je versucht bin zu vergessen, welch heiliges Privileg es ist, dass Gott uns losschickt, um seine verlorenen Schafe zu suchen und zu retten, dann brauche ich mich nur an die Dringlichkeit und Panik erinnern, die ich empfand, als mein eigenes Kind verloren war.

Teil 4

Gott kennt meine Bestimmung

Kapitel 8

Wachgerüttelt

An einem sonnigen Maitag fuhr ich mit einer deutschen Freundin durch wunderschöne grüne Felder zu einem Ort, den ich schon seit Jahren hatte besuchen wollen und vor dem mir dennoch graute: Auschwitz-Birkenau, das größte Konzentrations- und Vernichtungslager der Nazis. Von 1942 bis weit ins Jahr 1944 brachten Transportzüge Juden aus dem gesamten europäischen Besatzungsgebiet der Nationalsozialisten dorthin. Über eine Million Juden starb hier, die meisten von ihnen wurden vergast. Andere starben den Hungertod, an Krankheiten oder wurden durch Zwangsarbeit zu Tode geschunden, hingerichtet oder in medizinischen Experimenten gequält.

Seit ich auf der Highschool war, hatte ich Bücher über den Nationalsozialismus gelesen, Filme gesehen und Museen mit Ausstellungen über den Holocaust in verschiedenen Ländern auf der ganzen Welt besucht. Ich hatte sogar drei Jahre lang deutsche Wirtschaftsgeschichte an der Universität von Sydney studiert. Aus unerfindlichen Gründen hatte ich mich schon immer sehr für die Geschichte des Zweiten Weltkriegs interessiert, besonders für das Schicksal des jüdischen Volkes. Jetzt befand ich mich auf dem gleichen Weg, den sie gereist waren, auf dem Weg zu dem Ort, der für viele zur Endstation geworden war.

Auschwitz war anders, als ich erwartet hatte. Wir kamen an Bauern vorbei, die auf wogenden, fruchtbaren Feldern unter einem tiefblauen Himmel arbeiteten. Vögel hüpften über das Gras. Eine prächtige Reihe von Birken säumte den Horizont. Die Landschaft war wunderschön und erhaben.

Als wir am Lager ankamen, ließ uns das zynische Motto ARBEIT MACHT FREI innehalten, das über dem schmiedeeisernen Torbogen prangte. Obwohl es ein sonniger Tag war, lief es mir eiskalt den Rücken runter. Ich starrte eine gefühlte Stunde lang auf den Schriftzug. Vor nur siebzig Jahren begrüßte dieses trügerische Schild der Hoffnung die Menschen, die zu Hunderttausenden durch dieses Tor ihrem Tod entgegengeströmt waren.

Heute ist das KZ ein riesiges Museum, eine Erinnerung an die Gräuel, die Menschen einander antun können. Meine Freundin und ich gingen durch die Backsteinbaracken. Fotografien von Häftlingen in gestreiften Pyjamas säumten die Wände. Daneben hingen Fotos von Nazis, die den Kopfumfang von Menschen maßen, um zu versuchen, ethnisch-biologische Unterschiede nachzuweisen.

Mich überfiel ein Gefühl von Übelkeit.

Ich bog um eine Ecke und wurde von einem großen Haufen Schuhe gestoppt, die hier gelagert wurden, nachdem den Häftlingen befohlen worden war, sie auszuziehen. Es waren Hunderte von Schuhen, ausgetreten und verschrammt, in allen Formen, Stilen und Größen. Es waren nur Schuhe – und doch waren sie gleichzeitig so viel mehr. Ich stellte sie mir an den Füßen meiner Töchter vor; ich stellte sie mir an meinem Mann, meinen Eltern, meinen Brüdern und mir vor. Ich stellte mir vor, wohin diese Schuhe gegangen waren, als sie noch von den Menschen getragen worden waren, die sie bis hierher angehabt hatten. Es waren vermutlich dieselben Orte, an die sie auch gegangen wären, wenn sie von mir und den Menschen, die ich kannte und liebte, getragen worden wären: zur Arbeit, auf Partys, zum Gottesdienst, nach Hause. Und dann waren sie den längsten aller Wege gegangen, bis hierher, nur um ausgezogen zu werden, kurz bevor ihre Besitzer die Gaskammer betraten.

Lange stand ich vor diesen Schuhen und weinte.

Als ich schließlich weiterging, stieß ich auf eine Ausstellung von Koffern, die alle mit Namen versehen waren. Manche Namen waren eingeprägt, manche auf Metallschildchen eingraviert, andere linkisch auf die Seite gekritzelt. Ich machte mir Gedanken über die Menschen, die diese Namen trugen, die diese Koffer geschleppt hatten und vermutlich nicht wussten, wohin sie gingen. Was hatten sie eingepackt? Hatten sie in aller Eile gepackt, angetrieben von bewaffneten Soldaten mit Gewehren im Anschlag, oder hatten sie langsam, ganz in Ruhe gepackt und sich bei jedem Stück den Kopf zerbrochen, ob sie es zurücklassen sollten? Es gab kleine Koffer – Kinderkoffer, wie sie meine Töchter packen, wenn wir verreisen. Hatten die Kinder ihre eigenen Sachen gepackt? Ein Lieblingsspielzeug eingesteckt? Süßigkeiten? Ein hübsches Kleid, ein Kuschelkissen?

Ich ging zur nächsten Vitrine, in der ein riesiger Haufen Haare lag, die den Häftlingen abrasiert worden waren. Die Menschen waren wie Schafe geschoren und ihrer Kleidung und Besitztümer entledigt worden. Als Nächstes nahm man ihnen Hilfsmittel aller Art ab: Brillen, Hörgeräte, Zahnspangen, Prothesen, Gebisse; diese Dinge wurden verkauft oder anderweitig verwertet.

Diese Berge von Besitztümern hatten nur einem kleinen Teil derjenigen gehört, die hierher transportiert worden waren, vielleicht der letzten Gruppe. Und Auschwitz war nur eines der vielen Todeslager in ganz Nazideutschland und im Ausland während des mehr als fünf Jahre dauernden Zweiten Weltkriegs gewesen. Menschliches Leben hatte an diesem Ort keinen Wert. Menschen wurden öffentlich geschlagen und erschossen. Sechs Millionen Juden wurden allein aufgrund ihrer Volkszugehörigkeit massakriert.

Ich sah die Beweise, konnte es aber nicht richtig fassen.

Meine Freundin und ich gingen nach draußen, um etwas frische Luft zu schnappen. Auf dem Gelände verstreut standen noch weitere Backsteingebäude, die wir noch gar nicht betreten hatten. Jedes war voll von weiteren Geschichten des Grauens, Geschichten von Schmerz, Verlust und Ungerechtigkeit. Wie konnte ein Mensch einem anderen Menschen nur so etwas antun? Wie konnten so viele Menschen – eine ganze Armee – einer ganzen Nation dies antun?

Schließlich betraten wir das nächste Gebäude. Hier wurde gezeigt, wie jedem Häftling, der nach Auschwitz kam, eine Nummer in den Arm tätowiert wurde. Von dem Moment an wurden sie zu einer Nummer: Sie wurden nie mehr bei ihrem Namen gerufen. Die Nummern entmenschlichten sie, machten die Wachen ihnen gegenüber unempfindlich. Wie viel leichter konnten die Aufseher das Leiden ignorieren, wenn es keinen Namen hatte; wenn es nur eine Nummer war. Menschen wie Anne Frank und Corrie ten Boom wurden einfach zu Ziffern auf einer Liste, sie waren keine lebenden, menschlichen Wesen mehr. Die Häftlinge wussten es damals nicht, aber die Nazis hatten vor, jede Nummer von den unzähligen Seiten zu streichen.

Meine Beine kamen mir bleischwer vor, ich war völlig ausgelaugt. Ich schlurfte zur nächsten Station, dem Krematorium, und las eine detaillierte Beschreibung darüber, wie die Anlage betrieben wurde.

Ich blickte meine Freundin an, die ein genauso bestürztes Gesicht machte wie ich. Lange standen wir einfach nur dort. Wir konnten nicht darüber reden.

Greifbar und nicht weit weg

In der darauffolgenden Stunde besichtigten wir in gedrückter Stimmung weitere Teile des Lagers. Schon bald kamen wir zu dem Bahnhof und den Gleisanlagen, wo für die meisten Häftlinge die Lagerhölle begann. Die Viehwaggons hielten hier, und kaum öffneten sich die Türen, da purzelten die zusammengepferchten Menschen heraus. Sie waren aus ganz Europa wie Vieh hierher transportiert worden. Und hier im Bahnhof mussten sie sich in Reihen aufstellen und wurden durch das schreckliche Gebäude, das wir gerade gesehen hatten, geschleust.

Was hätte ich getan, wenn ich aus jenem finsteren, fensterlosen Viehwaggon hinaus ins Licht getreten wäre? Hätte ich mich vor Angst zusammengekrümmt? Wie hätte ich den ständig nagenden Hunger verkraftet? Wie hätte es sich angefühlt, in so einer nach menschlichen Exkrementen stinkenden Baracke zu leben und nicht zu wissen, ob man die nächste Sekunde noch überleben würde? Was war das für ein Gefühl, nicht zu wissen, in welchem Moment die Wachen einen aus der Gruppe aussondern würden und ob einen Misshandlung, zusätzliche Arbeit, Folter oder Schlimmeres erwartete? Was hätte ich beim Anblick der Rauchschwaden gedacht, die aus dem Schornstein des Krematoriums aufstiegen?

Die Hilflosigkeit, die Verzweiflung, der Instinkt, sich selbst zu schützen, die erstickende Angst – all das wurde an jenem Tag für mich greifbar.

Für meine Generation ist das alles ein Teil der Geschichte – aber es geschah zu Lebzeiten unserer Eltern oder Großeltern. *Wie anders ist es doch,* dachte ich, *ob man hier steht und sich alles vorstellen kann, oder ob man von diesen Geschehnissen nur in Büchern liest und Filme darüber sieht.* Ich dachte an das Buch *Die Zuflucht* von Corrie ten Boom, die versucht hatte, hier zu überleben. Sie wollte ihrer Schwester und anderen helfen, die Schrecken zu ertragen, und kam doch am Ende nur selbst gerade so mit dem Leben davon.

Ich dachte an Dietrich Bonhoeffer, der sich im Krieg der Widerstandsbewegung angeschlossen hatte, um zu verhindern, dass immer mehr Menschen in Konzentrationslager gesteckt wurden. Er wurde verhaftet und gehängt. Ich dachte an die unzähligen Arme, die hier tätowiert wurden.

Plötzlich kamen mir die Berichte über diesen Ort nicht länger weit weg vor, als hätten sie nichts mit mir oder meinem Leben zu tun. Alle Menschen, die während des Holocausts ermordet worden waren, schienen sich um mich zu drängen. Es waren echte Menschen gewesen, nicht nur Zahlen – genauso wenig wie ich lediglich die Adoptionsnummer 2508 aus dem Jahre 1966 war. Auch ich war einmal nur eine Nummer gewesen. Die Gräuel, die den Menschen hier angetan worden waren, wurden für mich greifbar.

Geschichte vollzieht sich nie im luftleeren Raum. Es gab viele Menschen, die ihre Augen vor dem verschlossen, was um sie herum geschah. Sie lebten weiterhin ihr angenehmes Leben, während andere aus ihrem gewohnten Dasein herausgerissen und in eine Hölle auf Erden geschickt wurden – sie wurden gefoltert, gequält und getötet einzig und allein aufgrund ihrer Herkunft, ihrer Gene, ihrer Volkszugehörigkeit. *Was hätte ich getan?*, fragte ich mich. *Hätte ich den Mut aufgebracht, den Nazis Widerstand zu leisten? Hätte ich mein Leben riskiert, um andere zu retten?*

In Kapitel eins habe ich von meinem Schindlers-Liste-Moment erzählt, als ich in Griechenland mit Mary und Nadia und zwölf anderen Frauen zusammensaß, die aus der Zwangsprostitution befreit worden waren. Das, was ich in Auschwitz fast zwei Jahre vor jenem Moment in Thessaloniki erlebte, war etwas ganz Ähnliches und tief Bewegendes. Auschwitz – ein passender Ort für solch eine Erkenntnis. Ich hatte die starke und unerschütterliche Überzeugung, dass ich nicht länger unbeteiligt bleiben konnte. Würde ich durchhalten können, sogar wie Bonhoeffer bis zum Tod? Das wusste ich nicht. Ich wusste nur, dass ich menschlichem Leid oder Ungerechtigkeit oder denen, die vor Schmerz und Schrecken schrien, nicht länger den Rücken zukehren konnte. Ich musste den Mund aufmachen.

Ich blickte gen Himmel und flüsterte ein Gebet, eine Art Schwur: „Gott, hilf mir, nicht die Augen vor den Schrecken, die anderen Menschen widerfahren, zu verschließen oder Ungerechtigkeit zu ignorieren. Hilf mir, die Ungerechtigkeit zu bekämpfen, die du so hasst. Hilf mir, Menschen wertzuschätzen und Fürsprecher derer zu sein, die mundtot gemacht worden sind. Gott, du hast mich geliebt, erwählt und geheilt – und ich möchte anderen helfen, frei zu werden. Sollte etwas – irgendetwas! – wie dies zu meinen Lebzeiten geschehen, dann hilf mir, dass ich mich nicht zurücklehne und so tue, als ginge es mich nichts an."

Und dann hatte ich den Eindruck, als sagte Gott direkt zu mir: *Christine, jetzt, in diesem Augenblick, auf der ganzen Welt, widerfährt Menschen etwas Ähnliches wie dies. Ich werde dir die Augen für Dinge öffnen, von denen du nichts gewusst hast.*

Tief bedrückt verließen meine Freundin und ich Auschwitz an jenem Tag. Die Schrecken des Konzentrationslagers verfolgten mich und ich sollte nie mehr die Alte sein. Es war, als wollte Gott mich wachrütteln, damit ich nicht länger durchs Leben schlafwandelte, sondern die Albträume wahrnahm, die andere erlebten.

„Ich habe noch weitere Aufgaben für dich"

Ich hatte meine evangelistische Arbeit immer mit großer Freude getan. Es machte mich glücklich, zu lehren und zu predigen und Menschen die Gute Nachricht von Jesus zu erzählen. Obwohl ich es nicht genau benennen konnte, spürte ich doch, dass Gott noch mehr von mir wollte. Ich hatte das Gefühl, dass Gott mich zu etwas hinzog und etwas in mir zum Schwingen brachte, das ich zwar intuitiv gewusst, aber nie verstanden hatte. Jesus unterscheidet nicht zwischen Predigen und Gottes Wort in die Tat umsetzen. Beides gehört zum Glauben wie zwei Tragflächen zu einem Flugzeug. „Glaube ohne entsprechende Taten ist tot" (Jakobus 2,26).

Für mich waren Menschen, die für Gerechtigkeit kämpften, immer Helden aus Büchern gewesen – es waren andere Menschen in anderen Ländern, die zu anderen Zeiten lebten. Obwohl ich mich intensiv mit dem Holocaust und anderen schrecklichen Ereignissen beschäftigt hatte, schienen mir diese immer weit weg in Raum und Zeit zu sein. Genauso verhielt es sich mit anderen Gräueltaten: dem Völkermord in Ruanda 1994, bei dem in nur hundert Tagen geschätzte achthunderttausend Menschen ermordet wurden; dem Völkermord in Kambodscha, bei dem fast zwei Millionen Menschen durch politisch motivierte Hinrichtungen, Hunger und Zwangsarbeit umkamen. All diese Dinge schienen weit weg zu sein – bis zu jenem Tag in Auschwitz. Gott musste mich erst für den Schmerz anderer sensibilisieren, ehe ich das dringende Bedürfnis spüren konnte, anderen zu helfen – ehe ich helfen *wollen* konnte, anstatt mich dazu verpflichtet zu fühlen wie I-Aah in den Winnie-Puuh-Büchern, die ich meinen Töchtern vorlese: „Auweia, Zeit zum Aufstehen. Ich schätze, ich muss jetzt an die Arbeit."

Nach Auschwitz hatte sich etwas verändert. So klar wie nie zuvor war mir bewusst, dass ich für Gerechtigkeit kämpfen sollte. Ich fühlte mich stark genug, um das in Angriff zu nehmen, zu dem Gott mich berief.

Jesus verkündete: „Der Geist des Herrn ruht auf mir, weil er mich berufen hat. Er hat mich gesandt, den Armen die frohe Botschaft zu bringen. Ich rufe Freiheit aus für die Gefangenen, den Blinden sage ich, dass sie sehen werden, und den Unterdrückten, dass sie bald von jeder Gewalt befreit sein sollen" (Lukas 4,18; Hfa). Diese Bibelverse packten mich jetzt wie nie zuvor. Das Wörtchen „mir" ging mir nicht mehr aus dem Kopf. Der Geist des Herrn ruhte auf *mir*. Er hatte *mich* gesandt. Ich spürte, dass etwas Neues auf mich zukommen würde, das ich tun sollte – auf mich, nicht auf jemand anderen. Ich hatte genau diesen Bibelvers häufig in Predigten verwendet, um damit auf unsere gemeinsame Verantwortung als christliche Gemeinde hinzuweisen, Menschen zu befreien. Doch während meines Besuchs in Auschwitz erwachte etwas in mir, das die Betonung vom *Wir* zum *Ich* hin verschob. Gott schien zu sagen: *Ich habe dir diese neue Liebe und dieses Gefühl, ein neues Ziel im Leben in den Blick zu nehmen, nicht ohne Grund gegeben. Steh auf. Mach dich bereit. Ich habe für dich noch weitere Aufgaben.*

Gott wünschte sich von mir, dass ich aufstand und mich bereit erklärte zu gehen, so wie Jesus bereit gewesen war, für uns auf diese Erde zu kommen. Ich sollte aus Liebe und mit wachen Augen durch seine Welt gehen, und so sah ich erst einen Gefangenen, der sich nach Freiheit sehnte, und dann noch einen und noch einen. Gott wollte nicht, dass ich im Bett liegen blieb und mich ausruhte, während um mich her ein Kampf tobte, den andere austrugen. Er wollte, dass ich losging – und er wollte, dass ich *unerschrocken* losging. Es gibt so vieles in dieser Welt, das uns einschüchtern will und das wir überwinden müssen: gewaltige Not, gewaltige Feinde, gewaltige Hindernisse. Nur die Unerschrockenen – die Unerschrockenen, die in einer engen Beziehung zu Jesus leben – können diese Dinge überwinden.

Das wünscht er sich von mir.

Und er wünscht sich dasselbe von Ihnen.

An jenem Tag erkannte ich, dass wir den Schmerz derer, die leiden, noch vergrößern, wenn wir tatenlos zusehen. Während ich früher Gewalttäter für Menschen an einem anderen Ort und aus einer anderen Zeit gehalten hatte, sah ich mich jetzt neben ihnen stehen, während mir die Leidenden ins Gesicht starrten. Die Unterdrückten unterscheiden nicht groß zwischen denen, die sie unterdrücken, und denen, die nichts unternehmen, um ihnen zu helfen. Es gibt keine neutrale Position.

Wir, die wir in privilegierten Verhältnissen leben, brauchen uns keine Sorgen um das nackte Überleben zu machen. Wir fürchten nicht um unsere Sicherheit, während wir unseren alltäglichen Aufgaben nachgehen. Doch großen Teilen der Weltbevölkerung geht es anders. Die Welt im 21. Jahrhundert ist keine heile Welt. Dürren, Krieg, Sklaverei, Drogen, Überflutungen, Erdbeben, Terrorismus, Gewalt, Krankheiten, mangelnde medizinische Versorgung, Diskriminierung aufgrund von Geschlecht oder Hautfarbe, Embargos, Schulden, Hungersnöte, ungebremste Inflation, fehlende Rechtsstaatlichkeit, Flüchtlingsströme, erzwungene Auswanderung – die Traumata rund um den Globus sind zahlreich und vielfältig. Nahrungsmittel, Trinkwasser, Sicherheit und Schutz sind für viel zu viele lediglich ein Traum und ihr Fehlen ein täglicher Albtraum. So viele Menschen auf der Welt tun den lieben langen Tag nichts anderes, als ums Überleben zu kämpfen.

Überall auf der ganzen Welt leiden Menschen und können nicht in Freiheit leben, Menschen, die nicht anders als wir auch nach dem Bilde Gottes geschaffen sind. Kommt Ihnen das, was Menschen überall auf der Welt erdulden müssen, weit weg vor, nur weil viele von ihnen in anderen Ländern leben, irgendwo „dort drüben“? Oder weil Sie von ihnen nur im Radio hören und im Fernsehen sehen? So ging es mir früher auch, doch das hat sich an jenem Tag geändert. Wie oft wechseln Sie den Sender mit einem Klick auf die Fernbedienung, wenn auf dem Kanal, den Sie gerade geguckt haben, etwas über eine hässliche Tragödie berichtet wird? Ich habe das früher auch gemacht. Oder schalten Sie den Fernseher sogar ganz aus, weil Sie sonst ein schlechtes Gewissen haben?

Die Menschen, die in diesen Situationen leben, können ihren Schmerz oder ihre Lebensumstände nicht so einfach abschalten wie wir unsere Fernsehgeräte. Wie habe ich jemals denken können, dass dies nichts mit mir zu tun hätte? Wurden diese Menschen etwa nicht von Gott geliebt, nur weil sie in einem anderen Land lebten? Waren sie etwa nicht von Gott erwählt, nur weil sie eine andere Hautfarbe hatten? Konnte Gott sie etwa nicht heilen und ihnen ein Leben frei von den Altlasten ihrer Vergangenheit schenken? Waren sie ihm etwa nicht genauso wichtig, wie ich es war – wie Sie es sind? Kennt Gott nicht ihre Namen, wie er meinen kennt? Kennt er nicht ihren Schmerz oder ihre Angst? Hat Gott nicht für jeden von ihnen eine Bestimmung?

Wir alle kennen die Antwort. „Was ihr für einen meiner geringsten Brüder oder für eine meiner geringsten Schwestern getan habt, das habt ihr für mich getan!“ (Matthäus 25,40).

Wenn all das, was ich jahrelang gepredigt hatte, wahr war, warum zögerte ich dann noch? Warum unternahm ich nichts? Ich konnte natürlich nicht alles tun. Aber ich konnte nicht länger nichts tun. Worauf wartete ich noch?

Was schlafen wir doch alle! Unser Abschalten verringert nicht die Ausbeutung, die auf dieser Welt herrscht, und die Ungerechtigkeiten.

So viele Menschen werden unterdrückt. Sie sind gefangen in Ängsten, stecken an grauenvollen Orten fest, sind ihrer Identität beraubt, aus ihrem vertrauten Umfeld gerissen, isoliert und haben keine Rechte mehr. Alleinerziehende Mütter und Väter versuchen ganz auf sich gestellt eine Familie zusammenzuhalten und übernehmen so lange diverse Rollen, bis sie am Ende ihrer Kräfte sind, ihr Geist ganz matt ist, sie ausgelaugt und emotional abgespannt sind. Für ihre Kinder sind sie gleichzeitig der Erzieher, Ernährer, die Autoritätsperson, der Taxifahrer, Familienmanager, Spielkamerad und Ansprechpartner bei Fragen zum Glauben.

Viele Menschen sind einsam, sie haben alles, was man zum Leben braucht, nur keine Gesellschaft – sie sind isoliert, gequält, ruhelos, nervös, hoffnungslos, ängstlich. Andere wissen nicht, wie sie ihren Kredit für das Haus abzahlen oder ihre Kinder durch die Schule bringen sollen. Sie fragen sich, ob es irgendjemand kümmert, ob sie leben oder sterben. Kinder, die von zu Hause weggelaufen sind, suchen nach Liebe, einer nächsten Mahlzeit und einem sicheren Schlafplatz. Sie leben ständig in Angst und Schmerz und ohne Hoffnung. Suchtkranke, die sich in den Fängen einer Droge oder des Alkohols befinden, sind immer auf der entwürdigenden Suche nach Mitteln, um sich diese Dinge zu beschaffen. Zwischen zwei Rauschzuständen empfinden sie eine innere Leere und schämen sich, sie werden körperlich und seelisch von ihren Drogen schrecklich gequält.

Ich hatte geschlafen. Jetzt hatte Gott mich wachgerüttelt, damit ich aufstehen und mich für das bereit machen konnte, wozu er mich berufen wollte.

Mit offenen Augen und wachgerütteltem Glauben durch die Welt gehen

Der Apostel Paulus schreibt an die Epheser: „Wach auf, du Schläfer, und steh auf von den Toten! Dann wird Christus sein Licht über dir leuchten lassen. Gebt also sorgfältig darauf acht, wie ihr lebt! Verhaltet euch nicht wie unverständige Leute, sondern verhaltet euch klug. Macht den bestmöglichen Gebrauch von eurer Zeit, gerade weil wir in einer schlimmen Zeit leben" (Epheser 5,14–16; NGÜ).

Wenn wir schlafen, können Ungerechtigkeit und Schmerz auf der Welt um sich greifen, ohne dass wir von dem Albtraum im Leben eines anderen überhaupt etwas mitbekommen. Doch sind wir einmal wach, können wir das Böse wahrnehmen und darauf reagieren. Wir sind wach und aufmerksam und bereit, den ersten oder den nächsten Schritt zu tun; wir sind bereit, uns einzusetzen und Dinge zu verändern.

Was heißt das konkret, wach, mit offenen Augen und wachgerütteltem Glauben durch die Welt zu gehen?

Wir sehen uns dort um, wo wir gerade sind

Jeden Tag erleben wir in unserem gewohnten Tagesablauf Situationen, in denen wir ein Licht für andere Menschen in der Dunkelheit sein können. Einen wachgerüttelten Glauben zu haben muss nicht gleich heißen, dass wir uns an globalen Rettungsaktionen beteiligen, etwa beim Versuch, einen Völkermord zu stoppen. Es bedeutet, dass wir mit wachen Augen durchs Leben gehen. Dass wir bereit sind, uns dort, wo wir sind, und mit dem, was wir haben, einzusetzen. Dass wir Menschen in ihrer jeweiligen Situation wahrnehmen und ihnen beistehen.

Für einige von uns heißt das, bessere Ehepartner und Eltern zu sein, freundlichere Nachbarn, engagiertere Gemeindeglieder. Es bedeutet, die Welt mehr mit Gottes wachen Augen zu sehen und sozusagen „die Hände und Füße Jesu" zu sein, wo auch immer wir gerade sind. Es bedeutet, jeden Tag aufmerksam darauf zu achten, wie wir anderen praktisch helfen können. Für einige andere heißt es, alles in ihrer Macht Stehende zu tun, um schreckliches Unrecht wie Völkermord und Menschenhandel zu stoppen.

Einsatzbereit zu sein heißt für jeden von uns, dass wir die Menschen in unserem Umfeld wahrnehmen, die Nöte vor unserer Haustür sehen und aktiv etwas zu ihrer Linderung beitragen. Wir sollen andere wahrnehmen, anstatt immer nur auf unsere eigenen Bedürfnisse zu achten. Das kann zum Beispiel bedeuten, dass wir mit dem Kellner im Restaurant nachsichtig sind, der vergisst, unsere Bestellung weiterzuleiten, und wir deshalb noch einmal fünfzehn Minuten auf unser Essen warten müssen.

Gibt es irgendjemanden unter uns, dem es tatsächlich nicht möglich wäre, ein klein wenig Geld in der Woche einzusparen, um dafür ein Kind über anerkannte Hilfsorganisationen zu fördern?

Einsatzbereit zu sein heißt, eine Freundin, die gerade ihren Job verloren hat, zum Essen einzuladen; es bedeutet, einer Nachbarin, die mit einem schreienden Neugeborenen zu Hause festsitzt, anzubieten, für sie einkaufen zu gehen; es heißt, sich die Zeit zu nehmen, einer am Boden zerstörten Freundin zuzuhören, bei deren Ehemann gerade Krebs festgestellt worden ist. Es kann bedeuten, dass man seinen Kleiderschrank durchforstet und Kleidung an das örtliche Frauenhaus spendet.

Wenn Sie wachgerüttelt und einsatzbereit sind, dann werden Sie feststellen, dass Sie plötzlich Wunder erleben, die Sie bisher verpasst haben.

Wir halten Ausschau nach dem, was Gott in unserer Umgebung tut

Wenn wir schlafen, verpassen wir das große Abenteuer, Gott am Werk zu sehen. Das ist vergleichbar mit dem Tag, an dem Nick und ich mit unseren Töchtern ins Disneyland fuhren und Catherine kurz vor dem abendlichen Feuerwerk einschlief. Den ganzen Tag lang hatte sie sich auf das Spektakel am Himmel gefreut. Doch wir hatten so viel Aufregendes gesehen und erlebt, dass sie am Abend einfach müde war. Wir ließen sie einschlafen.

Catherine wachte erst auf, als die Show am Himmel bereits vorüber war und wir gerade auf dem Weg zum Parkplatz waren, um nach Hause zu fahren. „Mama", weinte sie, „warum habt ihr mich nicht geweckt?"

Nach Auschwitz wollte ich nicht länger verpassen zu sehen, auf welche Weise Gott mich und andere gebrauchen konnte, um unsere Welt zu verändern. Ich wollte aktiv daran beteiligt sein, seine Geschichte mit der Erde weiterzuschreiben, und ich wollte die guten Werke tun, zu denen Gott uns von Anfang an geschaffen hat. Jesus sagte zu seinem Vater: „Ich bitte dich nicht, sie aus der Welt zu nehmen, aber schütze sie vor der Macht des Bösen! Sie gehören ebenso wenig zur Welt wie ich. Lass ihnen deine Wahrheit leuchten, damit sie in immer engerer Gemeinschaft mit dir leben! Dein Wort ist die Wahrheit! Wie du mich in die Welt gesandt hast, so sende ich sie in die Welt" (Johannes 17,15–18; Hfa).

Wenn ich noch geschlafen hätte, hätte ich vielleicht nicht das folgende wunderbare Erlebnis gehabt: Eines Freitagnachmittags stand ich in der Schlange an der Kasse im Supermarkt und wurde immer ungeduldiger, weil die Kassiererin, ein junges Mädchen, so lange brauchte. *Geht das nicht ein bisschen schneller?*, grummelte ich innerlich.

Gott hörte meine unausgesprochene Frage und reagierte prompt. Plötzlich hatte ich diesen Gedanken im Kopf: *Dieses Mädchen hat am Montag einen Termin für eine Abtreibung.*

Ich war verblüfft. *Gott, was soll ich denn da tun? Sie kennt mich nicht! Sie wird mich für verrückt halten, wenn ich sie darauf anspreche!*

Doch Gott ließ nicht locker. *Wenn ihr Menschen helfen wollt, dann tut das, was ich tun würde. Tut alles, was ihr könnt, um die Menschen wissen zu lassen, dass ich sie nicht im Stich gelassen habe. Ich kümmere mich um den Rest.*

Ich blickte wieder zu dem Mädchen, das die Waren des Kunden vor mir einscannte. Plötzlich sah ich nicht nur jemanden, der mich ausbremste, sondern eine junge Frau, die vielleicht Angst hatte, der eine Million Fragen durch den Kopf gingen und die frustriert war, dass sie solche gewöhnlichen Dinge machen musste, während ihr etwas dermaßen Wichtiges bevorstand.

Ich betete und wartete darauf, dass Gott mir die richtigen Worte gab. Plötzlich bekam das, was ich für einen gewöhnlichen Einkauf gehalten hatte, eine weitaus größere Bedeutung. So viel stand auf dem Spiel! Ich bekam sogar kurz Panik: *Was, wenn ich mich irrte? Was, wenn der Gedanke falsch war? Ich wollte dieses Mädchen nicht verletzen und auch nicht anmaßend sein. Erlebte man solche Dinge, wenn man wachgerüttelt war?*

Als ich an der Reihe war, lächelte ich das Mädchen an, während sie meine Waren über den Scanner zog. Leise sagte ich: „Entschuldigen Sie bitte. Ich weiß, dass Sie mich für verrückt halten müssen, aber ich wollte Ihnen nur sagen, dass es außer dem, für das Sie am Montag einen Termin haben, noch andere Möglichkeiten gibt. Es gibt andere Lösungen. Sie müssen das nicht tun."

Das Mädchen blickte zu mir auf und weinte dann.

„Es wird alles gut", meinte ich. „Würden Sie gerne nach der Arbeit darüber reden?"

Sie wischte sich die Tränen ab. „Ja", antwortete sie. „Ja, das würde ich gern."

Ich fragte sie nach ihrem Namen.

„Ich heiße Katja", sagte sie. „In ein paar Stunden habe ich Schluss."

Wir vereinbarten einen Treffpunkt und ich verließ den Laden in dem Wissen, dass Gott gerade etwas Wunderbares in Gang gesetzt hatte.

Nachdem ich mit Katja geredet hatte, erkannte ich: Gott hatte mich dazu gebraucht, dass ein Mensch ihn kennenlernte und Hilfe erfuhr. Er hatte mich wachgerüttelt, um „seine Hände und Füße" zu sein, weil es überall Menschen gibt, die leiden und sterben. Ich habe Katja nach diesem Nachmittag nie wiedergesehen, aber ich durfte mit ihr beten und ihr eine Liste mit Alternativen zu einer Abtreibung, inklusive Kontaktadressen, geben. Und ich hatte den Eindruck, dass sie zu dem Schluss gekommen war: Es gibt Gott wirklich – wie sonst hätte jemand offen von dem sprechen können, was sie geheim gehalten hatte? Das war ein Wunder gewesen. Wie konnte Katja an einem Gott im Himmel zweifeln, der eine Frau auf Erden wissen ließ, was im Leben einer anderen vor sich ging, um ihr damit zu zeigen, wie sehr er sie liebte – und dass sie nicht allein war? An jenem Nachmittag fühlte Katja sich als etwas *Besonderes, als erwählt* – und das veränderte grundlegend die Entscheidung, die sie treffen musste.

Ich erkannte: Gott hatte mich an jenem Nachmittag dort gebraucht. Und er brauchte mich wachgerüttelt und einsatzbereit. Wie viel würde ich doch verpassen wie Catherine, die das Feuerwerk verschlief, wenn ich weiterhin schlafwandelnd durchs Leben ging!

Einmal kauften Nick und ich Sophia eine Taschenlampe in einem Kaufhaus. Sophia schaltete das Modell an, das wir für das geeignetste hielten, und probierte es aus. Aber keiner von uns sah auch nur den kleinsten Schimmer. Die Neonbeleuchtung im Kaufhaus war einfach zu grell; das schwache Licht der Taschenlampe wurde davon verschluckt.

„Oh, Mama", bat Sophia, „können wir bitte irgendwo ein bisschen Dunkel finden?"

Können wir bitte irgendwo ein bisschen Dunkel finden?

Aus dem Munde von Kindern kommt manchmal göttliche Weisheit.

Dunkelheit gibt es überall. Wir leben in einer Welt voller Angst und mit zu wenig Licht. Niemand hätte an den Geschichten von Betrug, Grauen, Vergewaltigung und Mord zweifeln können, der mit mir an jenem Tag in jenem Frauenhaus in Griechenland gesessen und Nadia und Mary und den anderen geretteten Frauen zugehört hätte. Kein Kind, das wie ich von Erwachsenen, denen es vertraute, missbraucht worden war, würde daran zweifeln. Kein Erwachsener würde daran zweifeln, der sich monatelang auf die Geburt eines geliebten, sehnsüchtig erwarteten Kindes gefreut hat und dann in klinisch-kaltem Ton zu hören bekommt: „Es lebt nicht mehr." Niemand könnte daran zweifeln, der wie ich in Auschwitz gestanden und unaussprechliches Grauen, das dort geherrscht hat, gesehen hat. Nein, das Dunkel ist zweifellos überall.

Aber Jesus sagt: „Ihr seid das Licht für die Welt."

> *Eine Stadt, die auf einem Berg liegt, kann nicht verborgen bleiben. Auch zündet niemand eine Lampe an, um sie dann unter einen Topf zu stellen. Im Gegenteil, man stellt sie auf den Lampenständer, damit sie allen im Haus*

Licht gibt. Genauso muss auch euer Licht vor den Menschen leuchten: Sie sollen eure guten Taten sehen und euren Vater im Himmel preisen. Matthäus 5,14–16

Das Licht verschluckt die Dunkelheit. Das Licht ist für das Dunkel gefährlich. Das Licht beseitigt das Dunkel. Die Dunkelheit sollte sich vor dem Licht fürchten, weil das Licht Jesu sie verschlingen wird. So wie der Morgen auf die Nacht folgt, ist das Licht Jesu immer da. Als „seine Hände und Füße" sind wir diejenigen, die das Dunkel überwinden. Wir haben die Wahrheit, die die Angst vertreibt.

Schaut auf mich, sagt Jesus. Seine Gegenwart in der Dunkelheit bezwingt die Angst, selbst wenn Menschen in lebensbedrohlichen, äußerst schwierigen Gefahren stecken. Die Bibel verspricht uns: „Gottes vollkommene Liebe vertreibt jede Angst" (1. Johannes 4,18; NGÜ). Sie tut das wirklich!

Wir können Gottes Liebe und Licht wahrnehmen und sehen nicht das Böse oder die Gefahr. Und wir entdecken etwas, das unser eigenes Leben verändert und das Leben aller, mit denen wir zu tun haben.

Sobald uns nicht länger die Angst beherrscht und Jesus mit uns unterwegs ist, sind wir unerschrocken – und freudig bereit, loszuziehen und „ein bisschen Dunkel zu finden".

Das Licht für die Welt sein

Der Prophet Jesaja schreibt: „Steh auf und leuchte! Denn dein Licht ist gekommen und die Herrlichkeit des Herrn erstrahlt über dir. Denn die Erde ist von Finsternis zugedeckt und die Völker liegen in tiefer Dunkelheit, aber über dir strahlt der Herr auf. Man kann seine Herrlichkeit über dir schon erkennen" (Jesaja 60,1–2; NL).

Gottes Herrlichkeit liegt auf uns. Sie kann die finsterste Nacht durchbrechen. Sie ist in uns und wartet nur darauf, hervorzuleuchten und die Dunkelheit zu überwinden. Das ist die Eigenschaft des Lichts. Es lässt die Dunkelheit verschwinden. Es drängt das Schwarze hinaus, überwältigt es, verschluckt es und nimmt es weg. Darum schenkt Gott uns jeden neuen Morgen. Doch obwohl das Licht und die Kraft von Gott ausgehen, möchte er, dass wir mit ihm zusammenarbeiten und Licht an die dunklen Orte bringen, wo Menschen andere unterdrücken und alles daransetzen, sie in der Dunkelheit zu lassen.

Gott weiß, dass die Nöte auf dieser Welt uns auslaugen und erschöpfen können. Wir brauchen Schlaf, Ruhe, Stärkung und Erholung. Deshalb gibt Gott uns die Nacht und gönnt uns die Ruhe. Er möchte nicht, dass wir irgendwann am Ende unserer Kräfte sind, erledigt und in unserem Glauben an ihn erschöpft. Wir sollen uns nicht quälen und denken, dass es die *Arbeit* ist, die uns frei macht, und dass wir uns immer wieder aufrappeln und ins Hamsterrad klettern müssen, um mehr zu tun und mehr zu sein. Nein, er möchte nicht, dass wir die Kerze von beiden Seiten anzünden und schließlich träge, erschöpft und ausgebrannt enden. Wer das tut, der lebt mit der Lüge, die in Eisen geschmiedet über dem Torbogen von Auschwitz prangt – der ist gefangen von der Vorstellung, dass Arbeit uns frei macht. Das war nicht in Gottes Sinne, als er durch Jesaja ausrichten ließ: „Was soll ich mit euren vielen Opfern?“ (Jesaja 1,11).

Wenn wir uns selbst mit unserer Arbeitswut in den Wahnsinn treiben oder wir andere sich fast zu Tode arbeiten lassen, handelt es sich nicht um Freiheit. Das ist Sklaverei.

Doch wir sind keine Sklaven; wir sind frei. Und wir sind aus einem bestimmten Grund befreit worden: um das, was wir geschenkt bekommen haben, mit anderen zu teilen. Die Bibel erklärt: „Der Herr hat dich wissen lassen, Mensch, was gut ist und was er von dir erwartet: Halte dich an das Recht, sei menschlich zu deinen Mitmenschen und lebe in steter Verbindung mit deinem Gott!" (Micha 6,8).

Wir halten uns an das Recht, sind menschlich zu anderen und leben in steter Verbindung mit unserem Gott, wenn wir uns bereit machen, wenn wir aufstehen und wenn wir mit Gott zusammen für seine Ziele auf dieser Erde arbeiten. An manchen Tagen mag das ganz einfach heißen, dass wir während des Tages lauter Kleinigkeiten tun: Wenn wir hören, dass die Nachbarin gerade von ihrem Mann sitzen gelassen wurde, können wir ihr ein offenes Ohr, eine Schulter zum Ausweinen und einen Auflauf schenken; wir können den Schmerz in den Augen des Mädchens an der Kasse wahrnehmen; wenn wir erfahren, dass jemand seine Arbeit und sein Zuhause verloren hat, können wir den Betroffenen unser eigenes Haus öffnen, bis er oder sie wieder auf eigenen Füßen stehen kann.

Und an manchen Tagen geht es um größere, gefährlichere Aufgaben.

Das Buch Ester berichtet davon, wie König Xerxes von einem Berater dazu gebracht wird, ein Edikt zu erlassen, das alle Juden im gesamten Königreich zum Tode verurteilt. Die Jüdin Ester, die Xerxes zu seiner Königin gemacht hatte, scheint geradezu prädestiniert dafür, den König zu überreden, das Gesetz zu widerrufen – und wird von Mordechai auch dazu gedrängt, der sagt: „Wer weiß, ob du nicht genau um dieser Gelegenheit willen zur Königin erhoben worden bist?" (Ester 4,14).

Als ich nach meinem Besuch in Auschwitz nach Hause flog, hatte ich ein ganz ähnliches Gefühl: Vielleicht war ich für eine Situation wie diese in eine relativ wohlhabende und freie Gesellschaft hineingeboren worden? Für eine Situation voller schreiender Ungerechtigkeit und Not auf der ganzen Welt, gegen die ich ankämpfen konnte?

Sie und ich haben jeden Tag die Möglichkeit, gegen das Dunkel, das Böse zu kämpfen, das uns in jedem Land, in jeder Ecke dieser Welt umgibt. Die Möglichkeiten sind in der Tat zahllos und die Not ist verheerend.

Möge mein Schindlers-Liste-Moment etwas Ähnliches in Ihnen auslösen, so wie Gott mir an jenem Tag in Auschwitz klarmachte: Es mag schwer zu glauben sein, aber die Verbrechen gegen Gottes Schöpfung, gegen die Menschheit, sind heute nicht weniger ungeheuerlich als zu der Zeit, als in Auschwitz die Öfen brannten. Diejenigen, die sie begehen, sind heute nicht weniger grausam. Völkermord, Sklaverei, Mord, Vergewaltigung, Ausbeutung der Hilflosen – diese Dinge kommen auf der ganzen Welt vor, nicht nur in Konzentrationslagern. Und es gibt sie heute noch – sie sind nicht nur ein Teil der Geschichte.

Wer ein Leben rettet, rettet die ganze Welt.

Die Dunkelheit umgibt uns und sie wird immer stärker. Aber Sie sind das Licht, das diese Dunkelheit bekämpft. So wie ich. Lassen Sie uns gemeinsam und mit Gottes Hilfe die Dunkelheit zurückdrängen, und sei es auch nur für ein Menschenleben. Und dann für noch eins und noch eins …

Kapitel 9

Eine göttliche Ruhestörung

„Gott lenkt die Schritte des Menschen“ (Sprüche 20,24; Hfa).

Ich war im Begriff herauszufinden, wie treffend dieser Bibelvers war – vielleicht wusste ich es auch schon und wollte es nur nicht wahrhaben.

Es war im Jahr 2007 – einundzwanzig Monate vor meiner Begegnung in Griechenland mit Mary, Nadia und den anderen aus der Zwangsprostitution geretteten Frauen, über die ich zu Beginn dieses Buches berichtet habe. Ich wusste fast nichts über Menschenhandel und dachte auch nicht im Entferntesten daran, als ich nach Griechenland flog. Ich hatte mir schon lange gewünscht, in Griechenland für Gott zu arbeiten – und jetzt hatte ich die Gelegenheit dazu: Ich war dort als Rednerin auf einer Frauenkonferenz eingeladen. Ich freute mich riesig darauf …

… und hatte nicht die geringste Ahnung, dass Gott etwas viel Größeres mit mir vorhatte.

Ich stieg in Thessaloniki aus dem Flieger und wollte schnell meine Koffer schnappen und in mein Hotelzimmer kommen, um zu duschen, etwas zu essen und zu schlafen. Schließlich handelt es sich um eine dreiunddreißigstündige Reise von Australien nach Griechenland (über Singapur und London), und ich beherrsche noch nicht die Kunst, in aufrechter Position mit einem schreienden Kind als Hintergrundmusik zu schlafen. Das Gepäckband drehte und drehte sich und blieb doch leer – kein Koffer und keine Reisetasche waren in Sicht.

Was ist denn da los?, fragte ich mich. *Wo bleibt das Gepäck?* Ich blickte meine übernächtigten Mitreisenden an. Wir waren nicht mehr viele. Dies war der letzte Flug für diese Nacht. Die anderen Passagiere wurden langsam unruhig; manche gingen los, um sich zu erkundigen. Mein Magen knurrte und erinnerte mich daran, dass ich seit Stunden nichts gegessen hatte.

„Meine Damen und Herren“, ertönte eine griechische Durchsage. (Dies war eine der Gelegenheiten, bei denen ich dankbar dafür war, dass ich als Kind zuerst Griechisch und dann Englisch gelernt hatte.) „Es ist eine Störung bei der Gepäckförderanlage aufgetreten. Wir arbeiten daran, die Störung so schnell wie möglich zu beheben. In der Zwischenzeit werden wir die Gepäckstücke von Hand entladen. Es wird noch mindestens eine halbe Stunde dauern, bis Sie Ihre Gepäckstücke in Empfang nehmen können. Vielen Dank für Ihr Verständnis.“

Allgemeines Stöhnen. Ich konnte das verstehen. Ich war auch müde. *Aber*, so sagte ich mir, *ich war in Griechenland!* Mit diesem Besuch ging ein lang gehegter Traum in Erfüllung. Fast zwanzig Jahre lang hatte ich für eine Möglichkeit gebetet, mit den Gemeinden in Griechenland zusammenzuarbeiten, und ich wusste, diese Frauenkonferenz war die Antwort. Ich hatte schon immer eine tiefe Liebe und Leidenschaft für diese Nation empfunden – eine Liebe, die sogar über meine Liebe für Schafskäse und Oliven hinausging. Nach vier Flugzeugen und vier Zwischenlandungen kreuz und quer auf der Welt stand ich kurz davor, etwas zu tun, auf das ich schon so lange hingearbeitet und von dem ich schon so lange geträumt hatte. *Was bedeutet da schon eine halbe Stunde mehr oder weniger?*, dachte ich. *Hauptsache, ich bin hier!*

Meine Mitreisenden sahen das etwas anders. Einige Passagiere zogen grummelnd von dannen – vermutlich suchten sie ein Café oder ein Restaurant, obwohl zu dieser Stunde nichts mehr geöffnet hatte. Andere saßen müde in den

Ecken und unterhielten sich im Flüsterton. Diese Panne raubte ihnen eindeutig den letzten Nerv.

Ich konnte nicht länger sitzen und wollte mir ein wenig die Beine vertreten. Also schlenderte ich durch die kleine Gepäckausgabehalle. Dieser Flughafen musste dringend renoviert werden. Die Farbe blätterte von den Wänden. Die Ecken waren von Koffern und Kofferkulis ramponiert. Alles wirkte verkommen. *Kein Wunder,* dachte ich, *dass die Gepäckförderanlage zusammengebrochen ist. Sie haben hier wahrscheinlich nichts mehr gemacht, seit der Apostel Paulus mit dem Schiff eingelaufen ist.* Ich grinste über meinen eigenen Witz – das erste Lächeln, das ich seit der Landung zustande brachte.

In dem Moment bemerkte ich eine Reihe von Postern, die an einer Wand hingen. Auf ihnen waren Fotos von wunderschönen Kindern und jungen Frauen zu sehen, und über und unter den Bildern prangte in fett gedruckten Großbuchstaben nur jeweils ein Wort.

VERMISST.

Am Anfang und in der Mitte der langen Reihe hing ein Poster, das das niedliche Gesicht mit den großen Augen der dreijährigen Madeleine McCann zeigte. Es war das kleine Mädchen Madeleine, das aus seinem Bett in Portugal verschwunden war und über dessen Verschwinden die internationale Presse monatelang berichtet hatte.[5]

Mein Herz krampfte sich zusammen. Ich dachte an meine eigenen beiden Töchter. Madeleine war vom Alter her genau zwischen meiner fünf Jahre alten Tochter und meinem vierzehn Monate alten Baby. Zu Hause war es jetzt früher Morgen. Sie würden gerade aufwachen. *Oh Gott,* betete ich, *bewahre sie. Beschütze unsere Familie.*

Ich sah wieder Madeleines Bild an und dachte an ihre

---

5 Die Familie hat eine Website: www.findmadeleine.com.

Eltern, die nach dem Aufstehen feststellen mussten, dass ihr Kind nicht mehr in dem Bett lag, in das sie es gebracht und in dem sie es friedlich einschlafen gesehen hatten. Das Wort *vermisst* unter ihrem Foto erschütterte mich. Ich betete für Madeleine, ehe ich mich dem nächsten Poster zuwandte: Darauf war noch ein kleines Mädchen zu sehen. Und dann noch eins. Die Poster sahen alle irgendwie gleich aus, doch jedes Gesicht traf mich wieder neu: *Diese Kleine sieht so freundlich aus. Diese da wirkt so lebhaft. Oh, diese hier ist noch so klein.*

Jeder vermissten Person waren eine Aktennummer und eine Telefonnummer bei der Polizei zugeteilt worden; auf jedem Poster stand, was man tun sollte, wenn man die abgebildete Person irgendwo entdeckte. Mehr Informationen gab es nicht – nichts darüber, ob dieses kleine Mädchen Puppen liebte oder jene junge Frau wunderschön singen konnte; ob dieses eine Mädchen ein Zappelphilipp war oder jenes gerne pausenlos herumwirbelte. *Unglaublich, wie viel diese Poster nicht sagen,* dachte ich. *Und was heißt „vermisst" eigentlich? Waren die Mädchen entführt worden, wie es in Madeleines Fall vermutet wurde? Hatte man sie mitgenommen und ermordet?* Ich schauderte und versuchte, diese Vorstellung abzuschütteln. *Ist diese hier von zu Hause weggerannt? Waren einige dieser Kinder bei einer Naturkatastrophe unter Trümmern begraben worden? War dieses Mädchen als Geisel genommen worden?*

Über dreißig Minuten lang ging ich von Poster zu Poster, betrachtete die Gesichter und fragte mich, wie ich mich fühlen würde, wenn eine meiner Töchter unauffindbar wäre. Diesen Gedanken fand ich unerträglich. Ich wollte nur noch meine Mädchen in den Arm nehmen und sie fest an mich drücken. *Diese Fotografien sollten eigentlich hübsch eingerahmt irgendwo auf einem Kaminsims stehen oder in ein Familienalbum eingeklebt auf einem Couchtisch liegen,* dachte ich. *Sie sollten nicht hier hängen, lieblos mit Tesafilm über die abblätternde Farbe einer Flughafenwand geklebt.*

Plötzlich unterbrach das Rumpeln des Gepäckbandes meine Gedanken.

„Endlich", riefen etliche Passagiere im Chor.

Ich wandte mich um und sah den Bereich der Gepäckausgabe wieder zum Leben erwachen. Ich wartete, während alle anderen ihr Gepäck bekamen, und als ich schon alle Hoffnung aufgegeben hatte, meine Koffer jemals wiederzusehen, tauchten sie auf.

Die Gesichter der Vermissten

Ich hatte die Gepäckausgabe kaum verlassen, da eilten auch schon Maria und ihr Mann Dimitri herbei. Sie waren das Pastorenehepaar, das die Konferenz ausrichtete, und nahmen mir die Koffer ab, entschuldigten sich überschwänglich für die Verzögerung und versicherten mir, dass es gleich ein reichhaltiges Abendessen gäbe, das mich allen Ärger vergessen ließe. In typisch griechischer Manier war ein Essen die Antwort auf jedes Problem und das schnellste Heilmittel gegen Jetlag.

Also fuhren wir zu einem Restaurant, wo bereits mehrere Personen aus ihrer Gemeindeleitung warteten, um mich mit einer gemeinsamen Zeit und einem Essen willkommen zu heißen. *Ein Essen um Mitternacht, natürlich*, dachte ich und lächelte wieder. *Ich bin in Griechenland!* Obwohl ich zum Umfallen müde war, wollte ich meine Gastgeber nicht kränken. Ich hatte gelernt, die Sitten der Menschen in jedem Land, das ich besuchte, zu respektieren, und ich würde mich jetzt einfach kräftig ins Zeug legen müssen.

Beim Essen redeten wir über den Zustand der griechischen Kirche, und meine neuen Freunde erzählten von ihrer

Hoffnung, dass diese Konferenz für die Frauen in ihrer Stadt ein Ereignis von großer Tragweite werden würde. Doch während wir über Einzelheiten der vor uns liegenden Woche sprachen, schweiften meine Gedanken immer wieder zu den Postern am Flughafen ab. Die Gesichter jener Kinder und jungen Frauen drängten sich ständig in meine Gedanken. Ich hob meine Kaffeetasse hoch und hielt sie mir einen kurzen Augenblick an die Wange. Schließlich ertrug ich es nicht länger. Ich musste die Frage stellen, die mir schon über eine Stunde lang unter den Nägeln brannte.

„Haben Sie die ganzen Poster von vermissten Personen am Flughafen gesehen?", fragte ich.

„Ja", antwortete Maria. Alle nickten.

„Warum gibt es so viele vermisste Kinder und junge Frauen?"

„Mmmm", machte Maria und schluckte schnell einen Bissen hinunter. „Man vermutet, dass sie entführt worden sind. Das scheint heutzutage häufig vorzukommen. Es ist furchtbar." Sie machte eine Pause. „Wir wissen nicht, was wir für sie tun könnten, außer für sie zu beten."

Ein paar Sekunden des Schweigens folgten ihrer Bemerkung, und dann wandte sich das Gespräch wieder der Konferenz zu. Ich beteiligte mich zwar, aber die Gesichter auf den Postern gingen mir nicht aus dem Kopf. Ich war gekommen, um den Frauen zu dienen, die an dieser Konferenz in Griechenland teilnehmen würden, und darauf freute ich mich – aber die Gesichter derer, die nicht bei der Konferenz dabei sein würden, hatten mein Herz berührt und sich in meine Gedanken gedrängt.

Die Gesichter der Vermissten.

Nur eine Störung meines Dienstes?

Ein paar Stunden später erwachte ich plötzlich in den dunklen Morgenstunden. Obwohl ich immer noch erschöpft war, öffnete ich die Augen. Wegen des Jetlags brauchte ich einen Moment, bis ich begriff, wo ich war: *Im Hotelzimmer. Genau. In Thessaloniki.* Mein eigenes unruhiges Hin- und Herwälzen hatte mich geweckt. Ich schüttelte mein Kissen auf, drehte mich auf die andere Seite und versuchte, wieder einzuschlafen.

Doch stattdessen sah ich im Geiste immer wieder die Gesichter von den Postern vor mir. An Schlaf war in dieser Nacht nicht mehr zu denken. Also setzte ich mich auf und schlug die Decke zurück. Gott schien meine Aufmerksamkeit haben zu wollen, jetzt hatte er sie.

Ich musste an die Geschichte vom barmherzigen Samariter denken, die Jesus einmal erzählt hat, denn in wenigen Stunden würde ich darüber predigen. Ich kannte sie in- und auswendig. Ich hatte diese Geschichte schon früher oft gelesen und gehört, und für meine Konferenzvorträge hatte ich mich in den vergangenen Wochen noch einmal eingehend mit ihr befasst. *Lies sie trotzdem noch mal*, schien Gott mich zu drängen. Also schlug ich meine Bibel auf:

> *Ein Mann wanderte von Jerusalem nach Jericho. Unterwegs wurde er von Räubern überfallen. Sie schlugen ihn zusammen, raubten ihn aus und ließen ihn halb tot liegen. Dann machten sie sich davon.* Lukas 10,30; Hfa

Ich dachte an die vielen Menschen heute, denen es genauso wie diesem Mann ergeht. Verletzt und auf vielerlei Weise verwundet liegen die Menschen am Rand so vieler verschiedener Straßen – Menschen, die zurückgelassen sind von Missbrauch, Süchten, Zwängen, Verlusten, Hungersnot,

Krankheit, Gewalt, Tyrannei und Unterdrückung. Menschen, die unter Ungerechtigkeit leiden und ihrer Habe, Würde, Identität und ihres Selbstwerts beraubt worden sind.

Ich las weiter:

> *Zufällig kam ein jüdischer Priester vorbei. Doch als er den Mann dort liegen sah, wechselte er auf die andere Straßenseite und ging vorüber. Dann kam ein Tempeldiener und sah ihn ebenfalls dort liegen; doch auch er ging auf der anderen Straßenseite vorüber. Schließlich kam ein Reisender aus Samarien dort vorbei. Als er den Mann sah, hatte er Mitleid mit ihm. Er ging zu ihm hin, goss Öl und Wein auf seine Wunden und verband sie. Dann setzte er ihn auf sein eigenes Reittier, brachte ihn in ein Gasthaus und versorgte ihn mit allem Nötigen.*
> Lukas 10,31–32; NL; Lukas 10,33–34; NGÜ

Er ging zu ihm hin? Sooft ich diese Geschichte auch schon gelesen hatte, noch nie hatten sich diese Worte derart in mein Bewusstsein gedrängt wie jetzt. Ich las den Satz noch einmal: *Er ging zu ihm hin. Er ging zu ihm hin.* Wie eine sich ständig drehende Filmrolle spielte sich diese Vorstellung wieder und wieder vor meinem geistigen Auge ab.

Anfangs verstand ich nicht, warum mich diese fünf Wörter derart ansprangen. „Herr", sagte ich abwehrend, „ich tue doch mein ganzes Leben lang nichts anderes, als zu gebrochenen Menschen zu gehen. Schließlich bin ich gerade mehr als dreiunddreißig Stunden lang quer um den Globus gereist, um denen Leben, Hoffnung und Freiheit zuzusprechen, die geistlich und emotional feststecken und hoffnungslos sind."

Gott schien mir zuzuflüstern: *Lies den Abschnitt noch einmal, Christine.*

Das tat ich, und dieses Mal las ich langsamer. Dieses Mal war es mir, als wäre ich vorher immer blind beim Lesen der Geschichte gewesen. Doch jetzt konnte ich sehen. Es fiel mir in dem Moment wie Schuppen von den Augen.

Vorher hatte ich mich selbst immer in der Rolle des barmherzigen Samariters gesehen. Schließlich war ich eine Reiseevangelistin, die den größten Teil des Jahres unterwegs war, und machte es mir buchstäblich zur Chefsache, zu *ihnen* zu gehen – zu den zerbrochenen und verzweifelten Menschen, die sich entweder selbst in ihre schwierige Lage gebracht hatten oder in die sie von anderen gedrängt worden waren. Mein Terminplan war absolut voll und minutiös durchgeplant, jedes Publikum und jeder Ort waren sorgfältig ausgewählt. Doch jetzt las ich zwischen den Zeilen von Jesu Geschichte und hörte ihn fragen: *Aber was ist mit denen, die du nicht eingeplant hast, denen, an denen du schon jahrelang vorübergehst auf dem Weg zu denen, die zu erreichen du beschlossen hast? Was ist mit den jungen Frauen und den Kindern auf den Postern am Flughafen?*

Es heißt an keiner Stelle in der Geschichte vom barmherzigen Samariter, dass der Priester oder der Tempeldiener schlechte Menschen gewesen seien. Aber sie waren geschäftige Leute, religiöse Leute. Sie waren so darauf bedacht, ihre Termine, Verabredungen und Verpflichtungen einzuhalten, dass sie an jemandem vorübergingen, dem sie hätten helfen sollen. Der Mann, der da am Straßenrand lag, war für sie eher eine *Störung* ihres Dienstes und nicht jemand aus ihrer Zielgruppe.

Oh Herr, betete ich, *an wie vielen Postern in wie vielen Flughäfen bin ich schon vorbeigegangen, die ich zwar gesehen, aber nie richtig bemerkt habe? Bin ich überhaupt anders als der Priester, der sich auf dem Weg zu irgendeiner wichtigen Aufgabe in seinem Amt befand und den verwundeten Mann an der Straße zwar liegen sah, aber einfach vorüberging? War ich anders als der Tempeldiener, der den Mann bemerkte, hinschaute und dann seiner Wege ging?*

Und dann hatte ich den Eindruck, als sagte Gott zu mir: *Christine, der einzige Unterschied zwischen dem Samariter und den religiösen Leuten war der, dass der Samariter tatsächlich die Straße überquerte. Der Samariter war bereit, seine Pläne durchkreuzen zu lassen, deshalb konnte er dem Mann helfen. Er beugte sich hinab, um dem Verletzten aufzuhelfen. Es ist etwas anderes, ob man nur stehen bleibt oder ob man sich herabbeugt. Mitleid ist nicht mehr als ein Gefühl – bis man die Straße tatsächlich überquert. Mitleid zu haben bedeutet, aktiv zu werden. Man geht zu ihnen.*

Ich hätte heulen können.

Ich sah Jesus vor meinem geistigen Auge, der nicht nur die Straße vom Himmel zur Erde überquerte, der nicht nur stehen blieb, um unsere Verletzungen zu sehen und unsere Wunden zu heilen, sondern der sich auch herabbeugte, um für uns das Kreuz zu tragen, der uns anblickte und dann das Kreuz den Hügel hochtrug, wo er an unserer statt angenagelt wurde.

Stehen bleiben, nicht weitereilen

Bei meinem Besuch in Auschwitz, von dem ich im vorherigen Kapitel berichtet habe, war ich angesichts der erschütternden Unmenschlichkeit wachgerüttelt worden, die Menschen anderen Menschen antun können. Mir hatten die Haare zu Berge gestanden und ich hatte ein tiefes Mitgefühl für diejenigen verspürt, die dort so unsäglich gelitten hatten. Und obwohl ich an jenem Tag nicht völlig verstanden hatte, was Gott in mir veränderte, sah ich zum ersten Mal klar und deutlich die ungeheuer vielen

Nöte auf der Welt – Nöte ausgelöst durch Ungerechtigkeit, Armut, Unterdrückung, schwierige Lebenslagen und Katastrophen.

Jetzt ging Gott mit mir den nächsten Schritt. Es ist eine Sache, für Ungerechtigkeit sensibilisiert worden zu sein, aber es ist noch etwas ganz anderes, bereitwillig Unbequemlichkeiten und Unterbrechungen in Kauf zu nehmen, um etwas gegen Ungerechtigkeit zu unternehmen. Jetzt griff Gott nicht nur in mein Leben ein, um mich für diese Dinge zu sensibilisieren, sondern um mich zu unterbrechen und meine Schritte in die Richtung derer zu lenken, die in Not waren. Wie der Samariter sollte ich nicht nur stehen bleiben, sondern mich tatsächlich zu den Menschen hinunterbeugen und ihnen helfen.

Immerhin hatte ich in die Gesichter auf jenen Postern am Flughafen gestarrt. Wie können wir den Unterdrückten und Verwundeten den Rücken zukehren und davongehen, wenn ihr Blick sich in unsere Augen gebohrt hat?

Ich konnte es nicht, nicht in jener Nacht, als ich in meinem Hotelzimmer mit der Bibel auf dem Schoß dasaß, über die Geschichte des barmherzigen Samariters nachdachte und im Kopf das Bild von Jesus hatte, wie er sich den Weg zum Kreuz hochkämpft. Und ich konnte es auch nicht in der darauffolgenden Woche, als ich wieder in ein Flugzeug stieg, um nach Hause zu fliegen.

Obwohl ich nicht wieder in die Gepäckausgabe des Flughafens in Thessaloniki gekommen war, hatten sich mir die Gesichter auf jenen Postern tief eingeprägt. Sie hatten sich die ganze Woche über immer wieder in meine Gedanken gedrängt, und sie begleiteten mich auf dem ganzen Flug nach Hause.

Ich konnte nicht mehr wie gewohnt weitermachen. Stattdessen wollte ich in die Fußstapfen des Samariters, in die Fußstapfen Jesu treten. Ich wollte mich irgendwie um diese

Vermissten kümmern – nur hatte ich keine Ahnung, wie oder wann oder womit.

Monatelang suchte ich nach Antworten. Ich hängte mich ans Telefon. Ich fragte andere Menschen um Rat. Ich stellte allerlei Nachforschungen an. Ich fand heraus, dass es sich bei den Gesichtern auf den Postern nicht nur um irgendwelche Vermisste oder Weggelaufene handelte. Es wurde vermutet, dass sie Opfer von Menschenhandel waren.

Menschenhandel. Bereits der Begriff war so hässlich und dramatisch und erschütternd. Während ich dies schreibe, werden nach aktuellen Schätzungen der Vereinten Nationen *siebenundzwanzig Millionen Menschen* auf unserer Erde als *Sklaven* gehalten. Sie wurden mit falschen Versprechungen gelockt, gekidnappt oder gezwungen – und das nicht etwa gestern, nicht zu einer anderen Zeit, sondern heute, in unserer Zeit. Siebenundzwanzig Millionen Individuen mit Gesichtern und Familien, die gekauft und verkauft werden wie Waren und Rohstoffe, die keine Stimme und keine Rechte haben. Sie werden verkauft gegen Geld und kommen entweder in die Zwangsprostitution oder Zwangsarbeit. *Wie soll eine einzige Person sie alle erreichen können? Wie soll ich mir sicher sein, Herr, dass du mich zu diesen gefährlichen, finsteren Orten führst, wo einen nicht ein, sondern siebenundzwanzig Millionen Sklaven erwarten? Wie soll ich die alle befreien?*

Kaum war mir dieser Gedanke gekommen, musste ich über mich selbst lachen. Wenn ich nicht die Macht von Zahlen kannte, wer dann? War ich nicht die Nummer 2508? Hatte nicht jemand die Straßenseite gewechselt, um mir zu Hilfe zu kommen? Hatte nicht jemand meinen Schrei gehört, meinen Schmerz gespürt und beschlossen, nicht an mir vorüberzugehen, sondern mich aus meiner Zerbrochenheit in die liebevollen Arme Jesu zu heben?

Ich ließ es nicht zu, dass die Zahlen mich überwältigen konnten.

So ist es richtig, schien Gott mir zu sagen. *Und du hast schon so vielen am Straßenrand geholfen. Jetzt wechsle die Straßenseite und gehe zu jenen anderen. Bleib stehen. Beuge dich herunter.*

Jetzt verstand ich es. Eine göttliche Unterbrechung und eine Sensibilisierung sind nicht das Gleiche. Gott hatte mich in Auschwitz neun Monate vor meiner Reise nach Thessaloniki sanft wachgerüttelt. Jetzt aber durchkreuzte er meinen Dienstplan, damit ich etwas von noch größerer Tragweite tun konnte. Er hatte noch mehr gute Werke für mich vorbereitet – vorausgesetzt, ich war dazu bereit. Gott ließ mich erkennen, dass der Samariter nicht nur zu dem Verletzten ging, sondern noch mehr tat: Er leistete Erste Hilfe, sorgte für den Transport und zahlte für die Weiterbehandlung. Der Samariter, der wahre Nächste, ist derjenige, der nicht nur seine Zeit, sondern auch sein Können und sein Kapital einsetzt.

Ich war Feuer und Flamme. Genau das wollte ich tun! Ich, die ich von einem finsteren Ort gerettet worden war, konnte helfen, andere zu befreien.

Doch kaum war ich von dieser Vorstellung begeistert, fielen mir auf der Stelle hundert Gründe ein, warum ich nicht dazu in der Lage war – hundert Gründe, warum ich davor *zurückschreckte*.

Ist das nicht typisch Mensch? Da hat uns etwas gepackt und wir wollen etwas tun, und schon vergessen wir den einen Grund, warum wir überhaupt in der Lage sind, etwas zu tun. Als ich entdeckte, wie gewaltig das Problem des weltweiten Menschenhandels ist, ging es mir wie den meisten anderen Leuten: Ich war überwältigt. Deshalb stellte ich für Gott eine Liste zusammen mit all den Gründen, warum ich, eine vierzigjährige Mutter zweier Kinder auf der anderen Seite der Welt, unmöglich irgendetwas tun konnte, das die Statistiken wesentlich verändern würde. Ich weiß nicht, wie Ihre „Aber“-Liste aussieht. Stehen die folgenden Dinge vielleicht darauf?

- Aber ich weiß nicht genug über dieses Thema, Gott.
- Aber ich habe nicht die richtige Ausbildung, um mich einzubringen, Gott.
- Aber ich bin nicht begabt genug, Gott.
- Aber ich bin auch so schon ausgelastet, Gott.
- Aber ich habe eine Familie, Gott.
- Aber das ist zu gefährlich, Gott.
- Aber ich bin zu alt, um etwas Neues anzufangen, Gott.
- Aber ich bin zu jung, mich nimmt man nicht ernst, Gott.
- Aber das wird mein Leben völlig aus dem Gleichgewicht bringen, Gott.

Aber … die Liste ließe sich beliebig fortsetzen. Kommt Ihnen das bekannt vor? Das sind genau die entmutigenden Selbstzweifel – oder auch ganz einfach Ausreden –, an denen wir uns immer wieder in diesem Buch die Zehen gestoßen haben.

Vielleicht war es eine Liste wie diese, die den Priester dazu brachte, seinen Weg fortzusetzen. *Aber ich bin kein Arzt. Ich kann nicht helfen. Die Verletzungen dieses Mannes sind so schwer, dass ich da nichts machen kann. Ich sollte lieber zu denen gehen, bei denen ich weiß, wie ich ihnen helfen kann.*

Vielleicht dachte der Tempeldiener, der sich den Verletzten näher ansah, genauso: *Damit bin ich weit überfordert. Ich bin nicht stark genug, um diesen Mann hochzuheben. Ich kann ihn nicht tragen. Ich gehöre nicht in seine Welt. Ich muss mich auf das konzentrieren, von dem ich weiß, dass Gott es mir aufgetragen hat.*

Vielleicht bemerken Sie, dass sich Teenager-Schwangerschaften in Ihrem Umfeld immer mehr häufen. Aber da Ihre eigenen Töchter noch im Grundschulalter sind, denken Sie: *Was weiß ich schon über Teenager? Warum sollten sie mir zuhören? Wie soll ich ihnen helfen können, wenn ich nicht einmal mit meinem Haushalt zurande komme, geschweige denn die Zeit hätte, für Teenager-Mütter und ihre Babys Unterkünfte oder Unterstützung zu finden?*

Vielleicht sehen Sie einen Fernsehspot über hungernde Kinder in Afrika und fragen sich: *Was soll ich auf der anderen Seite der Welt schon ausrichten können? Ich kann nur versuchen, meine eigenen Kinder auf Kurs zu halten!*

Wie leicht können wir uns von der Schwierigkeit einer Situation oder der Größe einer Verletzung von einer guten Tat abbringen lassen, ehe wir uns überhaupt darangewagt haben. Wie oft beten wir, dass Gott uns gebrauchen möge – und dann, wenn er unseren Alltag unterbricht und unser Gebet beantworten will, listen wir unsere gesammelten Unzulänglichkeiten auf.

Ich protestierte: *Wie soll ich allein siebenundzwanzig Millionen Menschen erreichen?* Doch die ganze Zeit über schien Gott ganz einfach zu fragen: *Wirst du die Straße überqueren und zu einem Menschen gehen?*

Er bittet uns nicht deshalb, die Straße zu überqueren, weil wir in uns und aus uns selbst heraus die Fähigkeit hätten, verletzte Menschen zu retten. Er bittet uns darum, weil er alles hat, was dazu nötig ist.

Er fragt nicht: *Bist du dazu fähig?*, sondern: *Bist du bereit?*

Wenn Gott uns einlädt, die Straße zu überqueren, verlangt er nie von uns, dass wir allein gehen. Er geht mit. Er geht voraus. Er geht an unserer Seite. Dessen können wir uns sicher sein, weil er versprochen hat, uns nie zu vergessen und nie im Stich zu lassen (Josua 1,5). Der wunderbare (aber oft übersehene) Grund, weshalb wir unserer Bestimmung zuversichtlich und unerschrocken entgegengehen können, ist nicht der, dass wir so groß sind – *sondern dass der Gott, der in uns lebt, so groß ist!* „Denn der, der in euch lebt, ist größer und stärker als der, von dem die Welt beherrscht wird“ (1. Johannes 4,4; NGÜ).

Was heißt das für uns? Gott wird das gebrauchen, was wir haben, auch wenn wir vielleicht denken, nicht genug Zeit, Geld, Mittel oder Fähigkeiten für eine bestimmte Aufgabe zu haben.

Das sollten wir im Hinterkopf haben, weil wir sonst vielleicht so davon überzeugt sind, dass unser Beitrag zu klein, unbedeutend und sogar folgenlos sein wird, dass wir beschließen, gar nichts zu tun.

Jesus hat immer aus Kleinem Großes gemacht. Der Evangelist Matthäus erzählt, wie Jesus das Abendbrot eines kleinen Jungen dazu gebrauchte, um fünftausend Menschen satt zu machen (Johannes 6). Wenn Sie den Jungen am Morgen gefragt hätten, ob er genug zu essen für die große Menschenmenge mitgebracht habe, hätte er sicherlich gelacht: „Fünf Brote und zwei Fische für Tausende von Leuten? Wir könnten froh sein, wenn jeder auch nur einen winzigen Brocken abbekäme.“ Wenn Sie ihn gefragt hätten, warum er Jesus denn sein Essen angeboten habe, hätte er möglicherweise geantwortet: „Er hat vielleicht Hunger – und obwohl ich nicht genug Essen für alle habe, reicht es doch für einen. Er soll mein Abendbrot haben.“

Doch als er Jesus diese kleine Gabe gegeben hatte, machte Jesus etwas weit Größeres daraus, als der Junge sich das hätte vorstellen oder erwarten können. Und genau das tut er auch mit unseren kleinen Gaben.

Gott erwartet von uns nur, dass wir das, was wir von ihm empfangen haben, an andere weitergeben. Das meinte Jesus, als er sagte: „Umsonst habt ihr alles bekommen, umsonst sollt ihr es weitergeben" (Matthäus 10,8).

Ich konnte erleben, welche Kraft in diesen Versen steckt, als ich einmal mit meiner Tochter Sophia eine belebte Straße entlangging. Ich hatte einen anstrengenden Tag hinter mir, hatte ihr aber versprochen, dass sie mich begleiten durfte. Das war für uns beide ein besonderes Erlebnis. Ich kämpfte gegen die Zeit, weil ich vor einer weiteren Sitzung noch unbedingt einen Kaffee in einem Café trinken wollte. Wir waren den ganzen Tag herumgehetzt, um Termine einzuhalten und Dinge zu erledigen, und ich brauchte jetzt dringend eine Erfrischung. Bilder von großen Bechern Cappuccino mit viel Milchschaum tanzten mir durch den Kopf.

Sophia dagegen hätte es genügt, einfach nur die Straße entlangzugehen und sich alles anzuschauen: die Auslagen in den Schaufenstern, die Blumen und Pflanzenkübel vor den Geschäften, die am Bordstein geparkten Autos. Doch ich hatte etwas vor und hatte es eilig.

Plötzlich bemerkte ich, dass Sophias Hand nicht länger in meiner lag. Ich wollte nach ihr greifen, griff aber ins Leere. Ich wirbelte herum, um sie zu suchen.

Nur wenige Schritte hinter mir war Sophia stehen geblieben und hatte sich auf den Bürgersteig neben einen Mann gekniet, der obdachlos zu sein schien. Sie hielt ihm den Dollar hin, den ich ihr am Morgen gegeben hatte, damit sie sich davon etwas Schönes kaufen konnte. Sie hatte diesen Dollar den ganzen Tag lang fest in der Hand gehalten. Er war für sie ein Schatz, ein seltenes Geschenk für einen besonderen

Tag mit Mama, und sie hatte versucht zu entscheiden, wofür genau sie ihn während des Stadtbummels ausgeben sollte. Jetzt aber reichte sie ihn ohne zu zögern einem Fremden.

„Jesus hat mir diesen Dollar gegeben, damit ich ihn dir gebe", sagte sie.

Wie leicht trennte sie sich von dem, was ihr so kostbar war. Dieser Dollar bekam eine ganz besondere Symbolkraft.

Der Mann, dem sie ihn gereicht hatte, gab ihn ihr zurück. Tränen liefen über seine Wangen. „Schätzchen", sagte er, „kauf dir dafür lieber etwas Süßes."

Er hatte etwas bekommen, das wertvoller war als Sophias Dollar. Sie hatte ihr Herz gegeben – und noch viel mehr. Sie hatte ihm Hoffnung geschenkt. Sophia erinnerte ihn daran, dass es auf dieser Welt noch Gutes gab und Gnade – selbst von einem Kind. Sie hatte ihn daran erinnert, dass Gott für ihn sorgen würde – und er konnte die unscheinbarsten und unwahrscheinlichsten Quellen dafür auftun. Sophia hatte die Straße überquert (oder sich zumindest an ihren Rand begeben), und Gott war mit ihr gegangen. Er hatte ihre offene Hand dazu gebraucht, das Herz eines Fremden zu öffnen. Und außerdem hatte er ihre Bereitschaft an jenem Tag dazu gebraucht, um mir zu zeigen, dass er, der Gott der Hoffnung, den Rest erledigen wird, wenn wir geben, was wir haben.

Die Straße zu überqueren ist eine Frage der Herzenshaltung

Woher weiß man, ob etwas eine göttliche Unterbrechung oder lediglich eine Ablenkung von den guten Werken ist, die man bereits tut? Das ist nicht immer leicht zu unterscheiden. Die folgenden fünf Gewohnheiten helfen mir zu erkennen, wann Gott mich dazu auffordert, die Straße zu überqueren und dem Menschen am Straßenrand zu helfen:

1. Seien Sie offen für das Reden des Heiligen Geistes

Ehe die Gesichter der Mädchen auf den Postern mich aus meiner Routine rissen, war ich bereits eine viel beschäftigte Hausfrau, Mutter und Evangelistin gewesen. Ich war nicht gerade auf der Suche nach zusätzlichen Projekten. Nachdem mir die Schmerzen, Nöte und Verletzungen anderer um mich herum durch mein Erlebnis mit Gott in Auschwitz bewusst geworden waren, vergingen neun Monate, bis ich mein einschneidendes Erlebnis auf dem Flughafen von Thessaloniki hatte, während ich auf mein Gepäck wartete. In diesen neun Monaten hatte ich täglich Zeit mit Gott beim Lesen in der Bibel und im Gebet verbracht. Während dieser Monate hatte ich das stetig wachsende Gefühl, dass er mit meinem Leben noch mehr vorhatte. Wohin ich auch ging, sah ich mehr Menschen am Straßenrand. Als ich in die Gesichter der Vermissten auf den Postern in Thessaloniki blickte, wusste ich, dass der plötzliche Drang, ihnen zu helfen, mehr war als nur ein flüchtiges Interesse. Es war Gott, der mich unterbrach.

Achten Sie auf das, worauf Gott immer wieder Ihre Aufmerksamkeit lenkt, womit er Ihre Gedanken und Ihre Tage unterbricht. In diesen Dingen werden Sie erkennen, was Gott für Sie geplant hat und von Ihnen möchte.

Es gibt keine Formel, mit der sich eindeutig beweisen ließe, dass diese Unterbrechungen tatsächlich von Gott kommen. Aber wenn sich vor Ihnen eine Not auftut, an der Sie leicht etwas ändern können, dann zögern Sie nicht! Wenn die Unterbrechung gewichtiger ist – wenn sich dadurch Ihr gesamtes Leben ändern könnte –, dann suchen Sie den Rat Ihres Pastors, eines Verantwortlichen in der Gemeinde oder eines Freundes Ihres Vertrauens.

Sie werden feststellen, dass der Eine, dem Sie helfen sollen, sich oftmals in der Nähe der Straße befindet, auf der Sie bereits unterwegs sind. Der Samariter wechselte die

Straßenseite und half dem gebrochenen Mann, und nachdem er die erforderliche Hilfe geleistet hatte, setzte er seinen Weg fort. Er kam seiner ursprünglichen Verpflichtung nach, nahm sich aber die Zeit für eine Unterbrechung, um zwischendurch einem anderen zu helfen. Gott hat mich nicht daran gehindert, Ehefrau, Mutter oder Rednerin zu sein, damit ich mich um die Opfer von Menschenhandel kümmern konnte. Er fragte, ob ich mich unterbrechen lassen würde – und dann baute er meine Kapazitäten aus und erweiterte meinen Einflussbereich.

2. Leben Sie bewusst

Zu oft bemerken wir es gar nicht, wenn wir für einen anderen die Antwort auf sein Gebet sind. Wir sind so damit beschäftigt, von A nach B zu kommen und Aufgaben zu erledigen, und sind dabei ganz auf unsere eigenen Vorhaben konzentriert. Wenn wir die Straße überqueren, dann wollen wir oft einfach auf die andere Seite kommen.

Was wäre, wenn wir ein bisschen mehr auf die ältere Dame achten würden, die Mühe hat, die Bordsteinkante hinunterzutreten? Oder auf den Passanten, dem die vielen Pakete auf dem Arm herunterzufallen drohen? Könnten wir ihm nicht eines oder mehrere abnehmen? Was wäre, wenn wir nach Menschen Ausschau hielten, die Hilfe brauchen, anstatt nur das zu sehen, was wir erledigen oder in ebendiesem Moment nach Hause bringen wollen?

Stellen Sie bei jeder Unterbrechung die Frage: *Herr, was möchtest du jetzt von mir?*

3. Seien Sie spontan

Denken Sie nicht lange nach, wenn Sie unterbrochen werden. Wenn wir zögern, geben wir damit unseren Unsicherheiten, der Unbequemlichkeit, unserem Terminplan und unseren ursprünglichen Vorhaben die Chance, sich zwischen uns und das zu stellen, was Gott in dem Moment für uns vorbereitet hat. Machen Sie sich Folgendes zur Gewohnheit:

- Sagen Sie jemandem, der in der Schlange hinter Ihnen steht, ein ermutigendes Wort.
- Sprechen Sie eine Kassiererin oder einen Kellner oder einen Bediensteten mit seinem oder ihrem Namen an (deshalb gibt es das Namensschild), anstatt ihn oder sie wie Ihren Dienstboten zu behandeln.
- Nehmen Sie mit allen Leuten, mit denen Sie zu tun haben, Blickkontakt auf.
- Seien Sie geduldig, auch wenn Sie unhöflich behandelt wurden und Ihnen schon eine gepfefferte Erwiderung auf der Zunge liegt.
- Werfen Sie dem Obdachlosen einen Euro in den Hut oder halten Sie Kleingeld bereit, wenn das Nachbarskind um Spenden für einen guten Zweck bittet.

4. Bitten Sie Gott, Ihr Herz zu verändern

Lassen Sie es zu, dass Gott Ihr Herz Stück für Stück empfindsamer macht, sodass Ihr Herz genauso wie sein Herz für Menschen schlägt. Gott möchte nicht, dass wir unser Leben aus Pflichtbewusstsein mit guten Werken füllen, um unser religiöses Gewissen zu beruhigen. Er möchte unsere Herzen verändern – denn das Herz beeinflusst unser ganzes Leben (Sprüche 4,23). Mit verändertem Herzen sehen wir plötzlich Dinge, die wir vorher nie wahrgenommen haben. Wir hören Schreie, die wir nie gehört haben, und wir handeln aus einer Barmherzigkeit heraus, die wir vorher nicht besaßen.

Viel zu leicht bleiben wir in einem selbstsüchtigen Kreislauf stecken, in dem es nur um *meine* Zeit, *meine* Pläne, *meine* Ziele geht. Bitten Sie Gott, Sie so zu verändern, dass Sie sehen, was er sieht, fühlen, was er fühlt, lieben, wie er liebt. Er verspricht, uns ein „neues Herz und einen neuen Geist“ zu geben (Hesekiel 36,26). Ja, er sagt sogar: „Ich nehme das versteinerte Herz aus eurer Brust und schenke euch ein Herz, das lebt.“

5. Seien Sie flexibel

Ich sage immer: „Glücklich sind die Flexiblen, denn sie brechen nicht entzwei.“ Flexibilität wird Ihnen helfen, sich immer wieder zu strecken und denen die Hand zu reichen, die Hilfe brauchen. Dazu müssen Sie aber Ihr Leben ausreichend flexibel gestalten, um Unterbrechungen auch zulassen zu können. Strukturieren Sie Ihre Tage nicht so rigoros, dass Sie Gott damit einen Riegel vorschieben, durch Sie etwas zu bewirken.

Wie einfach ist es doch, unseren Terminplan so vollzustopfen, dass wir von einer Aktivität zur nächsten rennen und nur noch den Hauskreis am Mittwochabend und den Gottesdienst am Sonntagmorgen als Zeiten frei halten, um Gott zu begegnen! Aber das ist nicht das, was Gott will – und auch nicht das, was Sie eigentlich wollen. Sie möchten Gott ständig an Ihrer Seite wissen, und genau das möchte er auch. Er möchte uns jeden Moment eines jeden Tages begleiten, uns lieben, leiten und uns den Weg zeigen – und ja, er möchte uns auch sanft unterbrechen. Planen Sie Zeiten ein, um mit ihm zu reden, ihm zuzuhören, ihn anzubeten und zu loben.

Fangen Sie gleich damit an. Bitten Sie ihn, Ihre Schritte fest und sicher zu machen, wie er es verspricht (Psalm 119,133). Halten Sie sich diesen Bibelvers vor Augen: „Der Herr freut sich an einem aufrichtigen Menschen und führt ihn sicher“ (Psalm 37,23; NL). Behalten Sie nicht nur die Straße vor Ihnen im Blick, sondern achten Sie auch auf die Seitenränder. Denn Gott möchte Ihren Tagesablauf von Zeit zu Zeit unterbrechen, wie er das bei dem Samariter tat.

Ich hatte gedacht, dass Gott mich nach Thessaloniki geführt hatte, um auf einer Konferenz zu sprechen und die Gemeinden dort zu stärken. Aber er gebrauchte mein kurzzeitig abhandengekommenes Gepäck und ein wenig Schlafmangel, um mir zu zeigen, wo er mich als Nächstes gebrauchen wollte. Er unterbrach nicht nur meinen Tag, sondern die gesamte Richtung meines Dienstes. Er bat mich nicht nur, die Straßenseite zu wechseln, sondern darüber nachzudenken, wie ich den Vermissten, den verlorenen Mädchen und jungen Frauen auf jenen Postern, an den finstersten, verborgensten Orten auf unserem Planeten helfen konnte.

Die Menschen, zu denen wir gehen sollen, befinden sich aber nicht immer auf der anderen Straßenseite oder der anderen Seite der Welt. Manchmal sitzen sie direkt vor unserer Nase, so wie Katja an der Supermarktkasse. Und was ist, wenn wir meinen, im Augenblick eigentlich nichts zu haben, was wir geben könnten? Gott nimmt auch das, was wir zuerst nur widerwillig zur Verfügung stellen – und er macht, trotz zeitlicher Beschränkungen, etwas mit Ewigkeitswert daraus. Und was für ein Wunder wartet dort am Straßenrand auf uns? Das, was ich schon die ganze Zeit über besaß und Sonia oder anderen, die ich am Straßenrand fand, geben konnte. Es ist das, was jedem von uns am meisten fehlt.

Hoffnung.

Kapitel 10

Mit Riesen fertig werden

„Warte, Nick", sagte ich in mein Handy. „Es kommt eine Durchsage. Ich kann dich nicht verstehen." Ich ließ das Handy sinken und stopfte alle Dinge zurück in meine Handtasche, aus der ich sie in fieberhafter Eile herausgekramt hatte, um das Telefon zu finden, bevor es aufhörte zu klingeln. Ungeduldige Fluggäste drehten sich zu mir um, einige runzelten die Stirn oder grinsten mich über die Schulter an, als die laute und nahezu unverständliche Durchsage verstummte. Ich drückte mir das Handy wieder ans Ohr. „Hallo, Schatz", sagte ich, „jetzt kann ich dich verstehen." Nick war ein paar Tage vor mir nach Griechenland gereist, um Vorbereitungen zu treffen. Jetzt war ich auf dem Weg zu ihm.

„Chris", sagte mein Mann mit ernster Stimme. „Wir müssen reden."

Telefonanrufe weckten in mir ohnehin schon immer ein ungutes Gefühl. Weil ich ständig unterwegs war, kommunizierte ich eigentlich ausschließlich per E-Mail und SMS. Und Nicks düsterer Tonfall alarmierte mich noch mehr als sonst. Mein Magen krampfte sich zusammen. „Geht es den Kindern gut? Und Mama? Ist etwas passiert?" Vor meinem geistigen Auge sah ich ein Dutzend schrecklicher Szenarien.

„Ja, ja", meinte Nick. „Es geht allen gut. Ich will dich nur auf den Bericht vorbereiten, den die Berater vorlegen werden, wenn du da bist, denn …" Er hielt inne. „Ich weiß, dass er dir nicht gefallen wird."

Obwohl ich schon vor langer Zeit gelernt hatte, Nick vollkommen zu vertrauen, mochte ich immer noch keine Überraschungen. Es musste schon etwas Gewichtiges sein, dass er es für nötig hielt, mich auf diese Weise auf die anstehende Sitzung mit dem Team aus Beratern vorzubereiten. Wir hatten uns an sie gewandt, damit sie uns halfen, den Start unserer nächsten großen Initiative zu durchdenken: eine internationale Nichtregierungsorganisation zur Bekämpfung von Menschenhandel.

Nach meinem Erlebnis in der Gepäckausgabe des Flughafens von Thessaloniki (Kapitel 9) und nachdem wir etwa fünfzehn Monate lang mit unseren Gemeindeleitern diskutiert, ausgiebig gebetet und gründlich nachgedacht hatten, wagten Nick und ich einen Glaubenssprung.

Wir konnten das internationale Problem des Menschenhandels nicht länger ignorieren. Wir wollten nicht einfach zur Tagesordnung übergehen. Wir beschlossen, etwas zu unternehmen. Wir glaubten uns von Gott dazu berufen, eine Organisation zu gründen, die Opfer von Menschenhandel rettet, sich um sie kümmert und ihnen hilft, ein neues Leben aufzubauen. Wir nannten sie die *A21-Kampagne*, was für die „Abschaffung von Ungerechtigkeit im 21. Jahrhundert" steht.

Das war erst vor drei Monaten gewesen – und jetzt, schon so bald, eröffnete mir Nick, dass er Nachrichten für mich hatte, die mir nicht gefallen würden.

„Chris", sagte Nick, „du wirst es kaum glauben: Nach fünfundzwanzig Tagen intensiver Nachforschungen, Gesprächen mit Regierungsvertretern, Polizeibehörden, Rechtsberatern und anderen Nichtregierungsorganisationen sind die Berater zu dem Schluss gekommen, dass wir unsere Arbeit nicht in Europa mit dem Schwerpunkt auf Osteuropa beginnen sollten, weil, wie sie sagten, die Initiative auf jeden Fall scheitern wird. Die zu erwartenden Schwierigkeiten sind einfach unbezwingbar."

Zu dem Schluss gekommen? Ich glaubte, mich verhört zu haben.

Noch bevor wir die Berater hinzugezogen hatten, hatten wir bereits gewusst, dass es viele Gründe gab, die gegen den Beginn der *A21-Kampagne* in Griechenland sprachen. Wir kannten die Herausforderungen. Wir hatten ausführlich darüber diskutiert. Und wir hatten beschlossen, dass wir Gottes Ruf nicht ignorieren konnten, auch wenn es so viele Schwierigkeiten gab. Diese Entscheidung war bereits gefallen. Die Berater hatten von uns den Auftrag, uns durch die stürmische See zu navigieren, die vor uns liegen würde, aber sie sollten nicht für uns eine Entscheidung treffen.

Darum hörte ich mit großem Verdruss zu, als Nick fortfuhr: „Laut ihren Nachforschungen sprechen zu viele Faktoren gegen uns, als dass die *A21-Kampagne* in Osteuropa eine Chance haben könnte. Es gibt zu viel Korruption und nicht genug Gesetze, um die Rechte der Opfer zu schützen. Die Frauen werden nicht gegen ihre Entführer aussagen wollen, weil ihr eigenes Wohlergehen und das aller ihrer Lieben auf dem Spiel steht. Such- und Rettungsaktionen würden extrem gefährlich sein, weil die kriminellen Netzwerke starken Rückhalt in allen Gesellschaftsbereichen haben, in die wir vordringen würden. Prostitution ist dort legal, und über Menschenhandel ist so gut wie nichts bekannt. Deshalb wird es für uns schwer werden, Unterstützung zu finden. Und bei der gegenwärtigen Wirtschaftslage werden unsere Kosten für eine Operation dieser Größenordnung enorm sein. Die Berater sind nicht davon überzeugt, dass wir ausreichende finanzielle Unterstützung bekommen werden."

Nick hatte recht. Es gefiel mir ganz und gar nicht, was ich da hörte – und ich konnte nicht glauben, was ich da hörte. „Willst du damit sagen, dass in den fünfundzwanzig Tagen nichts anderes herausgekommen ist als eine Auflistung der ganzen Schwierigkeiten und Gründe, warum dies nicht funktionieren kann? Und auf diese Liste sind die nicht einmal selbst gekommen – schon bei unserem ersten Treffen

haben wir sie auf all diese Punkte aufmerksam gemacht!"
Ich war wie vor den Kopf geschlagen. Konnte das wahr sein? *Da hatten wir gutes Geld für teure Berater ausgegeben, damit sie uns halfen, einen Weg zu finden, erfolgreich zu sein – und sie konnten uns nichts anderes sagen, als dass unser Vorhaben unmöglich sein sollte?*

Ich hatte unsere Berater nicht gefragt, *ob* wir in Griechenland eine Initiative gegen Menschenhandel starten konnten. Ich hatte sie gefragt, *wie* wir sie starten konnten. Wir wussten bereits, dass die Chancen nicht gut aussahen. Uns war klar, dass wir in sehr finstere Bereiche würden vordringen müssen. Was wir nicht wussten und weshalb wir ihren Rat brauchten, war, wo wir beginnen sollten. Welche Schritte sollten wir unternehmen? Worauf sollten wir uns vorbereiten und wie? Wo konnten wir die nötigen Mittel auftreiben?

Während die Menschenmenge am Flughafen zu beiden Seiten an mir vorbeiströmte, stand ich einfach dort und listete im Kopf all die Dinge auf, die wir festlegen mussten. Und während ich das tat, wuchs meine Entschlossenheit. *Natürlich wird diese Arbeit schwierig,* dachte ich. *Wenn sie einfach wäre, gäbe es sie bereits. Jeder würde sie tun.* Diese äußerst erfahrenen Berater hielten unsere Idee – von der wir glaubten, dass es Gottes Idee war – für unmöglich umsetzbar. Und vielleicht war sie das auch. Aber dann …

Hatte David nicht Goliat mit einer einfachen Steinschleuder und einem glatten Kiesel besiegt (1. Samuel 17)? Konnten wir mit Gott an unserer Seite nicht auch die riesigen Hindernisse auf unserem Weg überwinden? Diese Riesen waren wirklich gewaltig, genauso wie Goliat. Sie machten gehörigen Krach, indem sie mit ihren Speeren gegen ihre Schilder schlugen, und sie stießen jede Menge Drohungen aus. Doch der Geist, der in uns lebt, ist größer als der, der in der Welt ist (1. Johannes 4,4).

Ja, ich wusste, dass Berater dafür bezahlt werden, mit ihrer Erfahrung an unsere Probleme heranzugehen und ihre aufrichtige Einschätzung abzugeben, egal, ob sie positiv oder negativ ausfiel. Doch in diesem Fall brauchten wir keine Hilfe, um die Riesen zu identifizieren. Wir wussten bereits, wo die Riesen waren. Wir brauchten Hilfe, um die Steine zu finden, mit denen wir sie vernichten konnten.

Ich richtete mich zu meinen vollen 1,62 Metern auf und holte tief Luft. Objektiv betrachtet erschien die *A21-Kampagne* abwegig. Doch wir waren überzeugt, dass sie dennoch erfolgreich sein würde. Unsere Überzeugung basierte auf einer Grundlage, die alle Weisheiten übertrumpft:

- Gott ist mit uns (Römer 8,31).
- Gott ist darauf spezialisiert, Wunder zu wirken, wo Menschen versagen (Hebräer 13,5–6).
- Gott hat uns aufgetragen, in die ganze Welt hinauszugehen (Matthäus 28,19–20), und er hatte mir einen Teil der Welt gezeigt, der so dunkel und verborgen war, dass ich nicht einmal von seiner Existenz gewusst hatte. Und diese Dinge konnte ich nicht mehr vergessen.

„Nick“, sagte ich laut ins Handy, „wir müssen ihnen sagen, dass Gott uns bereits erfolgreich geholfen hat. Sag ihnen, dass wir sehr wohl etwas erreichen können, weil er uns beisteht. Sag ihnen auch, uns ist bewusst, dass dies aus menschlicher Erfahrung keinen Sinn ergibt. Dennoch werden wir gehen – weil Gott Wege bahnen kann, wo andere sagen, dass da kein Durchkommen ist.“

Ich war überzeugter denn je, dass wir auf dem richtigen Weg waren. Zugegeben, ich wusste noch immer nicht, wie wir den Frauen Freiheit bringen konnten, aber ich wusste, dass wir es tun mussten. *Danke, Gott,* betete ich, *dass du der Gott bist, der uns hilft, Herausforderungen und schwierige*

Umstände zu meistern. Danke, dass du der Gott bist, der einen Weg durch die Wüste bahnt und die krummen Pfade gerade macht. Und jetzt hilf uns herauszufinden, wie der nächste und der übernächste Schritt aussehen soll.

Nachdem ich „Amen" gesagt hatte, plärrte eine weitere Durchsage durch die Flughafenlautsprecher. „Passagiere für den Flug mit Aegan Airlines nach Thessaloniki, Griechenland! Wir beginnen jetzt mit dem Boarding. Passagiere für den Flug mit Aegan Airlines nach Thessaloniki, Griechenland, bitte begeben Sie sich zu Gate A21."

Schwierig? Ja!

Gate A21. Manchmal muss Gott die Menschenmengen und das Getöse übertönen, damit wir verstehen, dass es zwar immer Schwierigkeiten auf der Welt geben wird, aber dass der Eine, der das Universum geschaffen hat, diese überwinden kann.

Dies war so ein Fall.

Indem Gott dafür sorgte, dass mein Flug an genau dem Gate startete, das den gleichen Namen trug wie unsere stark bezweifelte Kampagne, erinnerte er mich auf subtile Weise daran, wer das Sagen hatte: *Ja, die Chancen stehen schlecht für euch. Sehr schlecht sogar. Ja, die Vernunft und aller Expertenrat, für den ihr teuer bezahlt habt, raten euch, die Sache abzubrechen, ehe ihr überhaupt damit begonnen habt. Ja, die Riesen, die sich vor euch aufbauen, können euch denken lassen, dass der Weg nach vorne versperrt ist. Doch nichts davon kann mich aufhalten, und wenn ihr meinen Willen tut, können sie auch euch nicht aufhalten.*

„In der Welt wird man euch hart zusetzen", sagte Jesus voraus (Johannes 16,33) und fügte hinzu, „aber verliert nicht den Mut: Ich habe die Welt besiegt!"

Gott steht uns immer bei und bahnt uns immer einen Weg, damit wir seinen Willen tun, seine Hoffnung in diese Welt bringen und sie verändern können. Doch wie oft sind wir versucht, das anders zu sehen. Da werden Sie angefragt, einen Vortrag zu halten, und denken: *Das kann ich nicht! Ich bin zu schüchtern.* Sie wollen sich als Helfer bei einer Obdachlosenunterkunft melden, aber ein Blick auf Ihren Terminkalender sagt Ihnen, dass Sie bereits jetzt zu viel zu tun haben und nicht noch eine weitere Sache übernehmen können. Sie möchten eine Familie, deren Haus abgebrannt ist, mit Geld oder Lebensmitteln oder Sachspenden unterstützen, aber Ihr Kontostand sagt, dass Sie nicht einmal genug haben, um Ihre eigenen Rechnungen zu begleichen, geschweige denn die von anderen Leuten. Sie möchten sich beruflich umorientieren, um einer Berufung folgen zu können, die Sie für sich erkannt haben, doch Ihr Selbstvertrauen murmelt: *Schuster, bleib bei deinem Leisten. Da kommen zu viele Unsicherheiten auf dich zu! Es ergibt keinen Sinn, einen Job aufzugeben, nach dem andere Leute sich die Finger lecken würden, nur um einem flüchtigen Glücksgefühl hinterherzujagen.*

Schwierigkeiten sind wie ein Quälgeist, der sich Ihnen in den Weg stellt und versucht, Sie niederzuringen, bis Sie aufgeben. Egal, was Sie anpacken möchten, wenn es sich dabei um eine gute Sache handelt, werden die Schwierigkeiten versuchen, Gottes Gedanken und auch Ihre eigenen zu übertönen und Sie zu verwirren. Sie versuchen, sich so groß vor Ihnen aufzubauen, dass Sie nur noch das sehen, was sich direkt vor Ihnen befindet: die Probleme, die Hindernisse und die Mauern. Die Schwierigkeiten singen ein altes Lied: Was auch immer du zu tun versuchst, es wird zu viel Zeit, Geld, Risiko, Bequemlichkeit, Gesundheit, Kraft, Willensstärke etc. kosten.

Die Schwierigkeiten singen liebend gern von Hürden, die es schon seit Beginn der Zeit gegeben hat.

In der Tat ist das Lied der Schwierigkeiten so alt wie Mose.

Als Mose das Volk Israel aus der Sklaverei führte, begleiteten Schwierigkeiten sie auf Schritt und Tritt und sangen dabei: „Das geht nicht, das wird nichts, das taugt nichts." Der Pharao sicherte dem Volk die Freiheit zu, und die Schwierigkeiten lachten und sagten, das würde die Israeliten Schweiß (sie mussten mehr arbeiten; 2. Mose 5) und Tränen kosten.

Selbst nachdem Gott den Israeliten da hindurchgeholfen hatte, sangen die Schwierigkeiten noch aus der Ferne: „Es ist noch nicht vorbei!" Schwierigkeiten sind so. Sie lungern herum. Sie lauern auf uns. Als sie sahen, dass die Israeliten die Freiheit gewannen, sagten sie: „Glaubt ja nicht, ihr könntet *uns* zurücklassen." Sie waren am Ufer des Roten Meeres und in der Wüste, als es kein Wasser und nichts zu essen und keinen klar erkennbaren Weg ins Gelobte Land gab.

Und warum? Was wollten die Schwierigkeiten? Sie wollten, dass die Israeliten stehen blieben – und nach Ägypten zurückkehrten.

Und wenn sie das getan hätten? Dann wären sie dort vielleicht noch bis zum heutigen Tag versklavt. Dann würden sie noch immer das Reich ihres Unterdrückers bauen und seine Tempel anstatt Gottes Reich. Sie hätten weiterhin unter Ungerechtigkeit gelitten, anstatt die Freiheit Gottes zu genießen. Sie wären unter Pharaos Fuchtel dahinvegetiert, anstatt all das in Besitz zu nehmen, wozu Gott sie aufforderte.

Lassen Sie sich von Schwierigkeiten nicht davon abhalten, dort hinzugehen, wo Gott Sie haben möchte. Gott wird den Weg ebnen.

Unmöglich? Nein!

Gott bahnte dem Volk Israel einen Weg. Während die Schwierigkeiten ihnen dauernd einzureden versuchten, dass es keinen Weg gab, brachte Gott sie in das Gelobte Land. Er teilte das Rote Meer (2. Mose 14), ließ Brot vom Himmel regnen (2. Mose 16) und zeigte ihnen Wasser in der Wüste (2. Mose 17). Immer und immer wieder bahnte Gott ihnen den Weg trotz aller Schwierigkeiten, über vierzig Jahre lang.

Als die Israeliten an der Schwelle zum Gelobten Land standen, trug Gott Mose auf, zwölf Männer loszuschicken, die die Gegend auskundschaften und in aller Ausführlichkeit von ihrer Reise berichten sollten (4. Mose 13). Es ging nicht darum, herauszufinden, *ob* sie das Land überhaupt einnehmen konnten. Gott hatte ihnen das Land bereits zugesagt – das war eine Tatsache, keine Möglichkeit. Mose wollte, dass die Kundschafter herausfanden, *wie* sie vorgehen sollten. Er wollte wissen: Waren die Leute in diesem Land stark oder schwach, waren es viele oder wenige? War das Land reich oder arm, die Städte befestigt oder unbefestigt? Gab es Wälder oder nicht, war der Boden fruchtbar oder karg?

Halten Sie an dem Ziel fest, wohin Gott Sie schicken möchte

Nur zwei der zwölf Kundschafter, die Mose aussandte, verstanden ihren Auftrag. Zehn kamen zurück und berichteten, dass das Land groß war und seine Bewohner stark und riesig (4. Mose 13,28.32). Sie sahen nur die Riesen, die Hindernisse. Josua und Kaleb dagegen erinnerten sich an ihren Auftrag: Sie sollten nicht herausfinden, *ob* sie das Land einnehmen konnten, sondern wie es aufgebaut war und wie die Israeliten vorgehen mussten, um es einzunehmen.

Nick und ich konnten uns gut in Mose hineinversetzen – wir hatten das Gefühl, in derselben Situation zu sein. Wir hatten die Kundschafter, die wir ausgesandt hatten – unsere Berater –, gebeten herauszufinden, wie wir das am besten in Besitz nehmen konnten, was Gott uns versprochen hatte. Wir waren bereit zu gehen und wir wussten, dass Gott bei uns war. Wir brauchten lediglich jemanden, der die Lage erkundete. Wir brauchten Kundschafter mit einer Vision, nicht mit Ausreden.

Sehen Sie die Möglichkeiten und Gottes Versprechen

Wenn Schwierigkeiten auftauchen, möchte Gott, dass wir noch etwas anderes sehen und hören – etwas, das über die Schwierigkeiten hinausgeht. Die beiden Kundschafter Josua und Kaleb taten genau das. Anstatt nur auf das zu sehen, was vor ihnen lag, hielten sie den Blick auf Gott gerichtet, der höher und größer war. (Gott ist *immer* höher und größer.) Anstatt sich von dem ablenken zu lassen, was unmöglich erschien, sahen sie alles das, was möglich war. Sie hatten nicht das alte, traurige Lied der Schwierigkeiten im Kopf, sondern das Lied von dem, was Gott ihnen verheißen hatte. Es war, als ob sie bereits das Jubellied hören konnten, das sie beim Einzug in das Land singen würden (Josua 5). Und anstatt sich nur auf die Probleme zu konzentrieren, hielten sie sich Gottes Versprechen vor Augen – ein Land der Fülle für ihr Volk. Sie konnten es sehen, fühlen, schmecken.

„Wir können das Land sehr wohl erobern! Wir sind stark genug!“, versicherten Josua und Kaleb Mose und dem ganzen Volk (4. Mose 13,30). „Wir müssen nur losziehen und es in Besitz nehmen!“

Sie waren sich sicher: Die Wunder, die Gott vollbracht hatte, um das Volk Israel aus Ägypten zu befreien, würden genügen, um sie in das Gelobte Land zu bringen. Diese Aufgabe war nicht schwerer und die erforderlichen Wunder mussten nicht größer sein. Gott – derselbe heute, gestern und in alle Ewigkeit (Hebräer 13,8) – war genug.

Warum also sahen nur zwei der zwölf Kundschafter, dass das Land ihnen gehören konnte? Warum sagten zehn der Kundschafter: „Gegen diese Völker können wir auf keinen Fall antreten. Sie sind viel stärker als wir!" (4. Mose 13,31; Hfa)? Zwei der Männer sahen, was Gott tun konnte. Zehn der Männer sahen nur das, was die Schwierigkeiten als nicht machbar darstellten. Und warum? Raten Sie mal, was es in dem Land gab. Riesen! „Alle Männer, die wir gesehen haben, sind riesengroß (...)! Wir kamen uns ihnen gegenüber wie Heuschrecken vor und genauso winzig müssen wir ihnen vorgekommen sein!" (4. Mose 13,32–33).

Um das zu tun, was Gott von uns möchte, müssen wir an den Riesen vorbei – das gilt für heute genauso wie für damals.

Wir schaffen das, sagt Gott zu uns, wenn fiese Schwierigkeiten unseren Weg kreuzen. Mit Gott können wir über Mauern springen (Psalm 18,30).

Wir schaffen das, wollte ich unseren Beratern im Blick auf die *A21-Kampagne* versichern. Wir und die Berater gingen denselben Weg, sahen aber unterschiedliche Dinge. Sie konzentrierten sich auf all das, wogegen wir würden ankämpfen müssen. Sie standen kurz davor, mit uns etwas zu gründen, was Gott wollte, aber sie würden es nicht erleben. Die Riesen, die Gott mit uns überwinden wollte, überwältigten sie schon, ehe wir überhaupt richtig angefangen hatten.

Wenden Sie den Blick ab von den Schwierigkeiten, und richten Sie Ihren Blick auf Gott, der verspricht, dass für ihn nichts zu schwierig ist (Matthäus 19,26).

Bleiben Sie nicht stehen, sondern gehen Sie Schritt für Schritt weiter

Sie müssen immer einen ersten Schritt gehen und dann noch einen und noch einen. Als Gott Mose seinen Auftrag gab, wählte dieser unverzüglich Kundschafter aus jedem Stamm, die in das Gelobte Land gehen sollten – er zögerte nicht lange (4. Mose 13,1–3).

Nick und ich wussten, dass Gott uns dazu ausgesucht hatte, die *A21-Kampagne* zu gründen. Es war, als stupste er uns immer wieder an und sagte: „Geht!" Darum wussten wir auch, dass wir gehen mussten, obwohl die Berater davor zurückscheuten und behaupteten, dass das unmöglich sei. Wir mussten da anfangen, wo wir waren, mit dem, was wir hatten. Gott würde für alles Weitere sorgen, das wir brauchten, wenn wir es brauchten. Wir trafen eine Entscheidung. Es war November, als die Berater ihre düsteren Warnungen ausgaben. Doch wir beschlossen, dass das Team, das wir seit August in Griechenland hatten, dort bleiben sollte und dass wir an unseren Plänen zum Ausbau unserer Kanzlei und der Eröffnung eines Frauenhauses für gerettete Opfer festhalten würden – ungeachtet der Warnungen unserer Berater.

Aus menschlicher Perspektive erscheinen viele Dinge unmöglich, erklärte uns Jesus. „Aber für Gott ist alles möglich" (Matthäus 19,26). Wir wollten auf dieses Versprechen vertrauen.

Ebnen Sie den Weg, indem Sie beten

Die größten Riesen, mit denen wir es zu tun haben und mit denen es auch die Israeliten zu tun hatten, sind diese: Schwierigkeiten, Entmutigung, Umwege, die durch einen Mangel an Zuversicht oder durch Stolz oder Angst verursacht wurden.

Mose, Josua und Kaleb lernten, wie man diese Riesen am besten besiegt: in einem Gespräch mit Gott – wenn wir ihn um Hilfe bitten, ihn loben und auf ihn hören (4. Mose 14).

Gebet haut die Schwierigkeiten um, sogar dann, wenn Sie selbst schon nicht mehr können. Beten setzt eine Kraft frei wie nichts anderes. Das Gebet ist eine wunderbare erste Option – und sollte nicht unser letzter Strohhalm sein. Wenn wir unerschrocken vorangehen, geschehen Wunder. Das Unmögliche wird möglich.

Weil wir nicht wussten, was wir sonst tun sollten, mobilisierten wir alle unsere Bekannten: Sie sollten sämtliche Schwierigkeiten im Gebet vor Gott bringen, die laut Aussage unserer Berater ein Gelingen der *A21-Kampagne* unmöglich machten.

Die erste Herausforderung bestand darin, eine geschützte Unterkunft für gerettete Frauen einzurichten. Wir hatten unsere Kanzlei in Thessaloniki eröffnet und eine Rechtsanwältin und einen Manager eingestellt. Doch von offizieller Seite bekamen wir zu hören, dass es mindestens zwei Jahre dauern würde, bis wir alle Genehmigungen und Papiere zusammenhaben würden, um das Frauenhaus zu eröffnen und zu betreiben – und es gab keine Garantie, dass wir überhaupt eine Genehmigung erhalten würden, wenn unser Gesuch erst einmal eingereicht war.

Uns blieb nichts anderes übrig, als wachsam zu sein und zu beten.

Und während wir beteten, reichte unsere Anwältin unsere Anträge ein und traf sich mit der Regierungskommission zur Bekämpfung von Menschenhandel. Sie erzählte von ihrem tiefen Wunsch, Mädchen aus diesen schrecklichen Verhältnissen befreit und geheilt zu sehen. Sie berichtete von einem ihrer Kinder, das gestorben war, und wie sie, obwohl sie ihren Sohn auf dieser Erde nie wieder im Arm würde halten können, doch anderen Eltern helfen konnte, ihre Kinder wieder in die Arme zu schließen. „Bitte", sagte unsere Rechtsanwältin, „bitte helfen Sie mir, andere aus diesem Leid zu befreien."

Dann geschah etwas Ungewöhnliches. Die Leiterin der Dienststelle musste schluchzen. Während ihrer gesamten Arbeitszeit hatte sie noch nie solch ein leidenschaftliches, aufrichtiges, authentisches Plädoyer gehört.

Noch am selben Tag erhielten wir die erforderliche Genehmigung. Eintägige Genehmigungsverfahren sind in Griechenland eigentlich undenkbar. Und dies geschah im Dezember, weniger als einen Monat nach dem negativen Bericht unserer Berater! Wir erhielten nicht nur die Genehmigung, wir bekamen auch ein Haus zugewiesen: Ein bereits registriertes Frauenhaus stehe frei, so wurde uns mitgeteilt. Wir mussten nur noch das Geld für die Renovierung aufbringen und die Miete zahlen.

Gott gab uns nicht nur das, was wir brauchten (die Genehmigung), sondern mehr als das (das Haus).

Wenig überraschend tauchten die Schwierigkeiten noch einmal auf – wir konnten uns die monatliche Miete nicht leisten.

Wieder suchten wir Zuflucht im Gebet: *Herr, ebne du den Weg*. Während wir beteten, erhielten wir Anrufe von Leuten aus verschiedenen Gemeinden, die fragten, wie sie diese neue Arbeit unterstützen könnten.

Ich konnte es nicht glauben. Wir hatten Gott um Hilfe gebeten – und Gott zeigte uns nicht nur, woher wir Hilfe bekommen könnten. Er brachte die Hilfe zu uns.

Und so erging es uns bei jedem Schritt, den wir gingen, um die *A21-Kampagne* aufzubauen. Wir ebneten unseren Weg durch das Gebet. Wir beteten für göttliche Preisanpassungen, für Gunst bei Verantwortlichen, für Ressourcen und für offene Türen – und wo die Berater keinen Weg gesehen hatten, bahnte Gott einen Weg. Er bewegte Herzen und Dokumente und Häuser und sorgte nicht nur für das Nötigste, sondern auch darüber hinaus.

Als die griechischen Ermittler, die gegen den Menschenhandel vorgingen, durch Kürzungen im Budget in ihren Such- und Rettungsaktionen behindert wurden, beteten wir auch für sie.

Wir haben ein sicheres Haus, beteten wir, *also bring uns bitte die Mädchen, die Hilfe brauchen.*

„Das ist lächerlich", sagten einige Leute. „Die Vermissten und Verlorenen kommen nicht zu euch – ihr müsst sie suchen gehen –, deshalb heißt es doch *Rettung.*"

Wir beteten inständig rund um die Uhr und teilten uns in Teams auf. *Gott, wenn du möchtest, dass wir diese Mädchen retten, dann musst du einen Weg bahnen. Wenn die Polizei die Ermittlungen nicht bezahlen kann, dann musst du die Kunden dazu bringen, uns zu helfen. Rühre sie an.*

Eines Tages kam ein Mann mit einem Mädchen auf die Polizeiwache, das nur gebrochen Griechisch sprach. Wie sich herausstellte, war sie eine Zwangsprostituierte gewesen, und der Mann, der sie begleitete, war ihr Kunde. Nachdem er in das Bordell gegangen, für ihre Dienste bezahlt und er sie in das ihm zugewiesene Zimmer geführt hatte, konnte er allerdings nicht mehr das tun, was er vorgehabt hatte.

Warum?, fragte er sich. Schließlich war er mit dieser Absicht ins Bordell gegangen und hatte dafür bezahlt.

Warum?, fragte sich das Mädchen, das verwirrt, aber erleichtert war.

Er konnte sich das nicht erklären. Stattdessen fragte er das Mädchen nach ihrer Arbeitserlaubnis, die alle registrierten Prostituierten brauchen.

Sie brach in Tränen aus und erzählte ihm in ihrem gebrochenen Griechisch ihre Geschichte. Sie saß in der Falle. Sie hatte keine offizielle Arbeitserlaubnis. Sie war eine Zwangsprostituierte.

Die Wahrheit brach ihm das Herz. Er schmuggelte das Mädchen aus dem Bordell und brachte sie zur Polizei, die sie in unser Frauenhaus brachte.

Der Beamte, der diesen Fall bearbeitete, erzählte, dass er in seinen zwanzig Dienstjahren noch nie so etwas erlebt habe. Es war Weihnachten – und wir hatten unsere erste Schutzbefohlene – die erste Frau, die durch den Dienst der *A21-Kampagne* aus der Zwangsprostitution gerettet worden war.

Die Schwierigkeiten hatten gehöhnt, dass es keinen Weg geben würde. Doch Gott schuf einen Weg. Dasselbe tat Gott, indem er die Pastorin unserer Ortsgemeinde, Bobbie Houston, eines Morgens mit dem Gefühl aufwachen ließ, etwas für die Mädchen aus den „Stan"-Ländern tun zu müssen: Afghanistan, Kasachstan, Kirgistan, Turkmenistan, Pakistan, Usbekistan.

Sie wollte ihnen helfen, aber wie? Sie wandte sich an eine globale Schwesternschaft betender Frauen und bat sie, für die Frauen in den „Stan"-Nationen zu beten. In zahlreichen Zeitzonen und jedem Winkel dieser Erde beteten Zehntausende Frauen, verbunden durch soziale Netzwerke wie Twitter und Facebook, für gefangene Mädchen in den „Stan"-Ländern. Sie wussten nicht genau, wofür sie beten sollten, aber sie wussten, wer das wusste.

Drei Tage später führte die Polizei eine Razzia in Nordgriechenland durch. Elf Mädchen wurden aus der Zwangsprostitution befreit; einige davon wurden in unser Frauenhaus gebracht. Sie kamen aus Usbekistan.

Als sie uns ihre Geschichten erzählten, sagte eine: „Wir haben zum Gott von Europa gebetet." Die anderen Mädchen nickten zustimmend. „Wenn es dich gibt", so hatten die Mädchen gebetet, „wenn es dich gibt, Gott, dann komm und rette uns. Wir haben Allah gebeten, uns zu retten, und er hat es nicht getan. Darum, Jesus, wenn es dich wirklich gibt, dann schicke uns jemanden zu Hilfe."

Zufall?

Ich weiß es besser. Ich weiß, dies war die Kraft des Gebets. Wenn die Schwierigkeiten schreien: „Unmöglich!", bahnt Gott einen Weg. Gott sagt: „Geschafft."

Mein Gott ist so groß

All diese Dinge tut Gott: Er taucht auf. Er spricht. Er leuchtet. Wenn Sie davon überzeugt sind, dass etwas schwierig wird und Ihnen jeder sagt, dass es unmöglich ist, dann bringt Gott die Menschen zu Ihnen, die Ihre Hilfe brauchen. Er sorgt für alle notwendigen Genehmigungen. Er führt Sie zu den Mädchen, die vergessen waren.

Als die von uns beauftragten Berater erklärten, dass die *A21-Kampagne* in Osteuropa zum Scheitern verurteilt sei, schöpften sie damit aus dem Reichtum ihrer Erfahrung und ihres Wissens. Sie waren von der Wahrheit ihrer Aussagen überzeugt. Sie erklärten uns hieb- und stichfest, warum wir nicht das tun konnten, zu dem wir uns von Gott beauftragt fühlten. Doch als wir beschlossen, Gottes Auftrag auszuführen, stellten wir ihn nicht in unsere Dienste – wir stellten uns in seinen Dienst. Und Gott plus eins ist eine Mehrheit. Er ist stärker als jede Schwierigkeit und größer als jeder Riese.

Wenn Schwierigkeiten uns daran hindern wollen, unerschrocken das zu tun, was Gott uns aufträgt, dann müssen wir uns die Frage stellen: *Wem will ich glauben? Der Vernunft – oder dem Übernatürlichen? Den Fakten – oder der Wahrheit?*

Die Bibel berichtet, dass Mose und die Israeliten – und vor ihnen noch Abraham – ihr von Gott gestecktes Ziel durch Vertrauen erreichten (Hebräer 11). Ihr Weg war rational nicht nachvollziehbar: Alles zu verlassen, was sie hatten, und das Sichere und Vertraute gegen das Unbekannte einzutauschen, war weder vernünftig noch erklärbar, weder begreiflich noch vorhersehbar. Doch der Glaube wäre kein Glaube ohne das Unbekannte, das Unerwartete, das Unvorhersehbare und sogar das Ungeheuerliche.

Es braucht Glauben, wenn wir Zweifel haben, wenn wir Mangel haben, wenn die Dinge schwierig und unklar sind. „Der Glaube", so definiert es die Bibel, „ist der tragende Grund für das, was man hofft: Im Vertrauen zeigt sich jetzt schon, was man noch nicht sieht" (Hebräer 11,1; Hfa).

Man kann den Glauben nicht mit Händen greifen, aber er kann Berge versetzen. Die Bibel drückt es so aus: Wir mögen den Glauben nicht fassen oder hübsch verpackt in eine Schachtel stecken können, aber er ist real und mächtig und kann Königreiche bezwingen, für Recht und Gerechtigkeit sorgen, Gottes Versprechen real werden lassen. Er kann Löwen den Rachen verschließen, glühendes Feuer löschen, der tödlichen Klinge des Schwertes entrinnen, längst Verstorbene auferwecken, Folter beenden und die Gefangenen befreien (Hebräer 11,33–38). Der Glaube kann Sie genau dorthin führen, wo Gott Sie haben möchte.

Es gibt Zeiten, da kann man das Leben als einen Kampf zwischen dem Glauben und den Schwierigkeiten begreifen. Und die Schwierigkeiten stellen sich uns mit Vorliebe mitten in den Weg, damit wir so wenig wie möglich vorausschauen können.

Und genau dann brauchen wir Vertrauen.

Wie oft schauen wir durch die falsche Brille auf die Aufgaben, zu denen Gott uns beruft. Wir sehen Probleme. Er sieht Möglichkeiten. Wir sehen Schwierigkeiten. Er sieht eine Bestimmung. Wir sehen eine Frau mit zerzausten Haaren und zerknitterter Kleidung, die im Rummel eines großen Flughafens in ihrer Handtasche kramt und nach ihrem Handy sucht. Gott sieht einen Menschen mit einer Berufung und einer Bestimmung, der an einem Ort, an dem es von Riesen nur so wimmelt, etwas Großes tun soll.

Kein Versprechen ist zu groß, als dass Gott es nicht einhalten könnte. Als unsere Berater Nick und mir rieten, die Finger von der *A21-Kampagne* zu lassen, weil sie in Osteuropa zum Scheitern verurteilt sei – und zwar so sicher wie das Amen in der Kirche –, da beherzigten wir nur den zweiten Teil ihres Rats.

Das Amen in der Kirche. Wir beteten.

Heute haben wir auf der ganzen Welt Büros. Die *A21-Kampagne* möchte das Bewusstsein der Bevölkerung für Menschenhandel schärfen, wir führen Präventivprogramme an Schulen und in Waisenhäusern durch, wir treten als Rechtsbeistand für Opfer auf und bieten ihnen Zuflucht – als Soforthilfe in Frauenhäusern und später in Einrichtungen, wo sie wieder neu zu leben lernen.

Gott hat uns nicht alle Schwierigkeiten aus dem Weg geräumt. Schwierigkeiten wird es auf dieser Welt immer geben. Doch Gott ist größer als jede Schwierigkeit. Er sieht über jedes Hindernis hinweg. Er führt uns Schritt für Schritt über die Berge in die Täler, die er uns geben möchte. Kein Gebet ist zu gewagt, als dass er es nicht erhören könnte, und kein Problem so schwer, dass er es nicht lösen könnte. Es gibt keine Krankheit, die er nicht heilen, und kein Herz, das er nicht wieder ganz machen könnte. Es gibt keine Fessel, die Gott nicht lösen, keine Not, die er nicht beheben, keinen Feind, den er nicht besiegen, keinen Berg, den er nicht versetzen könnte.

Es gibt nichts, was mein Gott nicht tun könnte.

Nie werde ich den Tag vergessen, als meine Tochter Catherine nach dem Kindergottesdienst mit dem Lied „Mein Gott ist so groß“ auf den Lippen nach Hause kam: Wie das Kinder oft tun, sang sie das Lied immer und immer wieder, als sei im CD-Player die Repeat-Taste gedrückt.

„Mein Gott ist so groß, so stark und so mächtig, unmöglich ist nichts meinem Gott [klatsch, klatsch] …"

Irgendwann ging mir schließlich die endlose Wiederholung auf die Nerven. Vielleicht sollte man die Leiterin des Kindergottesdienstes entlassen – oder sie zwingen, den Kindern ein paar neue Lieder beizubringen. Ich wollte meiner Tochter gerade erklären: „Catie, Mama braucht ein bisschen Ruhe – allein", da besann ich mich eines Besseren. *Was, wenn das alles ist, was Catherine je von Gott wissen und glauben wird? Was, wenn ihr die Wahrheit dieses schlichten Liedes so tief ins Herz dringt, dass sie ihr ganzes Wesen bestimmt? Stell dir vor, was sie tun könnte, wenn sie wirklich glaubt, dass keine Schwierigkeit, kein Hindernis und keine Hürde Gottes Plan für ihr Leben vereiteln kann! Stell dir vor, welche Schwierigkeiten sie, ohne mit der Wimper zu zucken, überwinden könnte.*

Wie sehr wünschte ich mir diese Art von Glauben.

„Mein Gott ist so groß", stimmte ich mit ein.

Ich habe noch immer mit Riesen zu tun, aber ich bin fest entschlossen, mich nicht von ihnen aufhalten zu lassen.

Gott hat Ihnen und mir aufgetragen: „Geht hinaus in die ganze Welt" (Matthäus 28,19; Hfa).

Er hat nicht gesagt, wie. Er hat nicht gesagt, falls. Er sagte nur: Geh und suche die Verlorenen. Finde die Vermissten. Bringe sie in das Land, wo es Hoffnung in Hülle und Fülle gibt. Fang da an, wo du bist, mit dem, was du hast, so gut du kannst.

Im Laufe dieses Buches habe ich auf ganz unterschiedliche Weise und so klar wie möglich zu verdeutlichen versucht, dass Gott für jeden von uns einen aufregenden und weltverändernden Auftrag hat. Und dass er *in* uns und *an* uns wirken möchte, um uns auszurüsten und zu befähigen und zu bevollmächtigen. Dann kann er *durch* uns wirken. Manche von uns schrecken entweder vor der Aufgabe zurück, die er uns übertragen möchte, oder vor der Aussicht, ihm unser Leben zur Verfügung zu stellen, damit er uns auf diese Aufgabe vorbereiten kann. Doch um wahrhaft unerschrocken zu leben, um andere zum Glauben zu ermuntern, müssen wir selbst all unseren Glauben an Gott zusammennehmen. Wir vertrauen einem Gott, der sich von unseren Gebeten und Tränen in Bewegung setzen lässt, genauso wie die Worte und Tränen unserer eigenen Kinder uns in Bewegung setzen. Und wenn Gott aktiv wird, können Sie plötzlich über jeden Riesen hinweg- und an jedem Riesen vorbeiblicken, der Ihnen im Weg steht, weil Gott ihn versetzen wird.

Schließlich kann Gott Berge versetzen. Was ist dagegen schon ein Riese?

Die Herausforderung

Wenn Sie beschließen, dass das Maß voll ist, dass die dunklen Orte dieser Welt mit Gottes Hoffnung und seiner alles verändernden Liebe erhellt werden müssen und dass Sie diese Liebe weitergeben möchten, dann werden Sie nicht mehr ruhen noch rasten.

Als Gott mir die Augen für die Gräuel auf dieser Welt öffnete, ließ mir das keine Ruhe mehr. Diese Gräuel waren nicht aus einer anderen Zeit oder ereigneten sich an einem anderen Ort, sondern nebenan, auf meinen Straßen, in meiner Nachbarschaft und wohin auch immer ich reiste.

Und so viele davon hätten auch mein Schicksal sein können. Mein Leben hätte auch ganz anders verlaufen können. Auch ich hatte einmal in der Falle gesessen. Auch ich war einmal ungeliebt, vergessen und zerbrochen gewesen. Was wäre geschehen, wenn ich an diesem finsteren Ort geblieben wäre? Was, wenn ich als die Nummer 2508 aus dem Jahrgang 1966 in der Republik Moldau oder Bulgarien oder Rumänien zur Welt gekommen wäre und in einem Waisenhaus anstatt in einem Krankenhaus in Sydney, Australien, gelandet wäre? Was, wenn ich nie von liebevollen, freundlichen und großzügigen Eltern adoptiert worden wäre? Was, wenn die Leute, die mich aus dem Krankenhaus mitnahmen, Menschenhändler gewesen wären? Was, wenn ich nie eine Möglichkeit zum Entkommen gefunden hätte und mein Leben lang missbraucht worden wäre?

Mit jedem Tag wurden mir diese Zusammenhänge bewusster. Gott hat mich wachgerüttelt, um mir das Leiden auf dieser Welt zu zeigen und die Menschen, die gefangen dahinvegetieren. Manchmal sind die Gitterstäbe sichtbar. Doch meistens sind sie das nicht. Eins weiß ich sicher: So schön und so gut diese Welt vielerorts auch ist, sie ist zu dunkel, als dass wir selbstzufrieden vor uns hindösen dürften.

Jede Morgendämmerung erinnert uns daran, dass wir einen neuen Tag vor uns haben, eine neue Chance, etwas zu verändern.

Wenn ich mich abends schlafen lege, scheint mein Leben weit weg vom Leben derer zu sein, die gefangen sind, die um Hilfe rufen und zerbrochen sind – uns scheinen regelrecht Welten zu trennen. Ich bin glücklich verheiratet, habe gesunde und glückliche Kinder, lebe in einem liebevollen und geschützten Zuhause, kann kommen und gehen, wie ich will. Ich kann mit einem besonderen Auftrag durch die Welt reisen, und dabei tun sich mir wunderbare Möglichkeiten auf, zu lehren und selbst etwas zu lernen. Meine Familie und ich haben genug zu essen, Kleidung und medizinische Versorgung. Für meine Zukunft habe ich lauter Träume, Pläne, Ziele und Visionen. Ich bin frei. Doch durch die Arbeit der *A21-Kampagne* und auf meinen Reisen treffe ich so viele Menschen, die dahinvegetieren, die vergessen sind, die keine Chance haben, Gerechtigkeit zu erfahren, die ohne Liebe und Hoffnung sind oder die Aussicht darauf haben, dass ihr Leben – oder das ihrer Kinder – jemals besser werden würde.

Unsere Lebenssituationen könnten nicht unterschiedlicher sein – und doch ist die Kluft zwischen unserem Leben im Grunde so winzig klein, so hauchdünn, so ... kreuzförmig.

An diesem Straßenrand steht Jesus, der mit seinem Kreuz die Kluft zwischen der Welt der Dunkelheit und der Welt des Lichts und der Freiheit, der Wahrheit und der Liebe überbrückt.

Denn als wir noch ungeliebt waren, hat Gott uns schon geliebt (1. Johannes 4,19).

Ehe wir von jemandem erwählt werden konnten, hat Gott uns schon erwählt (Epheser 1,4).

Als wir zerbrochen und kaputt waren, Bitterkeit und

Schuldzuweisungen unser Leben bestimmten, machte Gott uns heil und zeigte uns, welch ein Fest es ist, zu vergeben (Kolosser 2,13).

Als wir keine Hoffnung hatten, wurde Gott unsere Hoffnung (1. Petrus 1,3).

Als wir zu beschäftigt mit unseren eigenen Angelegenheiten waren, unterbrach Gott unseren Alltag, um uns zu zeigen, was ewigen Wert hat (Lukas 15).

Als wir verloren waren, fand Gott uns, rettete uns und zeigte uns, dass seine Gnade und Gerechtigkeit siegen werden (Lukas 4,17–21; 1. Petrus 2,24).

Als wir enttäuscht waren, hat Gott uns Kraft gegeben, um uns zu zeigen, wie aus Enttäuschungen ein göttlicher Auftrag werden kann (Johannes 6,24–35).

Als wir Angst hatten, gab Gott uns Mut, stand uns bei und zeigte uns, wie wir die Dunkelheit mit seinem Licht erhellen können (Johannes 1; 8,12).

Als unser Weg schwierig wurde, zog und schob und trug Gott uns, damit wir andere ziehen und schieben und tragen können (Matthäus 28,18–20; Jesaja 53,4–5).

Er nahm das Kreuz auf sich, um den albtraumhaften Abgrund zu überbrücken, sodass auch wir die Kluft überwinden können, seine Liebe und Hoffnung in eine Welt bringen und sie verändern können, eine Welt, die im Dunkeln sitzt und vor Angst schreit.

„Ich sende sie in die Welt, wie du mich in die Welt gesandt hast", betete Jesus (Johannes 17,18).

Jesus liebt und erwählt und heilt uns nicht nur aus Spaß an der Freude, sondern damit wir mit ihm zusammen losziehen, um einer Welt Hoffnung zu bringen, die sonst verloren ist. Er will die Welt unbedingt retten, dafür hat er sein Leben gegeben. „Gott sandte den Sohn nicht in die Welt, um die Menschen zu verurteilen, sondern um sie zu retten" (Johannes 3,17). Jesus hat uns beauftragt, in ebendiese Welt zu gehen und sein Licht in der Dunkelheit zu verbreiten, damit anderen geholfen und sie befreit werden können.

Und doch schlummern wir vor uns hin. Wir schlafen.

Als Jesus uns auftrug, hinaus in die ganze Welt zu gehen (Matthäus 28,19), hat er nicht gemeint, dass wir damit bis morgen warten sollen oder bis wir den richtigen Job oder den perfekten Ehepartner gefunden oder die Kinder großgezogen haben oder alle Arbeiten an unserem Haus abgeschlossen oder ein freies Wochenende haben. Jesus hat Licht in unser Dunkel gebracht, damit wir zu all denen gehen können, die heute in einem Albtraum leben. Er möchte uns so gerne wachrütteln, damit wir anderen Menschen diese Wahrheit sagen können: Der Mensch wurde für die Ewigkeit geschaffen, aber er ist in der Zeit gefangen, und diese Zeit läuft ihm davon. Gott möchte, dass wir eine Laterne in der Dunkelheit sind. Er möchte, dass wir andere suchen und retten, weil wir wissen, wie es ist, wenn man verloren ist und gefunden wird, wenn man verletzt ist und geheilt wird.

Er möchte, dass wir in die Lücke treten, die er mit seinem Kreuz überbrückt hat. Er wünscht sich, dass wir uns wie er auf den Weg machen – gemeinsam mit ihm.

Unwillig, noch länger zu schlafen.
Unverzagt auch im Dunkeln.
Unbeirrbar angesichts von Enttäuschungen.
Unaufhaltsam angesichts von Schwierigkeiten.
Unerschrocken.

Dank

Ich bin den Menschen, die mir geholfen haben, *Der Angst keine Chance* Wirklichkeit werden zu lassen, unendlich dankbar. Ehrlich gesagt fand ich die Aussicht, dieses Buch zu schreiben, furchtbar beängstigend. Ich wusste, dass ich genau dieses Buch schreiben sollte, aber als es an der Zeit war, das zu Papier zu bringen, was in meinem Herzen war, fühlte ich mich völlig unzulänglich. Heute verstehe ich besser denn je, dass es zweifellos viele Menschen braucht, die einem Autor zur Seite stehen, damit ein Buch zur Welt kommen kann. Mir fehlen die Worte, um jedem, der an diesem Projekt in irgendeiner Weise beteiligt war, angemessen zu danken, aber ihr dürft wissen, dass ich euch aus tiefstem Herzen dankbar bin.

Ich möchte dem ganzen Team von Zondervan danken, die mir in dieser Zeit eher wie eine Familie als wie ein Verlag vorkamen. Und wenn es meine Lektorin Sandy Vander Zicht nicht gegeben hätte, weiß ich nicht, ob es heute überhaupt dieses Buch gäbe. Sie glaubte an mich und ließ nicht zu, dass ich aufgab, als ich nichts lieber als das tun wollte. Ihre Gebete und die ihrer Kleingruppe waren mir Rückhalt in diesem langen und zeitweise schmerzhaften Prozess. Mein besonderer Dank gilt Greg Clouse für seinen Blick fürs Detail und sein Redigieren. Tom Dean und Ihrem Team, danke für Ihre Hilfe, die Botschaft einem möglichst breiten Publikum zugänglich zu machen. Robin Philips, danke, dass Sie dafür gesorgt haben, dass es zum Buch auch ein wertvolles Teilnehmerbuch für das Studium in Kleingruppen gibt.

Die wunderbare Jeanette Thomason half mir, die Worte zu finden, die die Geschichten zum Leben erweckten, und gemeinsam rangen wir darum, das, was in meinem Herzen war, in Worte zu kleiden. Ohne ihre unermüdlichen Bemühungen und ihren Einsatz wäre dieses Buch jetzt nicht das, was es ist. Liz Heaney war so ein Geschenk Gottes: Sie half nicht nur dabei, „das Buch" aus dem Buch herauszuholen, sondern ermutigte mich auch fortwährend und glaubte fest daran, dass ich dieses Buch schreiben konnte und sollte. Oft frage ich mich, was geschehen wäre, wenn sich Dave Lambert nicht eingeschaltet und aus dem Manuskript das gemacht hätte, was es jetzt ist. Ich persönlich halte ihn für ein Genie.

Eine Reihe lieber Freunde gingen diesen Weg mit mir und lasen mehr Entwürfe und Überarbeitungen des Manuskripts, als eigentlich erlaubt sein sollte, und immer äußerten sie dabei neue Erkenntnisse und Einsichten. Danken möchte ich Annie Dollarhide, Nathalie Laborde, Kristen Morse und Bianca Olthoff. Ihr werdet nie ermessen können, wie eure Liebe, Unterstützung und Ermutigung mir halfen, dieses Buch zu Ende zu bringen.

Ich bin so dankbar für unser Pastorenehepaar Brian und Bobbie Houston und meine Hillsong-Church-Familie. Als ich in meiner Ortsgemeinde ein „Zuhause" fand, fing meine Heilung erst richtig an. Sie liebten mich und glaubten an mich, als ich noch jung war, unerfahren und sehr zerbrochen. So vieles von dem, was mich heute ausmacht, habe ich meiner Gemeinde zu verdanken, wo ich all die Jahre fest verwurzelt war.

Weil dieses Buch so viel von meinem eigenen Lebensweg enthält, muss ich auch meiner geistlichen Mutter, Joyce Meyer, danken, die an mich glaubte und mir half, durch den Schmerz meiner Vergangenheit hindurchzudringen, um die Verheißungen Gottes für meine Zukunft in Anspruch nehmen zu können. Sie ist eine Frau, die mir in jeder erdenklichen Hinsicht veranschaulicht hat, was es heißt, wahrhaft *unerschrocken* zu sein. Sie hat unseren Dienst von Anfang an unterstützt und mich immer ermutigt. Für mich ist sie eine echte Heldin.

Und wie soll ich meinen Dank an Max Lucado ausdrücken, der sich bereit erklärte, das Vorwort zu diesem Buch zu schreiben? Seine eigenen Worte hat Gott so oft gebraucht, um mich zu inspirieren und zu ermutigen. Es ist für mich eine ungeheure Ehre, dass er so freundlich war, meine Botschaft zu unterstützen.

Und mehr als alle anderen standen mir mein Mann Nick und meine Töchter Catherine und Sophia in jeder Sekunde, in jedem Moment, in jeder Stunde jedes Tages in jeder Woche, in jedem Monat, in jedem Jahr bei, die ich brauchte, um dieses Buch zu schreiben. Der Himmel allein weiß, welche Opfer sie brachten, damit ich es schreiben konnte, und dafür bin ich ihnen so unendlich dankbar. Meine Liebe und Wertschätzung für sie kann ich nicht mit Worten ausdrücken.

Dir und für dich, meinen Herrn und Retter Jesus Christus, werde ich immer und ewig dankbar sein.

MIX
Papier aus verantwortungsvollen Quellen
FSC® C014496

Verlagsgruppe Random House FSC® N001967
Das für dieses Buch verwendete FSC®-zertifizierte Papier
Classic 95 liefert Stora Enso, Finnland.

Die amerikanische Originalausgabe erschien im Verlag
Zondervan, Grand Rapids, Michigan 49530, USA,
unter dem Titel „Undaunted".

Best.-Nr. 816756
ISBN: 978-3-86591-756-0
2. Auflage 2016
Lektorat: Nadine Weihe
Coverfoto: Equip & Empower Ministries: ChristineCaine.com.
Mit freundlicher Genehmigung.
Satz: Vornehm Mediengestaltung GmbH, München
Druck und Verarbeitung: GGP Media GmbH, Pößneck
Printed in Germany